文化吉林

農安卷

弘揚長白山文化
打響吉林特色地域文化品牌

王儒林

　　吉林有文化，而且吉林文化有底蘊、有潛力、有特色、有希望。從前郭縣王府屯距今約一百萬年的石製工具到距今十六萬年的樺甸仙人洞和距今三萬年的榆樹人，從燕趙文化東進到漢武帝設四郡，從扶餘、高句麗、渤海文明的興衰更替到遼金、清朝問鼎中原，從抗日烽火、解放硝煙到新中國老工業基地的紅色記憶，從二人轉、吉劇、長影到吉林期刊、吉林歌舞和吉林電視劇現象，勤勞智慧、淳樸善良、勇於開拓的吉林人民在白山松水間創造出絢麗多彩的地域文化，成為中國文化版圖上一道獨特風景。

　　文化與山素來結緣，正如泰山之於魯，嵩山之於豫，黃山之於皖，長白山是吉林的象徵、吉林的品牌。吉林文化始終與長白山難捨難分、血脈相連，集中體現於長白山文化之中。長白山文化發源和根植於吉林沃土，是包容吉林各民族文化、蘊含吉林發展歷史、反映吉林人性格特質、凸顯吉林氣派的「大文化」，是中華民族「多元一體」文化的重要組成部分，源遠流長、博大精深，構成了吉林文化的骨骼和脊梁。在地域文化越來越受到人們關注、文化軟實力越來越成為衡量一個地區核心競爭力的重要指標的當今時代，大力弘揚作為吉林文化標誌性符號的長白山文化，把這份寶貴的文化資源保護好、挖掘好、利用好、開發好，對於打響吉林特色地域文化品牌，鑄造極具時代內涵的吉林精神，提升吉林文化軟實力，凝聚吉林改革發展正能量，無疑具有十分重要的現實意義。

近年來，我省大力推進以優秀吉林地域文化為主要內容的長白山文化建設，出台了《長白山文化建設規劃綱要》，啟動實施了長白山文化建設工程，在長白山文化資源保護研究、挖掘整理、開發利用等方面做了大量工作，取得了顯著成績。我們要進一步加強長白山文化理論研究，豐富長白山文化內核和外延，進一步加強長白山文化遺產的發掘、保護和展示推介力度，擴大長白山文化的影響力，進一步加強對長白山文化內涵的拓展和提升，把長白山文化資源更好地轉化為文化產品、文化事業和文化產業，推動長白山文化建設躍上新台階，推動吉林文化大發展大繁榮，為實現富民強省目標、中華民族偉大復興、中國夢做出貢獻。深入挖掘、研究、整理長白山歷史文化，既是一項宏大浩繁的系統工程，又是一項功在當代、利在千秋的基礎工程。希望有更多有識、有志之士投身長白山文化建設事業，讓這份寶貴的文化資源更好地服務於當代，惠澤於未來。

由省委宣傳部組織編撰的《長白山文化書庫》系列叢書，是長白山文化建設工程的重要標誌性成果。叢書從基礎研究、地方特色、主要藝術門類三部分，對長白山文化的歷史資源進行了全面細緻的挖掘和整理，堪稱長白山文化研究與普及的鴻篇巨製，不僅對研究和宣傳長白山文化大有裨益，而且對培育吉林文化品牌、樹立吉林文化形象也將產生積極的促進作用。在叢書即將付梓之際，謹表祝賀並向全體工作人員致以問候。

主編寄語

莊嚴

　　長白奇迤蘊靈秀，松江悠長毓文傑。千百年來，雄渾壯美的白山松水賦予
了肥沃豐饒的吉林大地以生機和活力，滋養了吉林人民勤勞睿智、堅韌進取、
寬容開放的精神品格，積澱了多元融合、底蘊深厚、色彩斑斕的地域文化。這
獨具魅力的吉林特色地域文化猶如一株馥鬱芳香的花朵，在中華民族文化百花
園中爭妍綻放。

　　文化是經濟發展之根，是社會發展之源。省委、省政府高度重視文化建
設，制定出臺了《長白山文化建設規劃綱要》，把吉林省歷史文化資源工程列
入宣傳思想文化工作「六大工程」之一。省委宣傳部深入貫徹落實省委、省政
府的要求，開展《長白山文化書庫》建設，啟動實施了《文化吉林》叢書編撰
工作，將其作為全省宣傳思想文化工作的重要舉措，周密部署，精心組織，強
力推進，取得了預期成果，為全省人民奉獻了一份珍貴的精神食糧。

　　《文化吉林》叢書是《長白山文化書庫》中全景展現特色地域文化的重要
組成部分。年初以來，我省廣大宣傳文化工作者以對家鄉、對歷史、對文化事
業的高度責任感和使命感，不畏繁難，勤勉執著，嚴謹認真，精益求精，在資
料收集、遺產挖掘、書稿撰寫等方面付出了大量艱辛的努力，進行了許多開創
性的探索和實踐，圓滿完成了這次編撰任務。叢書編撰秉承傳播和弘揚吉林文
化的理念，梳理總結吉林文化資源，提煉昇華吉林文化精髓，激發增強吉林人
的文化自覺、文化自信，使優秀文化更好地服務於吉林的發展振興。

《文化吉林》內涵豐富，圖文並茂，辭美情摯，引人入勝，是人們認識吉林、瞭解吉林、研究吉林的概覽長卷，是吉林文化走向全國，面向國際的真誠心聲。叢書真實勾勒了吉林文化歲月滄桑的歷史縱深，生動展現了吉林文化多姿多彩的時代律動，帶我們走進吉林地域文化演進的舞臺，親身感受風雲激盪的文化事件，出類拔萃的文化人物，領略淵深源遠的文化景觀，妙趣橫生的文化傳說，體驗琳瑯紛呈的文化產品，淳樸濃郁的文化民俗。叢書將吉林文化的發展脈絡、現狀和未來，客觀詳盡地展現給廣大讀者，是一部能夠讀得進去、傳播開來、傳承下去的佳作精品。

　　鑒往以勵志，展卷當奮發。《文化吉林》這套融史料性、知識性、可讀性於一體的叢書，為我們進一步保護、研究、開發吉林地域特色文化提供了重要史料資源。作為後繼者，當代吉林人有責任、有義務肩負起將吉林文化充分融入社會主義核心價值觀，推動吉林文化發展進步的歷史使命，讓優秀傳統文化在繼承中創新，在創新中前行，在全國文化發展大格局中唱響吉林「聲音」，打造吉林文化品牌，樹立文化吉林形象。

第四章・文化景址

第一章

文化發展概述

在吉林省中部，廣袤的松遼平原腹地，有一片美麗而富饒的沃土，一座鐘靈毓秀的小鎮。她古老而又年輕，平凡而又神奇，有著悠久厚重的歷史，燦爛獨特的文化。從遠古皇都的「首善之區」到今天的特色文化名縣，從昔日的邊塞重鎮到今天的現代化城市，在她的身上，伸展著華夏文明支脈──東北文明迤邐發展的曲線，澎湃著中國北方的精神血脈，更映現著中華民族大家庭由衝突演進到和諧共融、由貧窮屈辱到繁盛自豪的光輝歷程。每當我們透過歷史的塵埃和現實的煙嵐，瞻望她，走近她，凝視她，心中便激發起「直抵黃龍府，與諸君痛飲爾」的民族感情，升騰起「何當痛飲黃龍府，高築神州風雨樓」的美好夙願……

她，就是歷史上聞名遐邇的黃龍府，如今的吉林省農安縣。

▲ 農安縣行政區劃圖

▲ 農安縣城

　　農安縣，位於吉林省中部，松遼平原腹地，隸屬吉林省長春市。東經124°37'-125°45'，北緯43°54'-44°56'之間。東接德惠市，西鄰公主嶺市與長嶺縣，南與長春市接壤，北與前郭爾羅斯蒙古族自治縣為鄰，東北與扶餘縣隔江相望。全縣幅員5400平方公里：耕地535萬畝，草原52萬畝，水域33萬畝，山林97.4萬畝。大部分地貌為海拔200米到220米的台地平原，有「一江四河」流經此地。年均氣溫4.7攝氏度，無霜期145天，降水量507.7毫米，有效積溫2800攝氏度，屬中溫帶大陸性氣候。境內有漢、滿、回、維、蒙等8個民族，22個鄉鎮，377個村，3887個村民小組，總人口120萬。

▲ 田園風光

歷史文明演進

　　縣城農安鎮是古黃龍府所在地，是歷史上東北地區軍事重鎮、交通要沖和政治、文化、商貿中心之一，有兩千年建城史，是包括漢民族在內的東北各民族之間文明演進、文化衝突與融合的重要舞台，是東北文明的發祥地之一。

　　可考農安人類文明史，距今七千年以上（應該是與黃河流域「仰韶溫暖期」同一時期）。農安大地發現五處新石器晚期遺址。縣城東左家山遺址和巴吉壘元寶溝遺址出土的石人和石龍證明，在七千年前農安先民就已經產生了文化欣賞傾向和圖騰崇拜意識。

　　數千年來，伴著農安大地文明發展的曲線，農安歷史開始了幾度滄桑、幾多征伐、幾多輝煌的歷程，在荒漠松風、鶯啼鶴唳中上演了一幕幕悲壯的史詩般的大劇。農安大地逐漸成了英雄王者、霸主雄才、豪士人傑的走馬逐鹿之地。

　　農安最早的民族政權記載是扶餘國。在松嫩平原——松花江大曲折以北地區的橐離國王子東明，自今烏裕爾河流域南下，征服了松花江大曲折以南地區的濊人，建立了扶餘國。

　　在《論衡》《魏略》《後漢書》等史料中都有關於扶餘立國的記述。

　　扶餘國王城最初建在鹿山（今吉林市西團山或東團山一帶），東晉永和二年（西元 346 年）遷至今天的農安縣城附近。

　　扶餘政權存在七百年以上，在農安大地上留下了很多生產、生活印記。現今發現的田家坨子等二十三處青銅時代、漢代文化遺址，以及許多遼金遺址疊壓的多層文化遺存，都是介於漢書文化和西團山文化之間的扶餘文化。

　　從出土的大量陶器、青銅器、石器看，多數屬生活器具和禮器，證明當時的生產生活方式是農耕和畜牧並重，文明已經發展到一定程度。

　　扶餘人開拓了松嫩平原，創造了比較發達的文化，也開創了農安歷史上的

▲ 黃龍大地

第一個輝煌時期，是東北歷史上一個占有重要地位的古老民族。

唐代，農安是渤海國的扶餘府治所，轄扶、仙二州。扶餘府西接契丹，是渤海防禦契丹的西部邊防重鎮，「常屯勁兵，以捍契丹」。

當時，渤海非常重視學習先進的中原文化，成為「畏臣北方諸夷」，雄崎東北的「海東盛國」。一位渤海王子到長安學習，他的文采得到唐朝人的好評。著名詩人溫庭筠為他寫了一首送別詩：「疆理雖重海，車書本一家。盛勳歸故國，佳句在中華。定界分秋漲，開帆到曙霞。九門風月好，回首是天涯。」

渤海時期文化遺存，目前在農安沿松花江一帶發現八處，以腰坨子遺址、下窯屯遺址最富代表性，出土陶片從紋飾到火候都較青銅時代有較大進步，並有重唇器具的出現。

兩宋時期，農安是遼、金的政治、軍事重鎮黃龍府。遼太祖耶律阿保機駕崩在這裡。遼聖宗時期，黃龍府的地位非常重要，稱國都上京臨潢府為「西塞」「金府」，稱黃龍府為「東塞」「銀府」。當時黃龍府設專供互市的権場，城內商賈雲集，人民富庶，聚居著契丹、女真、兀惹、突厥、室韋及漢族等許

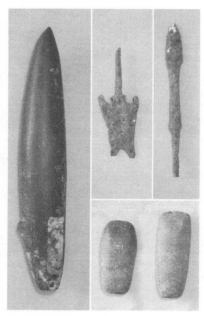

▲ 出土文物

多民族，各族人民在榷場進行土特產的物資交易。據宋代使臣許亢宗的《奉使行程錄》記述，當時黃龍府「雜諸國風俗，凡聚會處，諸國人語言不能通曉，則為漢語以證，方能辨之。」榷場的建立，不僅能加快人口流動，也促進了先進生產技術的傳播，加快了經濟繁榮，有力地促進了民族交流與文化融合。

當時佛教極為盛行，「聞皇太后不豫……幸菩薩堂，飯僧五萬人。」「一歲而飯僧三十六萬，一日而祝發三千。」（《遼史》）。現存於農安縣城的千年古塔，出土於塔內的銅佛等文物，還有祥州（今農安萬金塔鄉）半截塔，都是遼代佛教興盛的產物。

金朝時，黃龍府的軍事地位尤為重要，是金掃滅殘遼、鯨吞北宋的戰備物資基地和物流周轉中心，先後改名濟州、隆州、隆安府，軍事上先後設路奪古阿鄰猛安、濟州猛安、隆安府失剌古山猛安、隆安路猛安。

在西元一一二七年，金攻陷北宋的東京，俘虜宋徽宗、宋欽宗以及后妃、大臣等三千多人，一度送到黃龍府羈押。當時宋徽宗趙佶有《在北題壁》詩：「徹夜西風撼破扉，蕭條孤館一燈微。家山回首三千里，目斷天南無雁飛。」傳回南宋，所以才有宋朝名將岳飛為迎取徽、欽二帝還朝，激勵將士們的豪言壯語：「直抵黃龍府，與諸君痛飲爾！」

考古發現農安境內金代遺跡有幾十處，出土鐵製農具鎬、鏵、鍬、鋤、鐮、斧、鍘刀和石磨等數百件，這些文物充分證明了金代鐵製農具已經普及，農耕有了空前的發展。

黃龍府的軍事地位可以從民族征戰中得見，勿吉打扶餘，唐打高句麗，契丹滅渤海，金滅遼，首先爭奪的都是這座軍事重鎮。就連起義軍也看到了黃龍府的軍事價值。西元一二一一年，金的一個千戶，契丹人耶律留哥帶領契丹邊卒趕至黃龍府（其時名隆安府），召集聚居在當地的契丹人發動起義。「攻城下邑，克府開倉，奪取武器，分發財物糧食。」（《東北史》）數月之間發展到十幾萬人，成為金覆沒的源起。

　　元朝時，把金朝的隆安府又改回黃龍府，後又把黃龍府改為路，叫開元路。一段時間成立了開元宣慰司，轄區一直到黑龍江下游的女直水達達地區。自西元一二三五年至西元一三四二年開元路治所一直在黃龍府故地，西元一三四二年遷至咸平（遼寧開原老城鎮），黃龍府恢復府制。

　　當時黃龍府東北的祥州（今萬金塔），設驛站，是東北驛站的樞紐。

　　在元朝末年，元末帝率領一部分殘餘勢力逃竄東北。在黃龍府一禿河（伊通河）附近，明大將馮勝曾擊潰元太尉納哈出。「初，元太尉納克楚（即納哈出）擁眾數十萬屯金山，數侵遼東。分為三營：一曰榆林深處，一曰養鵝莊，一曰龍安伊圖河（農安伊通河），畜牧蕃盛。及為大軍行所逼，因請降。」（《通鑑輯覽》）清朝光緒二十二年春天，在農安縣城東街有民戶掘土時，得一古銅印，印文就是元代的「虎賁百戶印」。這可能就是元末殘兵戰敗遺失的。

　　明朝在開原東西築起了一千多公里的邊牆，黃龍府地處邊牆之外，一度成為蒙古和女真人的游牧狩獵之地，耕地大面積荒蕪，景象蕭條，繁華漸失，成為開原北陸路驛的一個站，名龍安站。

▲ 瓢舀魚

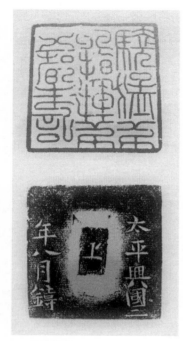

▲ 出土古印

清朝建立後，出於統治需要和民族偏見，清政府借保護「龍興之地」，對關東地區實行封禁政策。把大批漢人和其他少數民族人口趕到關內，把關東大面積的耕地劃為圍場、官荒，使本來就人煙稀少的黃龍府大地更加荒涼。

直到十八世紀初，山東、河南等地連年災荒，黃河氾濫，黃泛區人民為了生存，逃避頻繁的自然災害，不得不冒著生命危險，攜家帶眷，餐風飲露來闖關東，重新開發這塊肥沃的土地。這樣，黃龍府故地才又炊煙裊裊、雞犬相聞。

闖關東的人，多數都是一家人一副擔子挑過來的。不會走路的小孩子坐在竹筐裡由大人挑著，大一點兒的跟著。很多身體羸弱的都死在途中了，沒有地名，沒有墳墓，成了北行路上的一堆枯骨。後來很多老人常掛在嘴邊的只是：當年老太爺闖關東時，兩個小點兒的孩子都扔在路上了，只剩咱這一股，也許關里家還有一家當戶……

由於封禁，這些闖關東的先人們多是趁黑夜或是大風雪天通過關口，吃盡千辛萬苦，來到關東大地上。可是，到這裡一看，眼前是一望無際、渺無人煙的茫茫荒草地，行進無路，寄宿無煙。正當他們陷入迷茫之際，突然天空一群排成人字形的大雁，呼扇著翅膀，嘎呀嘎呀地向北飛去，像是在呼喊著這些腳下無路的人。於是，人們平添了希望，循著大雁飛去的方向，翻山涉水，一步一步來到了黃龍塔下，落了腳，生了根。他們披荊斬棘，刀耕火種，以山東人獨有的韌勁和旺盛的生命力，經受著關東大地西北風、冒煙雪的磨礪，開始了又一代黃龍府文明的締造。

清朝嘉慶初年，朝廷下令「移民實邊」，黃龍府這片黑土地上，已經人煙繁茂，十里八里便能看見一簇簇窩棚，一群群馬架子了。現在我們有些地名還保持著當時的特點，如六馬架、於家窩鋪、小三家子等，從這些地名我們似乎還看得出祖輩們拼熬歲月的足跡。

十九世紀初，今農安縣城之地已經發展成為一個相當繁華的小集鎮，出現了小型作坊，釀酒、榨油、糕點加工、糧米加工、鐵木製造、製革等手工業已經興起。商鋪和集市貿易也十分活躍。一八一〇年設立農安鄉，也就是今天農安之名的由來。一八八九年升為農安縣。一八九〇年在原黃龍府古城的舊址重修農安縣城，按原來的規制，築城牆、修角樓、設四門、挖城壕，並在城牆四角修砲臺。至今農安縣城十字街下邊還有當時所修古城牆的殘跡，印證著歷史的風雲。

飽受艱辛的農安人民今天能過上幸福生活，要得益於中國革命的勝利，得益於這方水土，這方人柔韌、頑強的個性和樂觀豁達、不乏浪漫的性格。

▎文化發展足跡

在歷史舞台上，黃龍府大地曾上演了一幕幕風煙滾滾的歷史大戲。無論扶餘、渤海，還是契丹、女真，他們和其他少數民族一樣，都是中華民族的重要組成部分，各民族之間猶如兄弟姐妹，有交流融合，也有分歧衝突。然而，正因為這樣，才促進了整個中華民族文化歷史的進程，才使我們民族的歷史文化變得更加厚重燦爛，多姿多彩，才使黃龍府成為獨具特色的文明發源、融合地。

農安文化自古即是複合型文化，既具有多民族文化聚合的個性，又具有華夏文化兼容的共性。興旺於扶餘之都，繼之以渤海、遼、金之盛，一直是東北少數民族文化的昌盛之地。

溯其源頭，可考農安最早的文明，是距今七千年前的新石器晚期人類遺

▲ 黃龍府古城牆遺址

跡。到西元前二世紀左右的濊貊、扶餘時期，已經進入奴隸社會，農安一直是人們生產生活和文化交流的中心，雖無具體的文化藝術作品傳世，但從史料看，還是有些頗具影響的藝術家的，如蘭陵繆愷、安定皇甫岌，平原宋該、渤海封奕等。從遼東地區保存下來的墓室壁畫看，畫面人物神態生動，富於個性，場面宏大，氣氛熱烈。民間歌謠傳記下來的雖然不多，但富有濃厚的生活氣息，表現了一種樸素的現實主義風格：

冬月時，向陽食。夏月時，向陰食。若我射獵時，使我多得豬鹿。

──《契丹國志》

幽州，生當滅，若不滅，百姓絕。

──民謠

民間歌舞多剛健、勇武、豪放。扶餘祭天過「迎鼓節」時，國中大會，連日飲食歌舞。即使在平日，夫餘人也是「晝夜老幼皆歌，通日聲不絕。」（《三國志·東夷傳·夫餘》）這一時期的文化來源於人們的生產活動，是與生活緊密相連的。

到渤海時，與中原交往增多，受漢文化影響日深。渤海本無文字，通用漢字。這點雖無明文記載，但從唐朝詩人溫庭筠的詩中（「車書本一家」）足可明證，當時與中原是車同轍，書同文。渤海時期的文化藝術較以前有更大進步，由樸素的生活愉悅，向抽象的精神審美層面發展，留下一些值得傳頌的詩文。農安當時是渤海重鎮，文化發展亦然。這從出生在扶餘故地的兩位文士的一段詩話便可看出：

文學博士菅原道真送裴大使出使日本後，見其像，作《見渤海裴大使真圖有感》詩：

自送裴公萬里行，相思每夜夢難成。

真圖對我無詩興，恨寫衣冠不寫情。

據菅原道真記載：「裴大使七步之才。議成事定，每列詩筵，凡厥所作，不起草稿，五言七言，默記畢篇，文不加點。」

當時農安之地的其他文化風習與渤海一樣，深受中原文化影響，相當繁盛。

遼金時期，文化藝術所反映的生活更為廣泛，其文化作品也相對更為精彩。相傳，遼後期的二位蕭氏后妃都出生在黃龍府左近，在詩文造詣上都深得漢文化精髓。

蕭觀音與道宗狩獵秋山，至伏虎林賦詩曰：

威風萬里壓南邦，東去能翻鴨綠江。

靈怪大千俱破膽，那教猛虎不投降。

足見其才思敏捷，善於即景生情。用語流利，氣勢磅礡，詞意並茂。

蕭瑟瑟，天祚帝妃，聰慧嫻雅，工文墨，善歌詩，常作歌諷諫，詞激切威烈，不避權貴，有詩歌代表作《諷諫歌》《詠史》傳世。其《諷諫歌》曰：

勿嗟塞上兮暗紅塵，勿傷多難兮畏夷人。

不如塞邪之路兮，選取賢臣。

直須臥薪嘗膽兮，激壯士之捐身；

可以朝清漠北兮，夕枕燕雲。

遼代還有聖宗、興宗、道宗幾位皇帝，耶律庶成、王鼎、耶律儼等一批名臣都是頗具才名的，曾留下一些傳世之作。

當時的繪畫頗為引人注目，有耶律倍等詩畫名家，《五代名畫補遺》贊曰：「贊華（耶律倍）畫馬，骨法勁快，不良不駑，自得窮荒步驟之態。」

遼時建築和雕塑藝術也有發展，農安遼塔就是遼聖宗時期修建的，巍峨壯觀，足以顯現遼代的建築風格。從塔第十層出土的兩尊銅造像，可證遼代的塑像藝術水平。

在金時期代表時代風貌的文學藝術，主要包括文學、音樂、舞蹈、繪畫、雕刻等幾個方面。

金前期，女真尚無文字，流傳的多是口頭文學。直到熙宗朝以後，才由宋入金的文人熅興金朝文壇。在海陵王遷都燕京以後，始有一批金國土地上生長

的文士登上文壇。其中有代表性的王庭筠、高憲、張澄、王革等，張澄就是當時的隆安人，雖然無法查到他的作品，但從其他幾位的作品中卻可以看出，他們都不同程度地受到中原地區唐宋文學的影響，卻也保持著女真族那種崇真尚實、積極向上的思想和豪放粗獷、清新自然的風格。

在金建國前，女真人便有自己的音樂舞蹈，於飲宴歡慶之時多作戰鬥之容。黃龍府地處要衝，雜諸地風俗，歌舞很早就用於各種場合，包括慶豐收、宴會、婚喪嫁娶以及男女愛情追求和宗教祭祀上。宋朝使臣許亢宗在《奉使行程錄》中曾有關於金國音樂歌舞的記載。

繪畫與雕刻藝術方面，主要通過農安遼金遺址出土的一些文物加以瞭解，出土的文物包括石雕、銅鑄、陶塑等，都體現出很高的造型藝術水平。

元代黃龍府故地出了位文化名人——張孔孫，官至集賢大學士、禮部尚書，善書畫，吉林省博物院藏蘇軾《洞庭春色中山松醪二賦》卷後，有張孔孫作的跋，館藏《山水》軸畫，屬款大德丙午春二月隆安張孔孫。

元以後的幾個朝代，由於黃龍府的興廢，文化藝術也不復昔日丰采。直到清朝後期，隨著移民的逐漸密集，社會的發展，黃龍府文化才在數百年沉寂後日漸蘇生。民間文化也有發展，伏龍泉有劉氏書畫世家：父劉佩文，專習歐、顏，晚年頗嗜漢碑，書法自成一格，名極一時；子劉家俊擅長魏碑；侄劉家驤、劉家駒擅長書畫，有作品《松下問童子》《黛玉葬花》等傳世；成就最高的是其女劉義貞，書法大氣恢宏。中醫張敬端書法自成一體，得到時人推重，縣城商號匾額多出於其手。

新中國成立後，由於社會環境和人民生活的改善，湧現出越來越多的文藝人才，中學教師李家庸的漫畫、農民呂懷忱的國畫都曾名動一方，在省市獲獎並公開在媒體發表。進入二十世紀後期，吳克作品在《人民文學》一九五九年第一期發表，吳永學的小說在《上海文學》一九八四年第四期發表，戲劇作家王福義榮獲包括「文華獎」在內的所有國家級戲劇獎項，作曲家趙桂軍榮獲「全國戲曲音樂孔三傳音樂獎」，馬忠琴榮獲「戲劇表演梅花獎」，舞美設計師

▲ 吳克、吳永學發表作品期刊

吳振榮獲「布拉格國際舞台美術設計獎」，作家未決小說被《小說選刊》轉載。

時至今天，農安各業興旺發展的同時，文學藝術也蓬勃發展，湧現出很多躋身國手之列的文藝名家：書法家劉福生在第三屆全國行草書大展中成為全國十九個最高獎獲獎者之一，作家杜今學以一部電視連續劇《我們都是好朋友》摘取少兒題材「中國電視劇飛天獎」桂冠，國畫家韓秀萍僅二〇一三年一年，在全國書畫大賽中獲獎金超過二十二萬元，國畫家朱玉鐸作品被人民大會堂收藏，國畫家王煥富用十年時間畫的百米百虎長卷在中華世紀壇展出，地方志工作人員秦雅麗創作的公益歌詞《扶起你》申報世界紀錄成功，被評為「譜曲最多的華語公益歌詞」。由作家孫豔平編劇的兩部電影在央視電影頻道播出，潘太玲的戲劇小品獲「中國戲劇文學獎」一等獎，作家謝華良獲得「冰心兒童文學獎」，作家劉春華編劇的電影《冬去春來》作為中央兩會的獻禮片在央視電影頻道播出……

數千年的黃龍府文化是一條流淌的河流，它不僅滋潤了數以千百萬記的黃龍兒女，同時它自身也具有了一種象徵性和符號意義，在人們心目中形成了一種精神意象，擴之成為一種民族精神載體，引發很多名人志士借它來抒發胸臆和豪情：

直抵黃龍府，與諸君痛飲爾！

      ——宋·岳飛

徑持紫泥詔，直入黃龍城。

      ——宋·李清照

回看千里黃龍府，猶覺長安在眼前。

      ——清·張光藻

幾時痛飲黃龍酒，橫攬江流一莫公！

      ——孫中山

何當痛飲黃龍府，高築神州風雨樓。

      ——李大釗

披堅不息自強志，痛飲黃龍尚有期。

      ——陳國楨

揮戈搗黃龍，莫負男兒願。

      ——鄧寶珊

山川化育與人文勝蹟

一方水土養一方人。近山則凝重，傍水則淡泊，平原使人坦蕩，雪域使人峻潔。黃龍府大地之所以成為東北文明的發祥地之一，東北古王朝的政治、經濟、文化中心地帶，當代中國北方古典而現代的特色文化城鎮，天下糧倉，其根本原因在於大自然的滋養，山川風物的化育。

農安具有獨特的自然地理條件，地形以平原為主，野曠疇平。依偎松花江，懷抱伊通河，形成「二龍抱珠」之勢。

為山，則無奇險峻拔之峰，而多連綿起伏之勢；為水，則無浩蕩澎湃之流，而多潭湖溪泉之韻。處於世界三大黑土帶之一的東亞黑土帶，這裡的土地鬆軟肥沃，各種植被繁盛茂密，非常適合農、牧、漁業發展。典籍中對這塊土地兩千多年前的記載，就有「宜五穀，善養牲，產名馬」的描述。這裡有玉米、大豆、高粱、馬鈴薯、林果、黃煙、「三辣」等土特產；有豬、馬、牛、羊、雞、鵝、兔等畜禽產品；地下礦藏也極為豐富，有油母頁岩、矽砂、陶

▲ 松花江三江口風光

▲ 農安特產「三辣」

土、天然氣、礦泉水、二氧化碳氣體等大量儲藏……

　　獨特的自然條件，為黃龍府人和黃龍府文明的生存發展提供了得天獨厚的優勢，與豐富的歷史文化底蘊凝結在一起，形成了當代農安令人備加嚮往的優美自然景觀和人文勝蹟。

　　美麗的松花江和溫柔的伊通河，自古就拱衛著農安大地，滋養著千百萬黃龍兒女。松花江流經農安靠山、青山、小城子、黃魚圈四個鄉鎮，這一段江面敞闊，江流數分，江汉縱橫，沙洲江渚，水鳥翔集，菖蒲紅柳，參差披拂，臨江送目，天地蒼茫……伊通河流域有三分之二在農安境內，似乎它對黃龍府這塊厚重的土地情有獨鍾，大河迤邐南來，九曲十八彎，柔柔款款，如伏波彩練，溫情地舞動黃龍大地的朝暉夕陰，是農安世代的母親河。

神祕的波羅湖和野性的太平池，是農安縣最大的兩塊水域，像兩顆明珠鑲嵌在五四○○平方公里的平疇沃野上。波羅湖，長春地區最大的淡水湖泊和國家級濕地自然生態保護區。青蒲如浪、白葦似煙，湖心薊島，島上鴛眠鶴舞，雲影菱波，波泛迷人傳說；太平池，千頃碧浪煙波浩渺，十里長堤巨龍蜿蜒，水面汪洋恣肆，遼闊恢宏。岸邊綠樹蔥蘢，芳草如茵，這裡還是電影《南京！南京！》的拍攝基地，現在，正在謀劃太平湖國際休閒度假區的開發……

自然景觀彰造化天工，人文勝蹟現人類創造偉力。

建於遼聖宗時期的古塔，是農安標誌性建築，國家重點保護文物。因其造型獨特，美觀大方，充分體現遼代宗教建築的藝術風格，所以成為東北地區唯一被選入「人教版」全國通用小學美術課本的古塔。遼塔不僅是所有黃龍兒女的精神依戀，更是域外遊子憶念黃龍府的情結所在。一位著名軍旅詩人在《告別黃龍府》中寫道：

夏日遷居不擾春，清晨相送有紅雲。

車行十里回頭望，塔影依依似故人。

還有農安人民公園、龍府廣場等都是農安人文薈萃之地，朝暉夕陰，總有舞姿翩翩、樂聲悠揚……

▲ 松花江江灣風光

▌文化的興盛與繁榮

鍾靈則毓秀，物華而天寶。錦山秀水與悠久歷史相結合，必然孕育出特色的文化，而文化也必然反哺、滋養和浸潤著自然世界，豐富與提升著獨特的人文性格。

從文明起源到現代化建設的歷程中，黃龍府文化在土著文化的基礎上，歷經衝擊、更新和嬗變。昔日遼、金、蒙古的鐵騎長戟，歷代王朝的流人遷徙，都使黃龍文化在磨難中不斷被動接受、主動汲取和涅槃蘇生。它幾乎雜融了所有東北古今民族的文化特徵，以及其他地域甚至海外的文化因子，表現為一種變異性極強的文化。

新中國成立後，尤其是改革開放後，黃龍府文化獲得了空前的大發展，逐漸成為一種充滿旺盛生命力的新型特色文化。從宏觀上講，包含著農安人的語言行為及其服飾、飲食、風俗習慣、建築、宗教、文學藝術、地方文藝等諸多文化因素。狹義講，主要是文學藝術、地方文藝和風俗習慣、宗教信仰等方面。它在保持著原有合理特色的同時，又不斷培育和形成了新的特色。

黃龍府文化的底色是以遼金時代背景為主體的歷史文化，它浸潤了所有農安人文景觀，是農安文學藝術（包括地方文藝）創作的不竭源泉，同時也蘊含於農安人的風俗習慣當中。它是黃龍府文化歷史特色的基本構成。

▲ 黃龍戲「天下第一團」優秀劇碼展演獎盃

▲ 黃龍戲劇照

　　黃龍府文化的龍頭是被譽為「民族瑰寶」（中國劇協主席郭漢成語）的黃龍戲。它是農安傳統地方戲曲劇種，在藝術表現形式、風格等方面都獨具特色，先後榮獲了中國戲劇藝術的音樂、編劇、表演、舞美等多項大獎，是黃龍文化的形象品牌，被收入國家非物質文化遺產名錄。

▲ 村頭二人轉

　　在黃龍戲的帶動下，黃龍府文化藝術呈現出百花爭豔的局面。形成各種文藝社團如雨後春筍，藝術新人不斷湧現，藝術精品不斷推出，各藝術門類迭創輝煌的生動局面。特別是黃

龍詩詞、黃龍書畫，都在全國同一藝術領域卓有聲名，成為黃龍府文化藝術風景線上的並立雙峰。

然而，文化建設的根本目的在於滿足人民群眾的精神文化需求。在各級黨政組織的帶領下，農安大力繁榮群眾文化活動，使之遍地開花，碩果纍纍。

二人轉和大秧歌，是東北傳統戲曲與群眾文娛形式。「寧捨一頓飯，不捨二人轉」，尤其是上了點兒年紀的人都是二人轉的「老發燒友」，其中也不乏痴迷直追年輕人的「追星族」。黃龍府二人轉特色鮮明，亦雅亦俗。其雅，多次在全省會演中獲獎，受到專家、學者「陽春白雪」的好評。其俗，遍及城鄉，從語言到表演，都迎合了那「看二人轉不浪，不如回家睡涼炕」的說法。鄉村裡每逢年節、重大喜事，都要請上「野班子」唱幾天，甚至有自家包請的。在野地林間，在村頭場院，男女老少摩肩接踵、互動互樂，才真正體現出「二人轉」的魅力，才真正反映出農安的民俗風情。

與二人轉不同，如今黃龍大秧歌的主場已經由農村門前場院，轉移到了城市的廣場公園。嚴格地說，農民們只是在過春節時，從過年那一天起到正月十五扭秧歌，而城裡卻是無日不扭，目的也由輕鬆求樂轉移到強身健體上。當晨

▲ 古城換新顏

曦微露，或者華燈初上，大秧歌就會自發地扭起來。扭、看秧歌的人數之多，場面之大，情緒之飛揚，動作之自由，風格之奔放，都真正體現了大秧歌的「大」處，大秧歌的豪放與陽剛。

還有，黃龍府文化藝術節、黃龍府燈會、廣場健美操、歡樂莊稼院，一個個歡樂宏大的場面，都充分體現了農安這片沃土上四射的文化活力。

今天，古老的黃龍府終於圓了海晏河清、物阜民豐的夢想，在全縣人民豐富多彩的生活中，跨入了全國縣域經濟與縣域基本競爭力百強縣行列。一個全面開放、繁榮富強、文明和諧的新農安已經崛起在關東大地，一百二十萬黃龍兒女正在創造並不斷創造著新的輝煌！

▲ 農安鄉村風光

第二章

文化事件

黃龍府在廣袤的中國大地上只是一個小鎮，黃龍府的歷史在磅礴的中國歷史長河裡只是一朵浪花，但千百年來「黃龍府」卻孕育了一種獨特的文化精神、文化品格和文化夢想，進而滋養了一批批文人名士。這些人因黃龍精神而激情澎湃，因這黃龍品格而探求追尋，因黃龍夢想而暢想放歌。於是，關於「黃龍府」的故事歷久彌新，關於「新農安」的故事正在發生、發展，完善並詮釋著「文化古府」的豐富內涵。

扶餘定都 —— 兩千年前的扶餘王城

農安縣城在歷史上曾是扶餘國的王城，有著重要的歷史地位。

扶餘立國於西元前二世紀末之前，至西元四九四年被高句麗滅亡，至少存在六七百年時間，開拓了松嫩平原，創造了比較發達的文化，是東北歷史上一個占有重要地位的古老民族，也開創了農安歷史上的第一個輝煌時期。

扶餘的建國年代無法確切判定。一些專家根據《逸周書・王令篇》：「伊尹受命，於是為四方令曰，『臣請正東符婁、仇州⋯⋯』」相關記載判斷，扶餘作為族名應當在商周之際，建國時間應在戰國末期至秦漢之交。曾有這樣的記載「漢武帝元封三年（西元前 108 年）置樂浪、臨屯、玄菟、真番等四郡，此後舊燕之地（東北地區南部）始北臨烏桓、夫餘，東縮濊貊、朝鮮、真番之利。」（《漢書・地理志》）也就是說在西元前一〇八年以前已經有扶餘國的存在了。但現存文獻還沒有發現比西元前一〇八年更早的有關扶餘國的記載。

至於扶餘國的疆域直到范曄的《後漢書》才有比較具體的記載：「夫餘國在玄菟北千里，南與高句麗，東與挹婁，西與鮮卑接，北有弱水，地方二千里，本濊地也。」從這段記載可以斷定：扶餘在松花江西段以南；在樺甸、遼源輝發河一線以北，與高句麗相接；在白城洮兒河一線以東，與鮮卑相接；東至張廣才嶺，與挹婁相接。從「地方二千里，本濊地也。」可以看出扶餘在松花江大曲折以南。所以部分專家判定：扶餘國約以今農安一帶為政治中心（《中國東北史》）。史載扶餘國「於東夷之域最為平敞」，也是指其所居松遼平原北部而言。同時也可以判定，更早的濊國也主要在這一帶。到東漢時，扶餘國強盛時期的統轄範圍還要比《後漢書》記載大得多，東至松花江沿岸，西至今遼寧省瀋陽市一帶，南至鴨綠江，北入今黑龍江省和內蒙古境內。是當時中原王朝在東北最大的屬國。

西元前二世紀末，櫜離國王子東明，自今烏裕爾河流域南下，征服了松花

江大曲折以南地區的濊人，建立了扶餘國。

關於東明建立扶餘國還有一段傳說故事。在《論衡》《魏略》《後漢書》等史料中都有這樣的記述：在北方的槁離國，國王偶然發現身邊的侍女懷孕了，很惱怒，要殺掉侍女。侍女乞求饒命，說：「有一天妾似在夢中，突然從天上飛下雞蛋那麼大的一團黃氣撲入妾的懷中，不知怎麼就懷孕了。」大臣也進言：「這一定是上天對我們國家的眷顧，殺了怕觸犯天神哪！」

後來，侍女生下一個男孩。國王還是心存不快，便命人把那孩子丟進豬圈中，可是母豬來給孩子餵奶，其他豬都圍成一圈兒為孩子取暖。扔孩子的人把這事兒報告給國王。國王不相信，親自來看，見果然如此，便又命人把孩子扔進馬棚裡，想讓馬踏死他，可馬非但不去踩踏孩子，還小心地用舌頭舔他，用口氣給他取暖。孩子沒有死。國王看這孩子福命這樣大，頗有疑懼，懷疑真是上天派來的，便讓他母親把孩子抱回撫養，但一定不要給他好的條件，要像對待奴隸一樣對待他。

母親抱回孩子，給他取名叫東明。從此，母親雖在東明身邊，但由於有國王的嚴令，也不敢特別親近照顧，所以東明一直生活在艱難困苦中，他放牧牛馬，身擔雜役。環境雖然艱苦，卻也鍛鍊了東明，使他慢慢長成了一個英俊健壯、勤勞勇敢的小夥子，還善於騎馬射箭。國王常常聽到關於東明出眾的傳言，自己也常暗暗觀察。國王越來越擔憂來自東明的威脅，便下決心除掉東明。得到國王要除掉東明的消息，母親趕緊安排東明逃走了。

國王知道後，便派兵在後面追趕。東明一直往南跑，跑到嫩江與松花江交會的地方，被江水阻住了去路。看著寬闊的江面和後面漸近的追兵，東明無路可走，便摘下背上的弓箭，射倒了幾個追兵，可很快箭便射沒了。東明靜靜地站在江岸邊，看著追兵在一點點逼近，他驀然回首，目光茫然地看著江面，以弓擊水大吼一聲：「我本天子，天何亡我！」說也奇怪，江面馬上浮起數不清的魚鱉，像搭起一座浮橋一樣，東明踏著魚鱉飛快地跑過江去。等追兵趕到，魚鱉早自動散了。

東明跑到江南，憑著他的勇敢和智慧一點點征服了濊地各部，建立了扶餘國。扶餘國王城開始建在鹿山（今吉林市西團山或東團山一帶），東晉永和二年（西元 346 年）遷至今天的農安縣城附近，名扶餘城。

「黃龍府」的由來──耶律阿保機之死

契丹建國後，在西元九二五年，耶律阿保機以「所謂兩事，一事已畢，唯渤海世仇未雪，豈宜安駐」（《遼史·太祖紀下》）為號，大舉進攻渤海。所謂世仇就是民族間的攻掠、寇盜。金人王寂的《遼東行部志》稱「契丹、渤海血戰數十年」，足見兩族血仇之深。

當年十一月，阿保機下達了大舉進攻渤海的命令，以契丹軍為主力，以回鶻、新羅、吐蕃、党項、沙陀等聯軍為協從。殺牛馬，祭告天地，祭祀木葉山祖廟，誓滅渤海。皇后述律氏、皇太子耶律倍、大元帥堯骨（耶律德光）也隨同出征。隨後，阿保機揮兵「夜圍扶餘府」。扶餘府當時是渤海十五府之一，是抵禦契丹的西陲重鎮。西元九二六年正月初三，契丹軍「攻破扶餘城，殺其守將。」（《遼史》）占領了扶餘府，阿保機派大將覿烈與寅底石守衛，自己抓住戰機，又率兵直指渤海國都忽汗城，先鋒肖阿古只「獨將騎兵五百，敗渤海老相兵三萬。」（《遼史·肖阿古只傳》）渤海軍隊節節潰退，契丹兵以排山倒海之勢，逕造渤海王都。正月十二日，合圍忽汗城，渤海國王大諲撰，看大勢已去，派人出城請降。

當時渤海受唐朝影響很大，無論是政治還是經濟都比較發達，政治體制是封建制，而契丹是以游牧為主的奴隸制。阿保機滅了渤海國，因地而治，也為了鎮服渤海遺人的反抗，改渤海國為東丹國，留下太子耶律倍，封為人皇王，主持東丹國事。自己班師還朝。

西元九二六年七月，契丹大軍回師路過扶餘府，阿保機決定在這裡住一陣，好好地慶祝一下。不料，來到扶餘府不久，阿保機便一病不起。「是夕，大星隕於幄前，辛巳平旦，子城上見黃龍繚繞，長可一里，光耀奪目，入於行宮。有紫黑氣蔽天，逾日乃散。是日，上崩，年五十五。」（《遼史》）

一代英傑，戎馬一生的大遼開國皇帝阿保機就這樣撒手歸天。皇后述律平

為了紀念他，在阿保機駕崩的行宮所在地修建了一座升天殿，並因為太祖駕崩時有黃龍出現，便把扶餘府改名黃龍府了。《遼史》有「黃龍府，本渤海扶餘府。太祖平渤海還，至此崩，有黃龍現，更名。」

黃龍府因阿保機之死而定名，也因遼金兩代重要地位而聲聞海內。

▲ 耶律阿保機塑像

二十六天農安行
——一九五八年羅繼祖文物普查日記

羅繼祖（1913 年—2002 年），祖籍浙江上虞，生於日本京都。字奉高，改字甘孺，號鯉庵，近代大學者羅振玉的長孫。吉林大學古籍研究所教授，中國史專家，古文獻學家，書畫鑑賞家，書畫藝術家。弱冠即以《遼史校勘記》躋身遼史四家之列。傾心於「二十四史」點校，中國古代史、近代史及近代學術史的研究。主要著述有：《願學齋叢刊》《永豐鄉人行年錄》《甘孺史考》《蜉寄留痕》《魯詩堂談往錄》《兩啟軒韻語》等。主編《雪堂學術論著集》《羅振玉王國維往來書札》《雪堂書札》《王國維之死》等。

▲ 著名歷史學家羅繼祖

一九五八年七月二十三日（星期四）

上午六點半出發，在七宿舍集合。王亞洲來送。乘八點十五分車，比抵農安，已十一點多了。下車即見遼塔矗立，以前聞說在原塔外包修一層，此見始知乃照原式翻修，因受批評，缺其三層未修完。在地攤上見遼鏡，上有「上京巡院」字。薛岩彬與李同志同訪縣文教科，該科王同志來為安置宿所，即在塔邊寶塔旅社，與董一屋宿。下午二點，與董、李同志在小館吃麵，每人飯票一斤半。回寓，王同志即偕縣委張部長來，略談此次參加普查工作要求與範圍，以及如何配合中心工作等問題。王談縣中文物情況，大致不出《縣志》所載。張謂既有時期限制，應重點調查，初步決定同赴東路，但分兩組進行。

與董玉瑛、李健才兩同志覓古城遺址，於農安劇場之北約略見之。王亞洲言遺址甚清晰，今所見似不逮王所云。問老鄉農安城掌故，亦不能了了。晚於旅社門外納涼，與申晨星、李殿福兩同學談，李言嗜畫。

七月二十四日（星期五）

　　上午瀏覽街市。農安縣城雖不大，但劇場、浴池俱備，百貨商店五六處，品物亦夥。又建了新華書店。

　　下午移寓農安一中學生宿舍，其地甚寬敞。王同志於圖書館為講縣內文物古蹟分布情況，比昨日所談，有所補充。縣內區劃已大異於《縣志》所載，全縣共區十七、鄉三十七。調查路線決定，一路由我與薛岩彬、李殿福、高士潤、顧安然、範文敏、孫兆奎、趙振寰、何志定、楊采蘭先赴新農鄉，然後分赴黃花崗、小城子各處；一路由董玉瑛、李健才、張旋如、袁傳偉、申晨星、於治棟赴哈拉海子。最後兩路會師於靠山屯。

　　晚，縣委王部長來講縣中中心工作，目前重點是抗旱。我們表示也要參加抗旱。

七月二十五日（星期六）

　　早五點十分乘赴新農大車，近晌抵萬金塔鄉打尖，約二點鐘許，車發新農，比到已午後四時矣。在萬金塔曾訪所謂萬金塔於市集附近，狀如土阜，或疑為古冢，頗近似。據老鄉談，本名半截塔，後因其地為金姓所有，遂改為萬金塔。左偏為古城遺址，地內遼金布紋瓦片觸目皆是，老鄉以所藏一塊較完整的為贈。

　　在新農寓小學教室。同學諸子向人瞭解古物情況，據說有一次得骨骼一具，疑是古生物骨骼，校長寫稿投報館竟未採登，傳聞該物已被當作肥料云。在萬金塔發家書一封。

七月二十六日（星期日）

　　午前六點徒步赴小城子，因抬行李頗覺沉重，予僅一包一袋，走長途已覺力不勝。趙振寰同學分任其半。晌午在黃花崗鄉小憩，鄉秘書劉某某款接，值新買羊肉，做餃子相待，同學為幫忙。食畢赴小城子，約十八里，住陽光一社第二分隊內。與社員同住，在老鄉家吃飯。鄉村調味用醬，予不食醬，僅食其鹹菜。薛岩彬同學與社內負責人談我們來參加抗旱勞動。所住為社員集會地，

殊嘈雜，蠅多，尤苦擾，然社中人與之卻和平相處。

七月二十七日（星期一）

　　清早即起，與社員同刨糞。吃早飯後，下地澆水。與住戶商定，我們買糧，由他們代做，也就是同吃同住之意。午間有小雨，故午後未澆地。晚有農安公安局長姜某某在隊內向老鄉講話，我們也參加。姜本在省公安廳，下放不久，乃本縣人，家即住小城子屯。講話甚透徹。

七月二十八日（星期二）

　　仍澆地。天陰且涼，幾如初秋，同學因帶被少又飲生水，有瀉肚的。予因絕口不飲生水幸無事，但腹中無滴油，口中淡而無味。晚室內蠅多、人多，不能坐，遂與高士潤同學散步門外。門外為草原。有泡子，甚寬闊。今日午間小學校校長徐景春同志來訪，約我們住其校內，食宿頗便，薛同學恐怕老鄉誤會，謝之。

七月二十九日（星期三）

　　午前澆地。午間在草地開會，由薛同學談目前參加勞動情況及計劃。顧安然同學買洋柿分餉同人。午後繼續澆地。社員工作不甚緊張。自來鄉以後，幾與外間隔絕，今日始得讀二十五日、二十六日兩天《吉林日報》。與高士潤同學同赴隊後王氏冢，冢有墓誌，王名國秀，字廣大，本山東登州府某縣人，現住農安縣小城子，王生於乾隆六十年，卒於同治三年云云。知同治時此地已名小城子矣。據韓某言，王乃商人，晚年捐資得官，故志稱敕授「登仕佐郎」。墓四方又各有一柱。

七月三十日（星期四）

　　午前赴隊前泡子刨糞、澆地。同學中多半患神經衰弱。趙、范皆病，薛亦瀉肚，高苦失眠，楊發胃痛，予幸無事，然精神亦懨懨不振。決定明日開始搞普查。孫兆奎同學為諸人買來紙煙兩盒。午後仍澆地，同學皆力疾從事。連日仍無雨，故抗旱不得鬆懈。

七月三十一日（星期五）

　　午前同學諸子赴古城遺址進行測量並檢碎瓷片，予亦同往。今日天氣尤涼，大有秋意。此行所獲，計一鐵鍋，六耳，《縣志》所載，雖不能確定其年代，然甚笨重，必非近代物。又一黑釉小口大腹罐，為鄉人韓某所藏，予斷為遼代物。甚自靳惜，薛同學幾費周折，最後賴鄉委夏書記力始得之。又人骨，掘得，細審亦但非原始人，即遼金人亦不類，當是近代人。僅取其頭骨一塊，餘仍瘞之。晚約束行裝，明日將赴萬金塔鄉。隊中適有事於萬金塔，即搭其車行，免負載之苦。孫兆奎，改名孫迅，字師魯。

八月一日（星期六）

　　午前七點乘大車赴萬金塔鄉，九點半到，即下榻小學校內。事務張君出迓，四川自貢市人。小學有菜園，管理秩然有條理，為所見農安縣小學之冠。伙食亦在校內。萬金塔是一集鎮，有百貨店、供銷社。瞭解當地及附近古蹟，老鄉言過去曾有所獲，近來較少。同學宿教室內，予別宿於教師宿舍。張同志見予無褥，以己褥借我。今日為建軍節（三十一週年）。鄉政府秘書為介紹一老人，入門託言耳聾，問古物，言無所知而返。

八月二日（星期日）

　　午前寫家書付郵，此為出門第二次。薛同學商日程。予謂如文物較多，可多留幾日，此刻就回縣城嫌過早。測量古城，巡視四周，較小城子古城為大，掘地下陶片，當是遼金時所建，土人言隋代，《縣志》言萬金塔建築於李靖，皆向壁之談也。同學們獲一茶末釉陶罐，小口破缺，然當為遼金物無疑。又於萬金塔廢丘上得虎面瓦當一件，拼合尚完整，然不類遼金物。與薛同學同訪老鄉，有言十字街口二十餘年前曾發現罐碗極多，今已分散不可蹤跡。有言附近三里許傅家屯曾發現骨灰罐，尚有一完整者。今日又得方形大磚二塊，亦遼代物。晚開會談工作中問題及伙食等。

八月三日（星期一）

　　今日同學們出訪老鄉，又得大缸兩口，皆出土物，其一完整，釉及形制均

佳，似亦遼金物，但不敢十分肯定，即非遼金，亦必古物無疑。午後與薛、楊、何赴傅家屯，往返約十里，見其社隊員傅久坤同志及其父，談舊事甚歡愜。向索骨灰罐，已無存，僅於社後甸上檢得碎片若干枚，始知前所檢得灰陶帶細碎紋者皆骨灰罐也。傅為言，罐內有用骨灰製成人形，有男有女，但見風即散。亦有盛骨灰者。有兩山阜遙相對，故舊名雙山子。骨灰罐先後約出二百餘，如再掘仍能得之。

八月四日（星期二）

同學們赴霍家屯亦有所獲，鐵鍋一，三足（已缺）兩耳，必遼金物。薛議展覽所得古物於鄉文化館，予贊成，與鄉人委談，亦同意。決定明日從事籌備。

八月五日（星期三）

整日籌備展覽。予寫《農安縣歷史沿革簡介及文物普查意義與對老鄉們的幾點希望》。同學們分寫卡片及說明並任會場說明員。

以觀眾不甚多，明日仍續展。李殿福同學先回縣城，薛囑我寫一報導，交李攜回（後摘要登於《農安報》上）。

八月六日（星期四）

兩日觀眾共五百餘人。擬明日回縣，因大罐不便攜帶，需縣內發汽車來。縣覆電話，言明日下午後四點發車來接。

八月七日（星期五）

午刻大雨甚透，可以免澆地之勞矣。如連續不止，縣城車或不能來，行程遇阻。予住處漏雨，移來教室與同學們同宿。晚小學校開聯歡晚會，以茶瓜招待。由馬校長及劉姓教師報告校中生產勞動情況，予及薛同學亦略述我校近來情況答之。

八月八日（星期六）

雨未止，仍不能走。買鏡一面，題字贈小學全體教師留念。又合攝一影。晚開生活檢討會，學習陳伯達報告（《紅旗》第四期）。風起，閃大作，然無

雨。

八月九日（星期日）

　　天陰晴不定，無車來，仍走不了。學習社論四篇。寫家書，此第三次。

八月十日（星期一）

　　早七點乘大車赴縣城，道經好來寶，見古城遺址，約十一點抵縣，即晤李殿福同學，仍下榻一中宿舍。浴。晚間文教局王同學來晤，談普查情況，關於縣城展覽，王完全委託我們，薛與我商在縣城工作及赴伏龍泉普查日程等事。得家內寄來糧票及信，又轉來邵茗生先生及孫秀仁信各一封，孫信附出土宋印一方。

八月十一日（星期二）

　　顧、孫、范、李四同學赴伏龍泉。局中王同志送被褥十套來，並商移宿舍。中央衛生部將來檢查衛生工作，故街上滿布監督崗，檢查每人是否持蠅拍，予被查幾次，不得不購一把。宿舍蠅甚多。購《西安勝蹟志考略》一冊，陝西人民出版社新出版。作書致金、王兩主任。晚檢看董張組送回的東西，零件較多，內有手製陶一種（陶耳、陶足）最佳，當是遼金以前物。又有官印一方，文為「會州勸農之印」，背後刻大同四年，遼大同無四年，當有問題。

　　高士潤同學請大家吃西瓜，正食瓜時，董、張諸同志即歸來，共談普查情況及所得，甚歡暢，幾忘勞苦。

八月十二日（星期三）

　　午間由薛岩彬、張旋如各談組內活動情況，予亦發言。與薛、趙、楊、何、高到左山子左家屯訪古物，路經古油廠，無所得而返。

八月十三日（星期四）

　　在文化館籌備展覽，予寫縣簡史及普查概況，並審閱同學們所寫的卡片說明。文教局王同志及文化館負責人完全以展覽事委託我們，但紙筆工具等皆不為置備，臨時措辦。予據《遼瓷簡述》寫遼瓷說明，囑李健才同志寫有關遼金城址方面說明，因此次調查城址頗多，李有難色。閱報知校歸省領導，改名

「吉林大學」。

八月十四日（星期五）

　　昨籌備有未竟者，今日上午加緊完成，因午間即開館，予寫保護文物說明及如何保護、對老鄉們的希望等。開館觀眾不少，俄頃即達百人，申晨星、高士潤兩同學作說明員皆極出力。文化館原有大刀一具，重百廿斤，極笨重，不類使用武器，殆武場中物。晚至八點半閉館。文教局請到劇場看劇，演《李闖王》。

八月十五日（星期六）

　　仍展覽。二日中達兩千餘人，可謂盛舉。

八月十六日（星期日）

　　甫起床即得王同志電話，轉達校電，令即回校搞教學改革。本日展覽停止，與諸同學赴館整裝。與土產公司商車輛，約定明日上午成行。晚文教局宋局長及文教界人士在圖書館報刊室召集茶會，會上宋局長講話，予及薛岩彬同學答之，後又有自由講話，散會赴劇場應看劇之約，演《鐵公雞》。忽雨不止，歸途泥濘，與孫兆奎、趙振寰同行。此殊不湊巧，如竟不晴，則道又不能行車，歸程將阻。入夜閃作，然無雨。屋因雨而漏，適當予臥處。

八月十七日（星期一）

　　起床即盼晴，電話問能行否。答云不能即行，須看情況再定。待至十一點無雨，抬行李赴文化館，十二點成行，抵校已午後二時許，將近校門忽值雨，車駛至七宿舍。在一一四室暫避，即高士潤同學臥室也。雨止，歸宿舍。

　　稍憩赴校部進食，到系晤王滌主任與馬玉良書記及王亞洲同志。

後記

　　一九五八年七月，吉林大學歷史系的學生生產實習課叫我帶隊去農安。我雖是任課教師，但不是黨員，那麼黨員只有在學生中去找了。學生也只有薛岩彬是，我便事事和他商量進行。這次實習時間不滿一個月（由 7 月 23 日到 8 月 17 日止），還是做了不少事，既幫助農民澆地抗旱，又完成遼金文物普查

工作，在縣文化館展覽普查所得兩次，予寫說明，來觀群眾達二千人，可謂盛舉。

　　事過已四十餘年了，我這本《實習日記》尚在手，而人事遷流，當日繫上同人如王滌主任、王亞洲同志已先後作古，同學中因散處四方，已有很多人不瞭解其存歿情況。我亦蹉跎衰老，檢出托蕭君文立代繕，內容除改正訛字幾處外，一律不加改動以存其真。一九九五年六月既望，鯁庵羅繼祖記於連灣之白雲村舍。

　　記中所說「李健才有難色」，當時確如此。但歲月遷流四十年過去，遼金史的研究，我雖忝為前馬，而健才與儕輩的造詣卻日新月異，炳然稱盛，後起更不乏人。

▲ 羅繼祖先生和門下學子

▲ 《實習日記》被收錄在本書中

群眾文化盛會——黃龍府文化藝術節

自二〇〇四年始，由中共農安縣委、縣政府主辦，縣委宣傳部、縣文體局、縣廣電局、縣文聯承辦了七屆黃龍府文化活動周，這七屆文化活動周充分調動全縣廣大群眾、文藝團體積極參與，成功組織了豐富多彩的文化活動，深受全縣人民歡迎，並為進一步開展文化活動和文化節的籌備，創造了氛圍、積累了經驗。為了建設特色文化名縣，打造農安縣的綜合性文化活動品牌，二〇一〇年，縣委、縣政府把文化活動周提升為文化藝術節，全力打造展示農安文化發展繁榮的藝術盛會。

首屆黃龍府文化藝術節

二〇一〇年九月六日至十二日舉行農安縣首屆黃龍府文化藝術節，以「弘揚黃龍府文化，建設特色文化名縣」為主題，以「新農安，新躍升」為宗旨，以弘揚黃龍府文化、繁榮社會主義文藝、豐富群眾文化生活、促進縣內外文化交流為目標。設計文藝演出、展覽等七大類、十九項豐富多彩的群眾文化活動，傾力打造人民的節日，文化的盛會。

九月六日上午，在龍府廣場舉行了盛大的開幕式。省文化廳、長春市委宣傳部、長春市文化局和農安縣委、縣人大、縣政府、縣政協的領導參加了開幕式。開幕式當天，在龍府廣場舉行了「激情翰墨，文化農安」百米書畫長卷廣場同繪活動，長春市和農安縣三十多位知名書畫家和六十多名中小學生一同現場書

▲ 首屆黃龍府文化藝術節

▲ 百米書畫長卷廣場同繪活動

寫、作畫，突出藝術節主題色彩，烘托藝術節的文化氛圍。廣場健身展示活動也同時進行，健身操、太極拳、太極劍、交誼舞、腰鼓、大秧歌等豐富多彩的群眾健身活動，為藝術節增添亮麗風景。開幕式文藝演出集歌曲、京劇、吉劇、雜技等多種藝術形式，由吉林省吉劇院、吉林省京劇院、長春市雜技團、前郭縣歌舞團等知名演員傾力演繹，吸引了三萬餘人觀看，六萬平方米的廣場人頭攢動，廣大群眾沉浸在濃濃的節日氛圍中。新華社吉林分社、中央人民廣播電台等十六家新聞媒體對開幕式全程進行了報導。

從九月六日晚開始，作為藝術節的一項重要活動內容，「數字電影超市」每天在同一時間，各個廣場不同地點播放不同內容的高清數字電影，群眾可以選擇自己喜歡的影片觀看，極大地豐富群眾的精神文化生活。與縣城同步，全縣二十二個鄉鎮五十一台電影放映設備同時播放影片。《唐山大地震》《十月圍城》等一部部震撼人心的電影在「數字電影超市」上放映。一週多時間全縣組織放映廣場數字電影二百餘場，參與觀眾三萬餘人次。

九月七日晚，由縣委、縣政府，縣委宣傳部、縣文體局、廣電局主辦，大

地傳媒有限公司承辦的第四屆「合家歡杯」青年歌手大獎賽頒獎晚會在龍府廣場隆重舉行。

▲ 黃龍戲展演

部分縣領導及縣委宣傳部、縣文體局、縣廣電局的主要負責同志與群眾一同觀看了演出，並為獲獎歌手頒發了獎品和證書。

動感歌曲 Super Girl 贏得了觀眾陣陣掌聲。歌曲《放聲大哭》《新四季歌》《同在藍天下》和激情似火的吉他彈唱，讓觀眾沉浸在火熱的氣氛中。

吉林省著名演員大笨的演出、紅豆的模仿秀更是讓現場觀眾激情高漲，演員們的精彩表演使全場的氣氛達到了頂點，如雷的掌聲和一陣陣歡呼聲讓夜晚的龍府廣場沸騰起來。國家一級演員王紅梅帶來的歌曲《圓夢》《大姑娘美大姑娘浪》將晚會的氣氛再次推向高潮，她那高亢的嗓音、親和的笑容感染了現場的每一位觀眾，大家和她一起哼唱這熟悉的歌，現場洋溢著和諧、歡樂的氣氛。

九月八日傍晚，黃龍戲專場演出在龍府廣場舉行。《不上線放鵝》《恩怨長山屯》《鷹格夫人》等知名的黃龍戲劇目把演出一次次推向高潮。

九月九日上午九時，在龍府廣場舉行了「安華保險杯」嗩吶對棚賽。來自縣城和二十二個鄉鎮的嗩吶藝人同台演出，前崗鄉劉小班三代人合奏的《樂翻天》，獲得了聽眾陣陣熱烈的掌聲，本次比賽，吸引了萬餘名群眾觀看。

九月十日上午，由農安縣委宣傳部、農安縣文聯、農安縣黃龍府書畫院聯合舉辦的「長春地區書畫精品邀請展」在農安縣十中體育館隆重開幕，集中展出黃龍府書畫珍藏藝術精品，薈萃長春五縣區繪畫、書法精華之作。展出的二

▲ 首屆黃龍府文化藝術節書畫名家作品邀請展

百餘幅書畫作品，不僅展示了長春市五縣區書畫藝術的整體實力和發展水平，一定程度上也反映了農安的區域文化精神、文化性格和藝術品質。書畫展歷時三天，於十二日結束，三萬餘人次參觀展覽。

九月十日晚，「黃龍實業杯」家庭才藝大賽在龍府廣場舉行。此次比賽的參賽家庭，是在全縣範圍內所有報名家庭中，經過初賽、複賽選拔後脫穎而出的。比賽中，參賽者們以樂器演奏、二人轉、相聲等多種形式充分展示自身才藝，少兒參賽者更是爭相亮相，活力迸發。整台比賽演出充分展現了黃龍兒女多才多藝和昂揚向上的精神風貌。吸引了上萬名群眾觀看。

九月十一日上午九時，在龍府廣場舉行了少兒才藝表演專場。精選縣內銘芳藝術學校、飛逸藝術學校、少年武校等少兒藝術團體中優秀少兒節目集中展演。小朋友們表演了拉丁舞、獨唱、樂器演奏等精彩節目，現場參與群眾達兩

千多人。

九月十一日上午，在農安縣巴吉壘鎮舉行了詩歌文化藝術節暨關東詩陣二〇一〇年會及賽詩會。吉林省詩詞學會授予農安縣「中華詩詞之鄉」稱號。

賽詩會上，二十多位來自農安縣巴吉壘鎮各村的詩歌愛好者，朗誦了自己精心創作的詩歌。這些詩歌愛好者有農民，有鄉村教師，有六十多歲的老人，有外出務工回鄉的青年，還有在校學生。這些詩歌散發著泥土的芳香，流露著淳樸的情感。《黃龍頌》《莊稼老漢實在牛》等詩歌熱情奔放，《夢迴故鄉》《鄉情》《我愛家鄉一方土》等詩歌深沉婉約。

九月十一日晚，「歡樂莊稼院」哈拉海專場演出在龍府廣場舉行。有舞蹈、歌曲、薩克斯獨奏、二人轉小帽等，一個個精彩紛呈的節目不斷把演出推向高潮。演出吸引了數千名群眾駐足觀看。

藝術節期間，農安縣電視台精心製作了七期《農安文化名人訪談節目》並在黃金時段播出，對域內文化界知名人士王福義、趙貴君、朱玉鐸等進行專訪，展現他們的藝術成就，傾聽他們的藝術成長歷程。

首屆黃龍府文化藝術節九月十二日結束，吸引了三十餘萬群眾廣泛參與，實現了經濟與文化的雙豐收。

第二屆黃龍府文化藝術節

二〇一一年九月七日至十四日，舉辦了主題為「弘揚黃龍府文化，建設特色文化名縣」的第二屆黃龍府文化藝術節。

農安縣第二屆黃龍府文化藝術節文化活動共設計三個層面，十項活動，作為支撐藝術節的主要框架。第一層面，精心策劃三場大型晚會，即開幕式、「社會管理創新」激情廣場大家唱和閉幕式暨廣場舞會集錦，力求有所創新、有所突破，提升影響力。第二層面，設計五個專場演出，即「歌唱家鄉，振興黃龍」文藝演出專場、「雖是近黃昏，夕陽無限好」老年專場、戲劇專場、創建國家級衛生城專場、歡度中秋文藝晚會專場，力求以不同形式和內容的文化

▲ 第二屆黃龍府文化藝術節開幕式

活動滿足不同階層、不同年齡段、不同品味群眾的文化需求,充分體現文化事業在促進社會和諧、滿足民生需要和服務中心工作方面的軟實力作用。第三層面,設計兩項展示,即黃龍府「和諧杯」書畫展示、「運動帶來快樂,健康贏得幸福」老年、少兒文體活動展示,弘揚健康生活理念,豐富現有文化資源,提升藝術節的藝術品位。

藝術節的戲劇、歌舞、曲藝、文學、書法等八個門類近二十項文藝活動,以豐富多彩的文化藝術形式,以精彩紛呈的舞台演出,以廣大群眾多種形式的

▲ 黃龍府「和諧杯」書畫展

廣泛參與，為全縣人民獻上精美的文化大餐。此外，國家級非物質文化遺產黃龍戲表演、原生態「曲藝」和以黃龍府本土特色文化為主線的經典晚會等活動，吸引了四十餘萬觀眾參與其中，參與演出的演員達到兩千餘人次，三十多家媒體前來採訪。藝術節期間還邀請了域內外知名畫家前來舉辦畫展，為活動增添文化氣息。

第三屆黃龍府文化藝術節

二〇一二年八月三十日至九月三日，舉辦了第三屆黃龍府文化藝術節。

八月三十日晚，第三屆黃龍府文化藝術節在文藝表演《嗩吶賀春》中拉開了序幕。整台節目緊緊圍繞黃龍文化的脈絡走向，突出黃龍元素，全面彰顯黃龍府厚重的歷史和燦爛的文化。演出分為龍城舞動、萬物美景、黃龍富足三大篇章。《戰國神韻》《江山無限》《走進新時代》《農安新貌》等歌舞表演使演出現場亦夢亦幻，觀眾情緒極度高漲。歌舞《明天會更好》更將演出氣氛推向了高潮。本屆開幕式突破以往的思維模式，以遼金歷史、古城風情、神話傳說、農安發展貫穿始終，對黃龍府文化內涵進行了深度挖掘和詮釋，令現場觀眾耳目一新、受益匪淺。

八月三十一日晚的「激情廣場大家唱」、九月一日下午的「舞林大會」，全縣的文藝團體、文藝骨幹和文藝愛好者都以飽滿的熱情投入到演出中。平日裡的普通百姓，或激情高歌，或炫舞獻技，都成為今日舞台上的耀眼明星，拉近了人與人之間的距離，把和諧幸福送到每個人的心裡。

九月一日晚，由縣紀檢委承辦的「唱正氣之歌、做勤廉公僕」文藝會演唱響了時代的

▲ 第三屆黃龍府文化藝術節開幕式

主旋律，台上演唱台下和，為進一步營造風清氣正、勤政為民的社會環境起到了積極的推動作用。

九月二日，極具農安特色的文學藝術成果展在農安體育館舉行。本次成果展，共集中展出了文學、戲劇、書畫、集郵、民間藝術、手工藝等六大類數千件文學藝術作品，一件件精美絕倫的作品體現了古黃龍山水與人文、民俗與時尚、靈秀與豪邁的完美結合，更從不同角度展示了農安文化的發展成就和黃龍兒女的聰明才智。

九月二日晚，農安龍府廣場大舞台，鑼鼓交響、管樂齊鳴，《不上線放鵝》《基層組織建設年贊》等黃龍戲新創曲目閃亮登場，婉轉圓潤、慷慨激昂的獨特唱腔吸引了上千名戲劇愛好者，不時贏得陣陣掌聲和喝采聲。

九月三日下午，由食安辦和食藥局承辦的「瀏陽河杯」黃龍府廚藝大賽將農安的飲食文化推至新高。參賽選手著遼金服飾、用遼金器皿、做遼金名菜，來自龍府酒店、帝豪賓館、龍興食府等幾十家飯店的大廚們使出渾身解數，用最經濟的材料做出最美味健康的菜品。「黃龍盛世」「紅運當頭」「八寶葫蘆雞」

▲ 農安縣文學藝術成果展暨農安文化發展論壇

等遼金時期特色名菜脫穎而出，令人大快朵頤。

文化藝術節期間，由縣旅遊局和郵政局聯合舉辦的旅遊風光圖片暨集郵文化精品展自始至終獨居一隅，以展板形式大手筆、高姿態、全方位展示了農安各地的特色文化、觀光景點、地域風情、民俗民風以及集郵知識，吸引了大批遊人觀光駐足、流連忘返。

盛大的開幕式，專場黃龍戲、旅遊圖片展、群眾激情唱、廚藝大比拚、文學藝術成果展……第三屆黃龍府文化藝術節歷時五天，推出了八項高標準、大規模的文化藝術活動。四十多萬人次參與其中，三十多家媒體跟蹤報導，充分展現了農安特有的人文魅力和強大的人氣集聚力。

第四屆黃龍府文化藝術節

二〇一三年八月二十九日至九月二日，舉辦了第四屆黃龍府文化藝術節，從黃龍戲專場到紀念李劫夫誕辰百年，從歡樂莊稼院文藝會演到全民競走、集體舞會，從廣場健身秧歌展演到黃龍府書畫攝影展，第四屆文化藝術節讓古城農安的群眾性文化活動再掀高潮。本次文化藝術節由縣文化部門牽頭，各部門、各社區積極參與，藝術節期間恰逢省文藝志願者「送歡樂下基層，走進黃龍府」大型公益慰問演出，藝術家們的傾情演繹讓群眾享受到了高雅藝術，「送文化」的絢爛花朵在黃龍府這片沃土上傲綻芳姿。

▲ 第四屆黃龍府文化藝術節開幕式

藝術節期間，龍府廣場一千多人的觀眾席每晚都座無虛席，觀眾累計達三萬人次，上千名演職人員參加演出。與往屆文化藝術節不同的是，本次藝術節的演職人員絕大多數為農安鎮各社區的文藝愛好者，也包括農村文化大院的文藝骨幹，在連續五天的演出中，他們表演了歌舞、戲曲、小品、器樂演奏、情景劇等上百個節目。歡樂莊稼院、秧歌展演、集體舞會……一個個專場演出為廣大文藝愛好者提供了展示交流的平台，不僅體現了社區的活力、繁榮、進步、和諧，更是對農安公共文化服務體系建設成果的一次檢閱和展示。

　　大合唱《我們走在大路上》豪邁有力、朝氣蓬勃，真實反映了中國二十世紀六十年代初期人民的思想風貌。《蝶戀花·答李淑一》深沉、委婉、曠達、激情，既有濃郁的民族風格，又表現了無產階級革命者的博大情懷。《歌唱二小放牛郎》《革命人永遠是年輕》等一批劫夫作品影響和激勵農安百萬人民，弘揚核心價值觀、集聚發展正能量，以更加昂揚的鬥志，投身到幸福農安建設中來。

　　黃龍府文化藝術節，是黃龍府文化的一張靚麗名片。傳遞著農安縣文化事業鏗鏘向前的堅定足音，全景式展現農安人民奮發向上的精神風貌，還向世人昭示，農安一個文化大發展、大繁榮的春天已悄然來臨。

一脈詩魂百姓心──巴吉壘農民詩歌現象

　　巴吉壘是農安縣的一個鎮，位於農安縣城西三十公里，是黃龍府文化的代表鄉鎮之一，文化遺存異常豐富。出土的四千年前的石雕，具有很高的藝術和史料價值，充分顯現了地域文化特色和厚重文化底蘊。二十世紀中葉，巴吉壘是全國知名的詩歌之鄉。巴吉壘人從歷史文化中汲取營養，從火熱的生活中尋找靈感，滿懷激情地創作出大量優秀詩篇。巴吉壘詩歌繼承發揚了民族詩歌傳統，又與厚重的歷史文化一脈相承，具有鮮明的鄉土特色，曾作為新中國農民心聲的代表，唱響在黑土地上，並享譽全國。

　　新中國成立初期，巴吉壘廣大農民群眾在翻身做主人的喜悅之情鼓舞下，以詩歌、繪畫、說唱大鼓等形式，表達對新中國、新社會、新生活的熱愛，詩歌文化獲得了空前的發展，逐漸成為充滿旺盛生命力的地域特色文化。

　　一九五三年，巴吉壘農民創作的《走婆家》等二十餘首詩歌，刊登在《吉林掃盲報》上，引起廣泛關注；一九五六年，大鼓詞《八字憲法》被編入吉林省掃盲教材；接著《香蘭勸架》《選隊長》《找孫女》等作品陸續發表。

　　一九五七年後，隨著生產力的提高，群眾文化也有了較快的發展，整個詩鄉詩風愈盛。人們在勞動之餘，紛紛揮毫寫詩作畫。據記載，這一時期全鄉詩歌作品達四萬餘首，

▲ 巴吉壘農民詩歌集

形成了全民作詩、吟詩的群眾文化氛圍。創作了大量膾炙人口的詩篇，如「口唱山歌手搖鞭，心甜如蜜耙地歡。鞭兒掃落天邊月，耙走切平萬座山」「今年糧食堆成山，我站山頭入雲端。撕塊雲彩擦擦汗，湊近太陽抽袋煙」等。湧現出了王振海、高恩、李海發、張德山、楊守德、張慶良、張文秀等一大批農民詩人，形成了三千多人的詩歌創作隊伍，編輯出版了兩冊《巴吉壘詩選》，共薈萃詩歌兩千餘首。一九五八年，時任吉林省委宣傳部長宋振庭到詩鄉視察，對詩鄉的群眾詩歌創作活動給予了高度評價，並賦詩以贈：「農民自古有詩章，萬顆明珠土下藏，一經東風春雨後，滿園草綠百花香。」

一九六〇年二月，全國文化工作會議在山西召開，農民詩人王振海應邀參加了大會，會上正式授予巴吉壘鎮「巴吉壘詩鄉」光榮稱號。一九六〇年，吉林人民出版社編輯出版了精、簡兩版本的《巴吉壘詩選》，全國發行。

一九六二年，巴吉壘農民詩人代表王振海參加了全國群英會，受到毛澤東主席的接見。

二十世紀五十年代末期到七十年代中期，巴吉壘詩鄉詩歌創作高潮迭起，達到輝煌時期，隨處湧動著詩情韻律。這個時期，省、市、縣多次在這裡舉辦賽詩會和詩配畫等文化活動，場面極為熱烈，鄉親們寧可跑數十里也前來登台賽詩，多為即興口占，並當面推敲。創作隊伍多達五六千人，共創作詩歌六萬餘首，出版了《巴吉壘新歌》《巴吉壘戰歌》《王振海詩集——胸中一輪紅日出》《巴吉壘詩歌選》《田野放歌——巴吉壘詩歌選》等詩集共十冊。

這一時期的詩歌創作，多反映人們集體勞動、生活的場面，抒發純真樸素的情感，清新流暢、節奏感強，氣勢高昂，鄉土氣息極為濃厚。

二十世紀八十年代，改革開放以來，人民生活水平顯著提高，由於全民文化素質的提高，詩歌中的文化含量增加，詩歌創作也異彩紛呈。然而，由於商品經濟大潮的衝擊、人們生活節奏的加快和生活方式的轉變，詩鄉群眾文化活動受到了一定的影響，賽詩會的規模場面及群眾的熱情有所減退。但詩歌文化活動仍然持續發展，全鎮大多數詩歌愛好者堅持詩歌創作。此時的詩歌多歌頌

▲ 巴吉壘詩鄉賽詩會現場

黨的好政策，抒發富裕後農民的喜悅心情。

一九九三年出版了《魂繫黑土地》《巴吉壘詩集》和《野鴨文學報》；在全省文化工作會議上，巴吉壘鎮被命名為「文化特色鄉鎮」；農民詩人高恩被授予「農民藝術家」的稱號。張眾傑詩歌作品《秋》發表在英漢雙語對照版的《1993世界詩人詩曆》上。國家、省、市等各級新聞媒體，多次對巴吉壘詩歌文化活動做專題報導。

進入二十一世紀，隨著經濟的發展和黨中央各項惠農政策的落實，巴吉壘群眾性詩歌文化運動再掀高潮。富裕起來的農民在茶餘飯後吟詩作畫，歌頌黨的富民政策，歌頌時代新生活。創作熱情空前高漲，創作隊伍不斷壯大，形成了老、中、青相結合的梯次結構，許多機關幹部也加入並創作了大量的詩歌作品；創作風格更是紛繁多樣，古詩、新詩、歌謠兼容的創作格局已經形成。

著眼於深入貫徹落實「三個代表」重要思想，牢固踐行科學發展觀，促進

全鎮經濟和社會各項事業健康發展，巴吉壘鎮黨委多次召開專題會議，就文化與經濟相互融合、相互促進的有關課題進行研討，決定以詩歌為主體，推動先進文化建設熱潮，重振詩鄉雄風，打造詩鄉大地的特殊名片，為構建社會主義和諧社會和建設新農村服務。

在縣委的高度重視下，在全鎮人民共同參與下，巴吉壘鎮新的詩歌運動又重興大潮，短時間內創作了近三千首詩篇，出版了詩集《滿園草綠的花香》。題材更加多樣，體裁明顯豐富，主題日益多元，顯現出「百花齊放，百家爭鳴」的生動局面。

總之，巴吉壘詩鄉文化及其群眾性詩歌文化運動的興起和發展，是廣大人民群眾自發主導下的社會文化現象，體現出詩從壟溝溢、情自民間出、意跟時代走、迴蕩人心中的特點，它對巴吉壘各個歷史時期的政治變革、經濟發展和社會進步，都起到了巨大的推動作用。

▲ 巴吉壘詩鄉賽詩會現場

痴心不改文學夢——黃龍文學社裡的那些事兒

在二十世紀七十年代末八十年代初，百廢待興的中國文化思想界很快進入到了一個文藝復甦期。社會各階層許多熱愛文學、文藝的人都投入到創作之中。農安縣城來自不同單位、不同年齡、不同職業的文藝愛好者聚集在一起，成立了「黃龍文學社」。

黃龍文學社，雖冠以文學之名，但社裡的十幾個社員有寫小說的、寫散文的、寫詩歌的，有畫畫的，還有只是進行口頭評論的。當時的發起人叫吳永學，筆名「壯國威」，他很早就在《長春日報》上發表過詩歌、散文，他的中篇小說《玉泉山》發表在當時非常有影響的《上海文學》上。「黃龍文學社」吸引了城裡鄉下一批年輕的追隨者，也引起了長春市文聯、作協的關注。

黃龍文學社裡的孫曉偉是最年輕的活躍分子，擅長寫小說，趙國華、李新昌寫小說，喬木寫散文和詩詞，劉尚寬寫小說，丁寶庫寫小說也寫戲劇，本是黃龍戲編劇的郭翠筠不怎麼寫戲，卻寫小說，宮慶山寫散文、鼓詞、數來寶，朱玉鐸、金銳畫畫。

劉尚寬熱情好連繫，大家公認他是社長。他家的一間半房子是大家週末集會的地點，兩年多的每個週末下午，無論颳風下雨還是大雪寒天都沒有間斷過聚會，討論作品。正因為有這麼一批熱愛文學的人堅持著，所以當時的農安文學活動在省市都具有一定的影響，大家的作品發表在《上海文學》《北方文學》《作家》《春風》《青年作家》等省內外刊物上，一些大型文學活動也在農安開展。一九八四年夏天，時任長春市文聯副主席的侯樹槐、溫傑，《春風》主編張少武，編輯孫英民、王小克專程到農安召開農安作者小說審稿會。八十年代末，長春地區文學創作研討班在農安舉辦，時任長春市文聯副主席張守智，專業作家付子奎、董輔文、王小克，《春風》主編鞠顯友，編輯王麗君、何平、孫玉良，時任《長春日報》副刊部主任於笑然等蒞臨。農安的作者也不斷參加

省市的一些文學活動。趙國華、郭翠筠、吳永學、孫曉偉、劉尚寬、宮慶山都是九十年代初成為吉林作家協會會員的，這在當時長春地區是絕無僅有的。

雖然那個時代物質生活很艱苦，但是大家的思想是活躍的，熱情和真情還是值得珍惜和記述的。

吳永學除了寫小說，最大的愛好是釣魚。別人釣魚為吃和消遣，他卻是為了賣錢補貼家用，目的明確，大家都很理解。但大家從沒看見過他釣的魚，便對他釣魚賣錢的話有些懷疑。終於有一次文學社聚會，他告訴大家週日下午到他家看他釣的魚。週日下午大家如約而至，吳永學用大鋁盆端出他釣的七八條大鯉魚，那時沒有養殖這一說，所以大家看得希罕。他宣布晚上請大家來吃魚，大家既盼著又有些不忍，卻也樂得答應。晚上人都來了，他請大家坐下，大家都誇他有本事，釣那麼大的魚，他卻黯然地說，釣得到卻吃不起呀。等吳嫂子把一盆土豆條燉小麥穗魚端上來，歉意地埋怨他時，大家才明白。吳永學把大魚賣了，又買了七八斤小魚，大家自然非常理解。現在回想起來，大家還都說，那是吃得最香的一頓魚。

吳永學家真的很困難，夏天能釣魚，冬天就沒轍了。進了臘月，他為了掙倆過年錢，要刻掛錢兒，大家便能幫忙的都伸手，金銳和朱玉鐸幫助設計圖案，宮慶山從醫院上班的媳婦那裡弄來手術刀。掛錢兒刻了不少卻沒賣出多少，要到小年了，吳永學牙痛臉腫，劉尚寬說他是急的，便有了一群文人在臘月的大街上叫賣掛錢兒的事兒，頭年兒終於幫他賺了七八十元。那年大年初一早晨一開門，這群文化圈的朋友，不論是住在縣城哪個方位的，家家院中都鋪上了厚厚的一層五顏六色閃著亮光的碎紙片兒，大家知道，趁著天亮前，吳永學來過了，他給大家拜年了，給兄弟們道謝了。過了年，直到他的中篇小說《玉泉山》在《上海文學》發表，大家才知道他年前牙痛的真正原因，是這篇本來應該在年前發表的小說給鬧的。

這些文學社的朋友，儘管都不寬裕，但過年總要各自請大家一回，可是人又太多，一桌總坐不下。李新昌家有個大桌面，就是太重了，二寸厚的榆木桌

▲ 二十世紀八十年代的黃龍文學社成員

面，兩個人抬不動，就是在地上骨碌也得三個人。這樣尚寬出了個點子，誰請客，誰找人去骨碌圓桌面，結果，文學社裡幾個年輕的，大正月裡滿大街骨碌圓桌面，成了當年農安的一道風景……

黃龍文學社裡的這些人隨著工作的變動，有的到省城，有的到北京，逐漸地散去了。幾年後，在孫曉偉的倡導下又成立了「二月文學社」，老文友沒走的還參加，又加入了賈炳山、劉英和師範的學生田成明、汲叢彬、呂曉蕾等，後來田成明、汲叢彬都先後調到了縣文聯，延續著黃龍府的文藝薪火。

這些往事已經隨著歲月過去了，有些朋友已經成了故人。但是正因為有了他們，有了這些執著熱情的文藝火種不斷地傳遞，黃龍府這塊文化土壤才能有今天的枝繁葉茂。

關東猛虎嘯京華 ——中華世紀壇巨幅國畫長卷展

　　二〇〇九年十一月一日上午，中華世紀壇大廳人頭攢動，氣氛熱烈，這裡正在舉辦關東書畫名家王煥富、鄭淑萍「虎嘯長白——百虎百米巨幅國畫長卷展」。

　　參加畫展開幕式的主要嘉賓有：國務院參事辦公室主任黃國梁，首都精神文明建設委員會辦公室主任舒曉峰，中央文史館畫院院長張景麗，中國革命軍事博物館館長馬琳傑，二炮老幹部局局長劉建平，中國國家機關工委宣傳部第一副部長劉濤，中國美術學院教授蔣采萍，中日文化交流協會會長安霽，中國大漠畫派創始人馬文典，中央電視台書畫院常務副院長孫佩傑，中國藝術研究院博士後陳明，中國藝術研究院博士周尊亞，全國青聯文化藝術界副秘書長榮宏君，吉林美術出版社駐京辦事處主任鄂俊大等國內文化界名人，還有《文匯報》、新華通訊社、《北京日報》等十幾家媒體的記者。

　　各界朋友對「百虎百米長卷展」給予了極高的評價，中央美術學院教授蔣采萍評價說：百虎百米長卷構圖完美，虛實得當，錯落有致，主次分明，能創作出如此巨幅長卷非一般功力而能為之，當稱驚世巨作。

　　此次展覽既展示了畫家深厚的國畫功力和獨特的藝術語言，又展示了關東特色的文化風情，宣傳了家鄉，讓人知道了吉林農安——黃龍府，知道了長白虎嘯的曠世雄風。東北虎已成為世界瀕危野生物種，極須人類的保護與關愛，畫中一群栩栩如生的東北虎，再配以長白山原始景色，再現了關東風情的雄健之美，也促使人們關注自然生態的平衡與

▲ 虎嘯長白——百虎百米巨幅國畫長卷展開幕式現場

發展，喚起了人們保護自然、
保護野生動物的意識。

　　虎是人類崇拜得最早，
也是最具代表性的圖騰動物
之一。人們把祝福、希望與
企盼都寄託給了被稱為「百
獸之王」的老虎。從自然世界
的動物，演化為文化圖騰，自
有原因，但雄風與霸氣應該

▲ 業內名家為開幕式剪綵

是主要的，人們從它身上找到了無畏，尋到了力量。

　　用藝術表現老虎，這是很多藝術家都曾嘗試過的，但是真正成功的，卻不
是很多；能夠真正投入精力、潛下心來、耐住寂寞去準確表現虎的風格、神
采、精神的就更不多了；能夠在一卷長一百二十八米，高二點四米的巨幅宣紙
上，表現不同季節環境背景下，不同姿態、不同情緒、不同神采的一百零九隻

▲ 畫家夫婦為嘉賓介紹作品

東北虎的也就只有——畫家王煥富、鄭淑萍夫婦了。

　　初始立意是想為迎接港澳回歸、迎接新世紀，創作一幅巨幅長卷，可是資料越攢越多，畫越畫越大，便用了整整十二年，對接了兩個虎年，這十二年整好是港澳回歸後，祖國如虎添翼飛速發展的十二年，這十二年是橫跨兩個世紀的十二年。

　　這幅畫看來是很壯觀美麗、極有價值的，但說起創作，王煥富、鄭淑萍夫婦也是付出了很多艱辛的。

　　為了蒐集圖像資料，抓住冬天東北虎活躍好動的特點，他們常常數九寒天去黑龍江東北虎林園寫生，在零下三十多攝氏度的氣溫下，整天圍著虎園轉，伺機抓拍老虎最具動感的一刻。常常是虎園中一天之內只有他們夫妻兩個遊客，早上購票入園，晚上太陽落山才離開，十天半月間天天如此，冷、凍、餓就不用說了，僅僅膠卷就用了幾大箱子。

　　二○○九年三月底這幅長卷，歷經十二個春夏秋冬，品嚐十二年的酸甜苦辣，經十二年的默默耕耘，終於完成了。並在各方朋友的幫助下，在北京中華世紀壇展出。

　　百米百虎長卷在中國幾千年虎文化歷史上增添了濃墨重彩的一筆，這不僅是畫家的功績，也是黃龍府乃至吉林人的驕傲。

▌扶起人間美麗——秦雅麗歌詞譜曲創世界紀錄

　　二〇一一年十一月十一日，秦雅麗創作的歌詞《扶起你》在《長春日報》《長春晚報》同時刊出，向社會徵集譜曲。歌詞針對近年來一些社會現象，直面社會盲點，喚醒社會良知，弘揚正氣。這樣的正能量感染了很多人，得到了社會的廣泛關注和媒體的大力支持，音樂愛好者、作曲家紛紛譜曲。

　　十一月十七日，農安縣委宣傳部召開了「『弘揚傳統美德，創建文明城市』文藝作品創作暨公益歌曲《扶起你》座談會」。

　　十一月二十四日，長春市委宣傳部召開「扶起你——觸及心靈的溫暖」座談會。

　　十二月一日，長春大學音樂學院、特教學院師生舉辦《扶起你》演唱會，師生共譜曲十九首，同唱《扶起你》。

　　十二月十一日，由長春市委宣傳部、長春市文明辦、《長春晚報》、騰訊網、吉林省合唱協會聯合舉辦「良知的力量——《扶起你》」全民演唱會，並舉行了新聞媒體見面會。二炮文工團青年歌唱家喬軍、國家級作曲家王立東看到歌詞《扶起你》深受感動，連夜譜曲，特地從北京趕到長春參加《扶起你》全民演唱會。喬軍的深情演繹將演唱會推向了高潮。中央電視台、新華社、中新社、吉林電視台、長春電視台、中國網、人民網等媒體進行報導。

　　短短二十幾天，徵集曲作者為《扶起你》譜曲三十一首，二〇一一年十二月十五日，《長春晚報》向世界紀錄協會發出申請，十二月十九日《長春晚報》為歌詞《扶起你》申報世界紀錄，世界紀錄協會的工作人員看到《扶起你》的相關資料後說：「對詞作者秦雅麗及譜曲者的公益之心表示高度敬意，並對《長春晚報》推動此次活動表示

▲ 歌唱家喬軍與詞作者秦雅麗在公益歌曲「良知的力量」全民傳唱《扶起你》演唱會現場

▲ 公益歌曲《扶起你》獲世界紀錄證書

支持，免除本次紀錄申報的所有費用。」二〇一一年十二月二〇日上午，世界紀錄協會給《長春晚報》發來了初審通知書。當日，《長春晚報》把覆審資料整理完畢，郵寄給世界紀錄協會。

經過初審、覆審，《扶起你》申報世界紀錄成功，二〇一二年一月十七日下午，《長春晚報》收到了世界紀錄協會證書。秦雅麗創作的歌詞《扶起你》成為世界上譜曲最多的華語公益歌詞。

接著，歌曲《扶起你》又走進了北京國家大劇院，在喬軍愛心演唱會激情亮相。

一首歌詞《扶起你》經過地方報紙的報導，帶動三十餘家媒體介入，從一則地方新聞到全國關注，從一首歌詞到三十一個版本譜曲，從全民演唱到創世界紀錄，充分證明呼喚社會良知的正能量作品的巨大力量。

亮相大西北——黃龍書畫受邀新疆行

二〇一三年六月六日農安四位書畫家作品入選新疆「中國夢」系列之「關東八駿當代實力派書畫名家邀請展」。朱玉鐸、洪楓、焦慧勇、鐘海峰等八位書畫家一百餘幅精品力作在烏魯木齊市亞歐藝術館隆重展出。

此次展覽是由烏魯木齊市亞歐藝術館、王洛賓文化研究會、雁吟堂聯合主辦的。美國世界藝術家協會中國區協會主席姜連起，新疆著名畫家席時珞、閔陰南、李灼、龍清廉等近百位新疆著名藝術家出席了開幕式。

據主辦方介紹，本次參展的繪畫作品寫實繪意，或濃墨重彩，或淡雅清新，各有其高妙之境；作品筆走龍蛇，或持重豪放，或雋永端莊，尺幅之間讓人領悟線性舞蹈的迷人魅力。作品傳承創新，相得益彰，筆隨時代，墨見精神，形式多樣，內涵豐富，立意高遠，韻味悠長。農安四位實力派書畫家朱玉鐸、焦慧勇、洪楓、鐘海峰，有著嚴謹的學術作風和紮實的基本功，他們的作品可以說是傳統水墨在現實意義上的某種延伸，深刻地表達了書畫家對所生活時代的真實感受，具有收藏價值。體現了關東書畫粗獷豪邁的筆墨風格、濃重樸實的飛揚個性、雄渾博大的藝術品位，抒發了熱情奔放的關東情懷。

亞歐藝術館執行館長呂德虎先生說：本次展出的書畫作品三百餘件，開篇著勢，著墨敦郁，先緯後經，體

▲ 農安書畫家參加新疆「中國夢」系列之「關東八駿當代實力派書畫名家邀請展」

▲ 農安著名畫家朱玉鐸在開幕式上講話

▲ 洪楓國畫花鳥作品　　　　　　　▲ 朱玉鐸國畫山水

乖織綜，佳構恢宏，意豐脈暢，本真流遠，氣勢蕩漾，篇篇佳構，其高妙之境無不引人入勝。

　　王洛賓研究專家、美國世界藝術家協會中國區名譽主席劉書環先生即興賦詩一首：

　　　　八駿自關東，帶來黑土蹤。

　　　　異域逐競秀，首府飄彩虹。

　　　　罡風吹心扉，音潤黛色中。

　　　　不言道分別，作揖再鞠躬。

墨蘸鄉情寫新春——十屆黃龍府元宵書畫筆會

正月十五上午，農安縣寶華骨科醫院禮堂琴韻悠揚、墨香四溢——每年一屆的「黃龍府元宵書畫筆會」已在這裡舉行了十屆。

每年參加筆會的有縣領導和域內外文學藝術界知名人士近百人。

禮堂內張燈結綵，長長的條案前書畫家們鋪紙展腕、潑墨揮毫，一筆一墨盡顯風姿，一皴一染具出精神。大型投影儀屏幕上方是書畫筆會的橫額，台前是兩架古箏，劇團的專業演員在運指彈奏，樂聲悠揚。一會兒工夫，在優美的古箏樂曲中，牆上已掛滿了書畫作品，書劍風骨、翰墨雲煙盈室。

一位書畫家說：「藝術創作是個體的，每個人有自己的藝術語言，但是要把自己的藝術領悟發揮盡致，要有好的環境、好的心境。現在從上到下，有這麼好的文化氛圍，這就是我們的創作動力，尤其寶華對文藝的支持，自己出資每年都搞一次『元宵書畫筆會』，這個事太好了，便於大家交流。」

「黃龍府元宵書畫筆會」是農安縣民間自發組織的藝術活動，自二〇〇五

▲ 第十屆黃龍府元宵書畫筆會現場

年開始，已經連續舉辦了十屆。主辦人高寶華，不僅是享譽國內的名醫，還具有極高的藝術天分，拉得一手好胡琴，對書畫藝術更是情有獨鍾，對黃龍府書畫藝術發展給予了很大支持。這樣的活動充分體現了地域文化發展的一種民間狀態。

▲ 黃龍府第六屆元宵書畫筆會現場

盛世興文，文興則百業興。現在農安文學藝術呈現出繁榮昌盛，百花盛開的局面。

從二〇一〇年農安文化工作會議提出把「特色文化名縣建設」納入全縣三大發展戰略之一，並全面制定《農安縣特色文化名縣建設 2010-2015 年規劃綱要》，到四屆黃龍府文化藝術節的成功舉辦，從黃龍戲被納入國家級非物質文化遺產，到省級「中華詩詞之鄉」的命名，農安文化建設取得了可喜成果，特色文化名縣建設已經在城鄉遍地開花。

尤其書畫界，更是群星璀璨，湧現出一批邁入全國藝術領域的書畫家。朱玉鐸、王煥富、劉福生、韓秀平、裴龍、焦慧勇、洪楓、朱洪波、鮑景余、徐進、李尊武、宋迎春、鐘海峰、張士偉等都在全國、省市展賽中有很好的成績。有這麼好的社會環境和人文氛圍，有這麼一批藝術菁英共襄盛舉，農安文學藝術事業的大發展是指日可待的。

參加活動的縣領導曾說：「有農安各界人士的熱情參與，有域外朋友的大力支持，又有這麼多高層次、高品位的藝術家，這就是我們農安地域文化建設的特色所在，也是我們農安文化發展的希望和保障所在。今後我們要利用資源、發揮優勢，努力推進特色文化名縣建設，大力推動農安文化的大發展大繁榮。」

唱響《歌聲與微笑》
——老幹部藝術團走進央視舞台

二〇一三年二月八日，在中央電視台音樂頻道大型群體互動節目《歌聲與微笑》的舞台上，我們看到了一些熟悉的面孔，他們就是農安縣老幹部藝術團的演員們。

當農安縣老幹部藝術團滿懷深情地演唱完《朋友，請在這裡停留》時，現場評委劉和剛說：「這首原創歌曲意境深遠、曲調悠揚，充分展示了吉林農安的特有風情。作為一個業餘合唱團，能登上央視大舞台盡展歌喉真的不容易。你們不但唱得好，精神風貌也非常棒，祝賀你們演出成功！」

接下來是由農安寶華骨科醫院院長高寶華和縣政協副主席趙貴君合奏的江南名曲《茉莉花》，當主持人白燕升告訴觀眾，拉二胡的這位老大哥不僅是名醫

▲ 農安縣老幹部藝術團在央視《歌聲與微笑》演出現場

▲ 老幹部藝術團與《歌聲與微笑》主持人白燕升合影

生，而且是全國勞動模範，曾先後免費為全國一萬多名患者做了矯形手術時，全場再一次響起熱烈的掌聲。

最後一個節目是東北特色濃郁的表演唱《串門兒》，伴隨著觀眾熱烈的掌聲，央視主持人白燕升深情說道：「大家不知道，就在他們要來北京錄製節目的當天，農安下了大雪，高速封路，事先預定的大巴走不了，只好臨時改乘火車，一下子要訂四十多人的火車票，哪那麼好買啊？經過多方協調和努力，他們如期地站在了《歌聲與微笑》的舞台上，這個門兒串得真不容易啊！我代表所有觀眾向你們致敬——來自吉林省農安縣老幹部藝術團的各位老師，你們辛苦了！」

在《歌聲與微笑》的舞台上，老幹部藝術團不僅展現了農安人的精神風貌，還讓全國十三億電視觀眾知道了農安悠久的歷史和燦爛的文化；知道了農安是遼金時期軍事重鎮和政治經濟中心，是中國歷史名城之一；知道了抗金名將岳飛名句「直抵黃龍府，與諸君痛飲耳」所說的黃龍府就是今天的農安。

演出結束後，《歌聲與微笑》製片人、導演謝冬娜在接受記者採訪時說：

全國自發組織的文藝團體有三萬多個，農安縣老幹部藝術團在眾多的文藝團體中脫穎而出，是一件十分了不起的事。

藝術團成員難掩心中的激動與興奮，爭相與《歌聲與微笑》主持人白燕升、《星光大道》主持人畢福劍、青年指揮家明子琦、中國抒情花腔女高音吳碧霞、二炮文工團青年歌唱家曹芙嘉、《星光大道》二〇一〇年度季軍選手蘇丹等合影留念。

進京參加演出的隊伍返回農安途中，縣政協副主席趙貴君接受記者採訪時說：「這次進京演出很成功，必將使更多人對農安有一個更深刻的認識。」

老幹部藝術團的成功演出，是農安縣文化藝術事業具有里程碑意義的一件大事，是農安縣經濟社會發展、文化品位提升、市民幸福指數提高的標誌。此次演出在成功宣傳農安、推介農安的同時，也為推動農安群眾文化事業的發展做出了積極的貢獻。

他們是怎樣進京，又是怎樣取得這樣的成功的呢？

事情還得從二〇一二年五月說起，農安縣老幹部藝術團把自己編排的節目通過電子郵件傳到了中央電視台《歌聲與微笑》節目組。令人驚喜的是，五個月之後，收到了該節目執行導演的回音，表示要親自帶領相關人員到農安來審查節目，一旦通過，就正式邀請藝術團到央視參加《歌聲與微笑》節目。

接到通知後，全體隊員在團長的帶領下，開始精心準備節目，幾個月不間斷的緊張排練，雖然團員們只是業餘愛好，但

▲「激情夢想•草原之夜」中老年藝術大賽

都自覺用專業的標準要求自己，力爭精益求精。最後原創歌曲《朋友，請在這裡停留》、表演唱《串門兒》以及二胡與薩克斯合奏《茉莉花》通過節目審查，被確定參加現場錄製。

二〇一二年十一月一九日，一場大雪染白了古城農安，就在這一天，農安縣老幹部藝術團一行四十三人帶著百萬黃龍人的祝福與期待，踏上開往首都北京的列車，走進中央電視台。

二〇一二年十一月二十二日十三時，農安縣老幹部藝術團四十二人終於站在了絢麗的《歌聲與微笑》演播錄製大廳舞台上……

農安縣老幹部藝術團是由縣內離退休老幹部自發組織的一支老年藝術團體，是一支傳播正能量、經常活躍在基層的文藝團隊。

二〇一〇年十月，時任農安縣衛生局黨委副書記的胡豔坤從領導崗位上退了下來。學生時代，她曾是農安師範音樂班的高才生，畢業後，先後在縣委宣傳部、縣婦聯等部門任職。為了重拾自己的愛好，退休不久，她便產生了成立一個合唱團的想法，這一想法得到了四十多名退休幹部的支持和響應。經過半年多的運作，在農安縣老幹部局、農安縣文體局等單位的支持下，於二〇一一年四月正式組建了農安縣老幹部藝術團。

自建團以來，為了進一步豐富人民群眾的精神文化生活，充分展示老幹部的良好精神風貌，他們精心組織，刻苦排練，積極參加各種演出活動。演員們以飽滿的精神狀態全身心地投入，表現出良好的藝術修養，抒發著對黃龍府文化的熱愛和對農安美好未來寄予的無限憧憬。用激情點燃了農安老年文化的發展之火。

到二〇一三年底，老幹部藝術團先後參加了農安縣第二屆、第三屆、第四屆藝術節，農安縣第五屆黨代會，老幹部局主辦的二〇一二年春節茶話會，「我的黑土，我的春晚」二〇一二長春市農民迎春聯歡會選拔賽，執法局、寶華醫院、老幹部局聯合舉辦的聯歡會，伏龍泉鎮春節團拜會，農安縣二〇一二年春節團拜會，長春市老年大學第八屆藝術節，農安縣慶「七一」迎「十八

▲「激情夢想•兩岸同心」藝術大賽

大」暨基層組織建設年主題賽詩會頒獎文藝會演,長春市縣(區)老幹部工作
人員「喜迎十八大,爭做貼心人」文藝會演,老年大學二〇一二年畢業暨學員
匯報演出、「送戲下鄉,文化惠民」走基層,全省縣域主任會議交流會演出,
中央電視台《歌聲與微笑》節目錄製,「百姓大舞台,有藝你就來」二〇一三
年長春市春節晚會群眾節目選拔賽,吉林電視台《人間晚情》節目專訪,中央
電視台《晚霞頌》「激情夢想•草原之夜」等活動。

　　二〇一四年一月七日,老幹部藝術團又受邀參加第八屆「激情夢想•兩岸
同心」藝術大賽暨二〇一三優秀節目展演。此次赴中國台灣地區演出是該團自
二〇一二年十一月登上央視舞台、做客《歌聲與微笑》欄目和二〇一三年六月
參加內蒙古呼和浩特市舉行的第四屆「激情夢想•草原之夜」中老年藝術大賽
後的第三次跨省演出。本次藝術大賽由中華海峽兩岸聯合文教經貿協會、國際
文化藝術研究會、中國舞蹈藝術協會、北京合唱協會聯合主辦,旨在加強兩岸
藝術活動的交流。農安縣老幹部藝術團表演了合唱《丟戒指》《拉得斯基進行

曲》、二胡與舞蹈《慶豐收》等節目。

就是這樣的一群老幹部，他們退休不離崗，用「我快樂、我健康，愛黨、愛國、愛家鄉！」這樣的口號鼓舞自己，在群眾藝術的道路上，不求名利，但求快樂，展示出他們老有所學、老有所樂、老有所為的風采。

就是這樣的一支團隊，他們積極參與各種公益性活動，用「歌聲與微笑」和昂揚向上的精神風貌傳遞著正能量，在無限夕陽裡發揮著自己的光和熱，成為農安群眾文化活動舞台上一道靚麗的風景。

▲ 農安龍府廣場之夜

第三章 ——

文化名人

農安兩千年歷史如果是一條長河，黃龍文化就是這條河裡的美麗浪花，這些浪花的交替前行，推動著黃龍府文明的發展進步。在這些浪花中時時閃現出璀璨光澤和奪目光輝，就是農安不同時代的文化名人，他們助力農安文化前行，創造了並不斷創造著一脈底蘊深厚的特色文化。

一朝大儒淳民風──金太師李靖

金太師李靖（1093年-？），遼代黃龍府人。出身於書香門第。自幼聰慧勤奮，熟讀「四書」「五經」，精通禮儀經典，是一位頗受敬重的學者。

西元一一一五年，金建國後，深感國人缺乏文化素養。太祖完顏阿骨打認為，要振興女真，成就大業，安邦社稷，必須殊重教育。於是，他特頒諭令，廣招聖賢，大辦教育。李靖在眾人推舉下，被選入宮廷，為太師。李靖在任金太師期間，執教認真，即使「王子」違反學規也不放過。執教二十餘年，為金國培育了一批批安邦治世的棟梁之材，深受皇家推崇。

李靖暮年時，提出告老還鄉，在得到皇帝恩准後，宮廷派人恭送他重回故里。他在古城賓州南的江岸邊選了一塊風水寶地，作為安居之處。宮廷為他修建庭院樓閣，取名南樓。南樓周邊環境宜人，柳蔭匝地，鳧鳥成群，水草豐盛，山花遍地。站在南樓的懸崖上，放眼望去，江水滔滔，漁船點點，鶯歌燕舞，綱收魚躍，美不勝收。

賓州是上達北宋，下達金國發祥地會寧（今黑龍江省阿城）的交通要道。過往使臣都在賓州歇息、食宿，李靖便予以款待。北宋使臣許亢宗訪金國所著的《奉使行程錄》一書有這樣一段記述：「自黃龍府東行百二十里左右至古烏舍寨（賓州）。寨枕混同江，寨前岸有柳樹，沿路行人幕次於下。金人太師李靖居。靖累南朝，此排中宴，飲食精細俱佳。時當仲夏，藉樹蔭俯瞰長江，涼風拂面，盤礴少頃，殊忘鞍馬之勞。」看過這段描述，可見這裡的獨特自然風光和人文風貌，也足見李靖的學養品性。

藝博德高澤黎庶——元禮部尚書、書畫家張孔孫

張孔孫（1233 年至 1307 年），隆安（金代地名，今農安）人。據明代學者宋濂等撰《元史·列傳》載文：「張孔孫，字夢符。其先出遼之烏若部，為金人所並，遂遷隆安。父之純，為東平萬戶府參議，夜夢謁孔子廟，得賜嘉果，已而孔孫生，因丐名於衍聖公，遂名。」

張孔孫，先後任戶部員外郎、提刑按察司事、按察副史、按察史、侍御使、府尹、禮部侍郎、禮部尚書等職。告老還鄉後，封為翰林學士、資善大夫、集賢大夫、大學士等。他為官清廉公正，體恤百姓，敢於發表「讜言嘉論」，抨擊時弊，懲惡揚善。

一、善於理政

張孔孫很有政治才能，通曉治國之術，深受朝廷賞識，官職一再陞遷。

元忽必烈時期，集兵南下，準備攻取襄樊（今湖北境內），朝廷召集群臣商討策略，大家都感到兵力不足。張孔孫奏曰：「今以越境私販坐罪者，動以千數，宜開自新之路，俾得效戰贖死罪。」當時刑法嚴明，一人獲罪，全族連坐。這是一個頗具遠見和膽識的建議，得到朝廷採納，致使軍事力量大增，張孔孫益加受賞識。張孔孫為官期間，廉明正直。當時，很多奸佞小人，極力阿諛奉迎當權者，投其所好，便能得到陞遷。對這種邪惡腐敗的現象，張孔孫很反感，恥於相師。至元二十二年（1285 年），安童當丞相時，曾向皇上奏曰：「阿合馬顓政十年，親故迎合者，往往驟進，據顯位，獨劉宣、孔孫二人，恬守常故，始終如一。」皇上嘉其所行，把張孔孫由禮部侍郎提升為禮部尚書，不久，又擢升為燕南提刑按察使。張孔孫在任大名路總管兼府尹期間，大力興辦學校，培養人才；興修河堤，以絕水患；重視農桑，發展生產。他以政治家的遠見，深刻地洞察社會，針對當時時弊和自然災害，提出了安邦治國的八條

措施：蠻夷諸國，不可窮兵遠討；濫官放遣，不可復加任用；賞善罰惡，不可數賜赦宥；獻鬻寶貨，不可不為禁絕；供佛無益，不可虛費財用；上下豪侈，不可不從儉約；官冗吏繁，不可不為裁減；太廟神主，不可不備祭享。這些措施，皇上非常讚賞，欣然採納，並賜鈔五千貫，以示褒獎。而後，他又多次上疏建議：凡七十歲以上仍在做官的，應予提職；看守宮殿和陵墓的職業武官，允許改行；宮中侍衛，有濫竽充數者必須開除；州郡長官，必須嚴加選擇，薦賢者委以重任；久任達魯花赤（官名），應量加遷轉；應修建京師學校，大力倡導教育；任用丞相，應選擇有真才實學者，不要專用文官，對已逝的丞相，應按生前的政績評定諡號，以嘉後人……這些建議，表現出張孔孫傑出的政治才能，對元朝的社會發展起到了很大的作用，其中有很多對後代以至當今仍有借鑑意義。從中也可窺見張孔孫確實是善於安邦治國的政治家。

二、體恤民情

「水可載舟，亦可覆舟。」張孔孫深知此理。他從政期間，同情百姓疾苦，體恤民情。

張孔孫任湖北道提刑按察副使時，到巴陵（今湖南岳陽）巡視考察點刑獄，有三百名囚徒被有司判為圖財害命殺人罪。張孔孫查閱案卷，並調查瞭解，原來有一叫龔乙的地方大戶，抬錢給當地貧民，放高利貸進行盤剝，引起眾怒，眾貧民起來反抗，挖其祖墳，火燒其家，並燒死了三人。張孔孫查明了事件真相，將此三百囚犯減罪處理，平息了民憤。張孔孫任肅政廉訪使期間，到淮東道（今江蘇）巡視時，瞭解到當地鹽場曾發生過強搶事件，尹執中兄弟被誣為強盜，逮捕入獄。張孔孫在調查中發現與實際情況不符，查明之後予以平反。

為了民眾利益，張孔孫不畏權貴，敢於直言犯上。張孔孫蒞位大名府時，查出奸商走私糧食五千斛，他排除阻力，堅決予以查處，把走私糧食悉數沒收，全部賑濟災民，受到百姓的擁護。有人為了向皇太后獻媚，以求官運亨

通，欲獻舊河堤五百里給皇太后。張孔孫聞之，立即上表，闡述奪民堤之害，提出應全部歸還於民，皇上準奏。張孔孫這些行為，雖然是為了維護元朝的封建統治，以期達到長治久安，但在客觀上卻維護了人民利益，尤其是在當時的封建制度之下，確實較為難能可貴。

三、精於藝術

張孔孫不僅為官清正、幹練，而且是一位頗有造詣的書畫家。據《元史》記載，張孔孫少時即「以文學名」，被當地一個萬戶府召為議事官。萬戶嚴忠范之兄為陝西行省平章政事，是職位較高的地方長官。嚴忠范曾向其兄舉薦張孔孫，其

▲ 張孔孫書法

兄仰慕張孔孫的才能，就聘張孔孫去做官，張孔孫以母親年紀大，不便遠徙為由推辭了。不久，宋朝的東京汴梁（今之開封）被元攻克，元世祖忽必烈召樂師一起登日月山觀看日月山的壯觀景色，徐世隆向元世祖忽必烈建議，現「舊章缺落，止存登歌一章而已」，「宜增設宮縣及文、武二舞，以備大典」，世祖當即贊同，成立樂部，詔徐世隆為太常卿，張孔孫以奉禮郎為之副，掌管樂部。張孔孫以卓越的才能得到讚賞。《元史》中稱：「孔孫素以文學名，且善琴，工畫山水竹石，而騎射尤精。」吉林省博物院收藏的宋代蘇軾《洞庭春色中山松醪二賦》卷中有張孔孫的一段題跋，其文曰：

予自鄂渚走豫章、浙西，閱前宋名公墨跡，往往非真，今觀郭仲實所藏坡仙出定洲書二賦，筆意雄勁，與密國公家《鐵溝行》、元遺山收王晉卿畫《煙江疊嶂圖》唱和深相類。好事者當珍密之。時至元乙酉七夕，同吏部尚書劉伯宣、應奉翰林文字楊從周觀於上都官舍。

隆安張孔孫題

跋文作行楷，據考是張孔孫五十三歲時所書，是目前發現他流傳後世的唯一一件墨跡。這則書法信手寫來，自然流暢，毫無雕琢習氣，筆畫鋪排錯落有致，雄揚遒勁，實為一件難得的真跡。張孔孫還有一件傳世的名畫，名為《山水》。此畫以山水為主要內容，同時還畫了兩個人在彈琴和聽琴的場面。遠處層巒疊嶂，近前松叢人家，松濤和琴鳴相交織，濃淡相宜，表現出幽雅的山野風光。張孔孫的這件畫作，無論從畫面的構圖立意還是畫面的形象創作來看，都體現出宋朝以來的那種含蓄蘊藉的畫風，可見技藝之不凡。此畫的落款為「大德丙午春二月隆安張孔孫」。大德丙午年，即西元一三〇六年，當時張孔孫已七十四歲。這是張孔孫流傳下來的唯一一件繪畫作品。

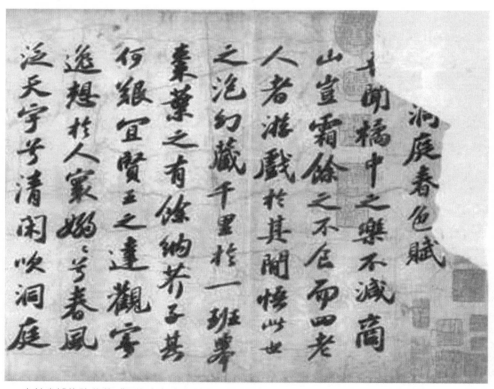

▲ 吉林省博物院收藏《洞庭春色中山松醪二賦》

革命人永遠是年輕——紅色音樂家李劫夫

李劫夫（1913 年至 1976 年），原名李云龍。吉林農安人。中國著名作曲家，音樂教育家。一九三八年加入中國共產黨。曾任瀋陽音樂學院教授、院長，中國音協第一屆、第二屆理事和遼寧分會主席。代表作有《歌唱二小放牛郎》《革命人永遠是年輕》《我們走在大路上》《唱支山歌給黨聽》等。

▲ 紅色音樂家李劫夫

李劫夫一九一三年出生於農安縣城，一九三〇年上中學，後因家庭生活困難輟學，去吉林長春第二監獄當錄事，從此與中國共產黨有了接觸，接受進步思想。一九三三年二月，他由親戚賙濟，重返農安中學復學。這期間，他在民眾教育館當助理員，寫了些進步文章。一九三七年五月，經介紹到延安參加革命。一九三八年九月入黨，同年十一月轉正。先後任延安人民劇社教員、西安戰地服務團組長、中共晉察冀三地委幹事、三分區衝鋒社社長、冀北軍區文工團團長、野九縱隊文工團團長、魯迅音樂團書記。一九五八年任東北音專校長，一九六四年任瀋陽音樂學院院長。此外，還兼任中國音樂家協會遼寧分會主席，全國第三屆人大代表。一九七六年十二月因病逝世，終年六十三歲。

劫夫在他生前的音樂創作道路上，始終充滿著革命激情，在各個歷史階段，堅持為廣大人民群眾寫歌、作詞。據初步統計，他創作了三千餘首歌曲，其中見諸報刊、歌集、專集、歌選或在舞台、電台、銀幕上表演過的有近兩千首。其數量之多，流傳之廣，在整個音樂界是屈指可數的。他之所以在音樂事業上做出如此巨大貢獻，主要原因在於以下幾方面：

▲ 1966年劫夫隨周恩來總理赴邢臺地震災區（左一為劫夫）

1. 急時代之需，唱時代強音。當中華民族處於生死存亡的關頭，擺在全國人民面前的頭等大事，就是不惜一切代價，保衛國家獨立與領土完整。劫夫就圍繞這一大主題，代表人民願望，連續創作抗戰歌曲。從《堅持持久戰》到《五月進行曲》《擁護共產黨參加八路軍》。他覺得三五首不夠，反映不了波瀾壯闊的抗日鬥爭生活，就寫十首、五十首以至一百首、數百首。從反映前線戰況的《殲滅戰》《勇

▲ 劫夫作品集

敢善戰的騎兵團》到歌唱根據地的《保衛邊區》《太行山》；從表現支前的《做軍鞋》《婦女慰勞小唱》到頌揚大生產運動的《參加墾荒團》《生產謠》；從歌頌黨和領袖的《天上有個北斗星》到讚頌八路軍戰士的《狼牙山五壯士》、讚頌婦女的《戎冠秀》、讚頌民兵的《兩個民兵的故事》以及歌頌少年英雄的《歌唱二小放牛郎》。只要把這些歌名系統地排列開來，就可以在我們面前展現一部波瀾壯闊的歷史畫卷和叱吒風雲的人物長廊。

新中國成立後，隨著各項事業的發展，劫夫的創作生活也更加豐富，歌曲的形式體裁也有了新發展，除了為毛主席詩詞中的《蝶戀花》《崑崙》《送瘟神》《北戴河》《六盤山》等譜曲外，還創作了《歌唱我們的新國家》《奔向幸福的社會主義》《革命人永遠是年輕》《雷鋒在召喚》《我們走在大路上》《唱支山歌給黨聽》《一代一代往下傳》等大量歌曲，激勵人們在社會主義康莊大道上闊步前進。

2. 抒大眾之情，譜大眾心中之曲。劫夫的歌曲樸實無華，沁人肺腑，像從群眾心底流出來的心聲，聽之熟悉，唱之順口，令人感到親切、新穎。劫夫知道他的曲子是寫給廣大人民群眾聽的、唱的，不僅要在內容上反映出群眾的願望，而且在體裁、風格、思想感情以至音樂語言上，都要順民心、得民意，適合群眾的胃口，即堅持毛主席所一再倡導的「堅持民族化、大眾化」，「在普及的基礎上提高，在提高指導下的普及」的方針和原則。《擁護您毛主席》《如今唱歌用籮裝》《五月謠》等歌曲如同在群眾心

▲ 1960 年陳毅、尼泊爾王子視察瀋陽音樂學院（左二為劫夫）

裡早就有了底譜，所以學得快，傳得廣，百唱不厭，百聽不煩。

劫夫日常生活很隨意，可是搞起創作來，卻十分認真。他參加革命初期，原本是搞美術工作的，寫標語，畫宣傳畫，有時也寫劇本，演出或伴奏，還動手製樂器。後來因為工作需要才開始作曲。對於作曲他並沒有經過專業訓練，是靠自學，在邊幹邊學中掌握作曲知識，以至達到了得心應手、運用自如的程度。但他更主要的是向群眾學習，學習流傳全國各地的民間音樂、說唱音樂和戲曲音樂，從祖國優秀音樂遺產中吸取營養，研究勞動人民是怎樣用歌曲等音樂形式表達思想感情的；再就是向作曲家學習，特別是從聶耳、冼星海所創作的革命歌曲中，研究怎樣用音樂形式表現人民所思所想、表現時代特點和規律。在大量蒐集和占有民族、民間音樂知識的基礎上，運用革命歌曲的創作方法和經驗，以他藝術家的才華和匠心，去偽存真，去粗取精，融會貫通，進而創作出健康、新穎，為廣大人民群眾所喜愛的歌曲。

3. 植生活之根，甘為普通一卒。劫夫進入中學階段，就接觸了中國共產黨，經受了愛國主義、共產主義洗禮。「九一八」事變後，他飽嘗了國土淪喪、顛沛流離的痛苦，投身到抗日戰爭的烽火之中。他每天和八路軍戰士吃睡在一起，滾爬在一起，目睹侵略者給中華民族造成的深重災難，感受著抗日軍民的階級之愛和鬥爭精神。他把自己與祖國的命運緊緊連在一起，與人民生死與共、休戚相關，有了共同的思想和共同的語言。

革命勝利了，他隨著形勢發展需要，由革命根據地轉到瀋陽。進了城，做了官，成了名家，有了優厚待遇，但他仍把自己當作普通一

▲ 1964年劫夫歌曲音樂會

員，照樣寫曲子，始終不忘與他一起浴血奮戰、同甘共苦的工農兵群眾，始終與廣大人民群眾保持密切連繫。他經常到鞍鋼體驗生活，和鋼鐵工人一道投礦石、補爐壁；到邢台和災區人民一道搶險救災。在他年老多病之時，

▲ 劫夫夫人張洛農安行

依然堅持下廠礦、下農村、下連隊體驗生活，和群眾同呼吸，共命運。他和群眾交往無間，因而熟悉他們，進而成為群眾的知音和忠實的代言人。

　　除了歌曲創作，劫夫在歌劇的探索和音樂教育事業方面也都做出了突出的貢獻。他的創作道路、創作風格、創作思想以及音樂審美等在中國都有著深遠的影響。為此，中國音樂家協會一九六三年在北京市、一九六四年在瀋陽市先後舉辦了劫夫歌曲音樂會。《遼寧日報》還專門發表了社論《學習劫夫同志所走的創作道路》。一九八一年中國音樂協會主席呂驥說：「東北三省音樂會演歌曲，很多是劫夫的作品，在座的同志，很多是劫夫的學生，要好好唱下去，劫夫作品中，很多是珍品。」

　　劫夫離我們而去了，但是人們並不會忘記幾十年來他在人民音樂事業上做出的突出貢獻，不會忘記他給人民留下的至今仍閃耀著熠熠光輝的音樂文化財富。人們一定會用歷史唯物主義與辯證唯物主義的觀點評價他的一生，認真總結繼承和發揚他的創作經驗。

筆底生春千年花——才華橫溢女書法家劉義貞

　　劉義貞（1902 年至 1936 年），生於農安縣伏龍泉劉家坨子屯。劉義貞曾在農安女子學校讀書，因聰明過人，文筆出眾，被人們賞識。在十二歲時，與當時頗有名望的李夢更的獨生子訂了婚。十八歲時，李家的獨生子因病去世。李夢更認為劉義貞才華出眾，欲過子聘義貞為妻。後因李夢更遷入關內，此事未成。劉義貞不僅才華出眾，而且被稱為「賢淑」女子。她未再嫁人，終身侍奉母親。

　　劉義貞自幼酷愛書法，立志做一個繼往開來的書法家。在其父培養下，朝臨暮潤，終於成為劉氏書畫世家中書法造詣最深的一位。她夜以繼日地潤筆練字，楷、草、隸、篆無一不習，無一不精，行筆飄灑，提按點畫飽滿精彩。人們說，看了她的字畫，愈看愈美，久而不厭，給人一種清新、俊美的藝術享受。當時，她的書法已經名動一方。隨父到齊齊哈爾時，為了賑濟災荒，曾寫了一本《劉義貞女士助賑字冊》石印出版，受到當時政界名流的賞識。劉義貞女士的墨跡傳遍了整個中國，聲名大振。今人鄧文華評價劉義貞的書法說：「書法以劉佩文女義貞女士為代表，所書草、楷、隸、篆四體無一不精，猶有世傳《劉義貞女士助賑字冊》石印版本，並徵得當時社會名流贈詞一十六篇。」

　　「九一八」事變後，劉義貞女士隨父暫留齊齊哈爾，在職業學校任中文教

▲ 農安縣金剛寺大雄寶殿後牆上劉義貞題字

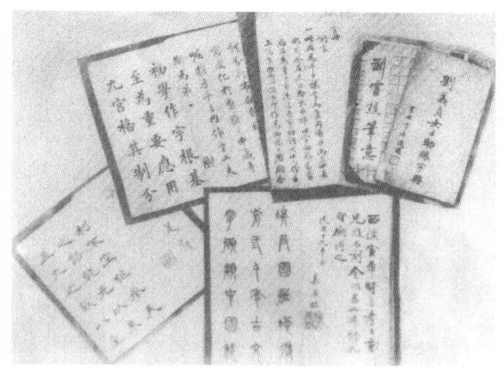

▲ 劉義貞女士助賑字冊

師兼任打字工作。四五年後隨父返回農安。在農安期間專心致志習練書法，受到了當世名家的賞識。書牌匾、寫碑文、求寫字畫之人整日擁門。正像今人鄧文華所說劉家書法「各具風格品貌」，劉義貞的書法「流麗傳神，剛勁有力」。今日農安金剛寺正殿後牆上「佛光普照」四個大字仍在閃爍生輝，給農安人留下難得的墨寶。

　　一九三六年七月十八日，才華橫溢的女書法家劉義貞女士病逝於長春南滿鐵路醫院，時年剛滿三十五歲。她的早逝雖然遺憾，但她的藝術作品和勤奮精神卻永存下來，鼓舞著一代又一代的黃龍府人在藝術道路上勤奮耕耘。

對生命的深度掘進 —— 吉林省作協原主席楊廷玉

　　楊廷玉（1951 年-　），吉林農安人。一九七七年就讀於中央戲劇學院戲劇文學系。一九六八年下鄉插隊，一九七二年參加工作，歷任農安縣文化局創作組創作員，長春市戲劇創作室編劇，市藝術研究所所長，市文聯副主席，《春風》雜誌主編。中國作協第五屆、第六屆、第七屆全委會委員，吉林省政協委員，省文聯、省作協黨組書記、主席。中國首屆德藝雙馨百佳電視工作者，吉林省首批省管優秀專家。享受政府特殊津貼。一九七二年開始發表作品。一九九七年加入中國作家協會。一級編劇。著有長篇小說《危城》《這裡不是處女地》《女人不是月亮》《帷幕剛拉開》《不廢江河》等，戲劇《無事生非》《美神》《風雨菱花》《紅杏出牆》《網》，電視劇劇本《女人不是月亮》《夢醒五棵柳》《問鼎長天》《三連襟》《半生緣一世情》《一村之長》《誰不愛家》《生活沒有承諾》《湖上人家》等，影視作品先後數次獲全國電視劇飛天獎、中國大眾電視金鷹獎、中宣部文藝作品「五個一工程」獎和吉林省政府長白山文藝獎。

▲ 著名作家楊廷玉

　　在遼闊的松嫩平原上，有一個名叫新開河的村落，大自然經過千萬年在這裡沉積下來的肥沃黑土，滋養了村裡一輩輩的淳樸農民。清亮的新開河自村東蜿蜒而過，為村子平添了幾分秀色。說它富饒也可，說它美麗也可，但一切似乎僅止於此，在中國浩如星辰的村鎮中，它平凡如沙礫，路過的人很難對它留下太多的印象。然而，當這個村落和一個人連繫在一起的時候，人們便會對它刮目相看了。

一九五一年的一個春日，一個男孩誕生在吉林省農安縣開安公社（現開安鎮）新開河村，這個男孩就是日後聞名全國文藝界的著名作家楊廷玉。

在二十世紀五十年代初，新中國建立不久，百廢待舉，物資極度匱乏。楊家和其他人家一樣，每日都生活在饑饉中。雖說如此，一家人男耕女織，子聰妻賢，倒也其樂融融。特別是小廷玉的到來，為這個家庭帶來了無盡的歡樂，小廷玉也盡情享受著父母博大的愛。然而，這段幸福溫馨的日子對小廷玉來說實在太短暫了。在他剛滿四歲的時候，母親因病永遠離開了人世，永遠離開了她疼愛的兒子。

母愛如天。喪母之痛在小廷玉幼小的心靈中留下了揮之不去的陰影，憂傷過早地蒙上了他的雙瞳。看著同齡的孩子偎在母親懷裡撒嬌，他只能躲在角落裡回味記憶裡那份真切而又朦朧的母愛。在小廷玉七歲那年，父親為了一家人的生計，到鎮裡農機站去工作，由於無人看管，父親只好把小廷玉寄養在生產

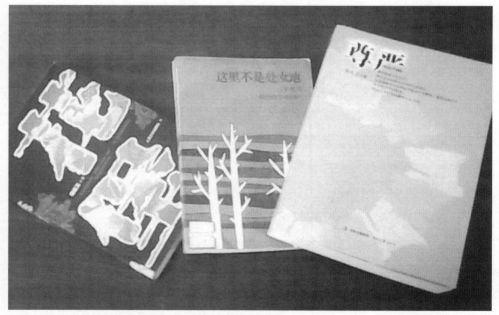

▲ 楊廷玉作品集《花堡》《這裡不是處女地》《尊嚴》

隊裡。人世間的冷暖，過早地降臨到了一個還懵懂無知的孩童身上。

「上帝在關閉一扇門的時候，往往會打開一扇窗」。小廷玉失去母親，遠離父親，但他並不缺少愛，生產隊的人們對這個「小社員」關愛有加。在生產隊的日子他過得快樂而充實。白天，他隨著馬倌到河邊去放馬，馬兒在河邊悠閒地吃草，他則在草地上自由地撒著歡兒，抓蟈蟈、釺蛤蟆、打山鳥……他感受著大自然能給予他的一切樂趣。晚上，他和生產隊的伙伕與更倌同睡在一鋪大炕上，聽他們講鄉俗俚語，道人世短長，聽老更倌「話匣子」裡每天講的《楊家將》《岳飛傳》《三國演義》……感受著青草與馬糞混合的氣息，聽馬兒在棚裡打著響鼻……生活中的樂趣暫時沖淡了他對父母的思念。時至今日，已成為著名作家的楊廷玉，回憶起當年在生產隊裡的那段日子仍是記憶猶新。他當年也許怎麼也不會想到，他的這段經歷會成為他作家生涯的第一筆寶貴素材，這也許是命運對他不幸童年的一種補償吧。

到了上學的年齡，楊廷玉離開了生產隊，隨著父親來到開安公社。學生時期的楊廷玉，品學兼優。小學階段，他一直是學校少先隊的大隊長；在中學，他則是學生會的宣傳部長。他是老師的寵兒，是學生心目中的偶像。在人們心中，他就是將來飛出鄉村的鳳凰，他也在心中為自己的人生勾畫了一幅美麗的藍圖。可就在他對未來充滿無限憧憬的時候，「文革」開始了，在那個讀書無用的年代，他只能帶著破碎的夢迴到原來的村子，在那裡當了一名會計……

在當時，村裡的會計是讓人羨慕的職業——不但清閒而且能掙很高的工分，會計手中的算盤在人們眼裡就是權力與身分的象徵。但心中有著遠大抱負的楊廷玉永遠不可能滿足於此。在工作之餘，楊廷玉閱讀了大量古今中外名著，他在靜默中積蓄著爆發的能量。

「機遇只給有準備的人。」一九七〇年，《長春日報》《吉林文藝》（《作家》雜誌前身）等幾家報刊聯合發起「慶祝建黨五十週年」徵文活動。楊廷玉將自己創作的一篇小說寄到徵文辦公室，雖說這篇小說因種種原因沒發表，但卻從此改變了他的人生軌跡——他因這篇小說而受到吉林省文學界的關注，並從此

走上了文學之路。一九七二年，他對文學的不倦追求終於有了回報，在這一年，他被調入農安縣文教局創作組做了一名創作員。在創作組，他如魚得水，寫歌詞、創作會演劇目，他成了創作組的一名骨幹。一九七六年，命運之神再次垂青了這個曾飽經困苦的青年，他被中央戲劇學院錄取，獲得了到藝術殿堂深造的機會。

一九七九年，楊廷玉從中央戲劇學院學成歸來，被分配到長春市文化局戲劇創作室工作，他也迎來了戲劇創作的一個爆發期。從一九八〇年到一九八八的八年裡，他創作大戲六部、小戲多部。一時間，成為長春地區各戲曲劇團倚重的劇作家。他創作的大型評劇《美神》奉調入京演出。而他對自己的家鄉戲——黃龍戲的發展更是功不可沒。他創作的小戲《糧倉內外》、八場現代風俗喜劇《無事生非》、大型黃龍戲《風雨菱花》直接見證了黃龍戲自我完善發展的一個重要階段。如果說小戲《糧倉內外》還處在黃龍戲的恢復發展期的話，那八場現代風俗喜劇《無事生非》和《風雨菱花》則絕對是黃龍戲走向成熟的一個標誌。一九八〇年農安黃龍戲劇團排演的《無事生非》在吉林省戲劇會演中榮獲一等獎，引起社會各界關注。該劇的成功，不僅給黃龍戲帶來了榮譽，更重要的是也帶動黃龍戲在主奏樂件、音樂板式、唱腔等各方面的改革與完善，加強了黃龍戲的地方特色和藝術個性，使其形成了自己獨特的藝術風格。一九八四年的《風雨菱花》在省、市會演中榮獲一、二等獎，它的舞美設計榮獲一九八六年布拉格聯合國教科文組織第六屆國標舞美展覽「傳統與現代結合」榮譽獎，黃龍戲從此在中國的戲曲藝術之林中確立了自己的地位。

楊廷玉在文學領域是典型的多面手。他不只在戲劇創作上得心應手，在小說創作上也收穫頗豐，僅在八十年代末短短幾年裡，他就創作了《帷幕剛剛拉開》《這裡不是處女地》《女人不是月亮》等三部長篇小說，對於楊廷玉的創作生涯更是具有里程碑意義。小說剛剛出版就引起了中央電視台電視劇製作中心主任張天民的注意，在他的關注下，由楊廷玉執筆的《女人不是月亮》在央視一套黃金時段熱播，一時間，劇中的人物命運、故事情節成為當時中國眾多

百姓茶餘飯後的談資。

《女人不是月亮》的成功給楊廷玉帶來了諸多榮譽，該劇先後獲得中國大眾電視劇金鷹獎、全國電視劇飛天獎、東北電視劇金虎獎、吉林省長白山文藝獎等多種獎項。電視劇《女人不是月亮》的問世，奠定了楊廷玉在中國電視界的地位。此後，他在電視劇創作上一發而不可收。《一村之長》《夢醒五棵柳》《問鼎長天》《半生緣一世情》《誰不愛家》《不廢江河》《三連襟》等多部長篇電視連續劇的推出，使楊廷玉幾乎得遍了中國電視劇的所有編劇獎中的重要獎項。楊廷玉也因此成為全國觀眾廣為熟知和喜愛的電視劇作家。

楊廷玉在進行電視劇創作的同時，一直堅持著長篇小說創作。相對於戲劇作品（包括電視劇）來說，小說創作更為自由靈活，也更少束縛。在這片自由的天地裡，楊廷玉盡情傾吐著對生活與藝術的獨特感悟。繼一連串的成功後，他又先後創作了《危城》《金色圖騰》《天堂鳥》等多部大部頭作品。從這些作品中可以充分感受到作家的社會責任感以及對人類精神危機、心靈困頓的人文關照，更可感受到作家對人生、對世事的一顆赤誠之心。

楊廷玉在省作協卸職後，更為他的創作開了綠燈。他開始謀劃三卷長篇歷史小說《逝者如斯》的創作。這部預計一百五十萬字的鴻篇巨製，取材於他父親家和母親家在中國近現代史中的真實經歷，深刻揭示了二十世紀發生在中國大地上的變革。對於此書楊廷玉如是說：作為一個作家，一生中能寫出一本好書就可以了，我要寫的好書就是《逝者如斯》，此前的一切作品，都是為這部書所做的準備和鋪墊……

「大器成於璞玉！」璞玉之所以能成大器，在於不斷琢磨，在於它對自我過去的不斷否定以及自身的不斷突破，楊廷玉創作之路正說明了這一點。我們期待《逝者如斯》這部作品的早日面世，以饗喜愛他作品的讀者以及關注他的家鄉人民。

尋找自己的精神家園
——上海理工大學教授徐善循

徐善循（1960 年-　），生於吉林省農安縣伏龍泉鎮，一九八二年畢業於東北師範大學，曾任北華大學教授、藝術學院院長，現任上海理工大學教授、藝術設計學院院長。

一九七六年速寫首次發表於《速寫選集》（天津人民美術出版社），一九八四年國畫首次入選全國第六屆美術作品展覽，二〇〇二年參加中國畫

▲ 上海理工大學教授、藝術設計學院院長徐善循

赴歐洲巡迴展，二〇〇三年參加德國時代水墨元素展，二〇〇六年首次於上海半島美術館舉辦個人畫展。

現已出版《善循畫線》《美術賞析》《設計速寫》《徐善循畫集》等。

徐善循教授的作品，總是叫人百看不厭。他的作品，體現了他對東西方藝術文化精神的理解。他的作品是現代的，也是傳統的；是西方的，也是東方的；是生活的，也是理想的。他通過對古今中外藝術大師作品的研究、賞析，以及自己在創作實踐中長期默默潛心研習探索，不斷在作品的創作題材、表現形式、解構圖示、水墨素材等方面，對傳統水墨進行大膽創新。那根核心的線，在他的作品裡很輕鬆地自然遊走，會帶我們從馬蒂斯、黃賓虹等藝術大師的身邊經過，最終表達出他對現代生活的理解。這「一畫」就是這麼的自然，這麼的有意韻，這麼的富有人情味。

徐善循教授在擔任上海理工大學藝術學院院長的同時，時刻不忘自己的追

▲ 徐善循作品集

求，隨身帶著冊頁速寫本，走到東畫東，走到西畫西，從東畫到西，默默十幾年，畫完的速寫本裝了一箱又一箱。他用勤奮不斷構建著屬於自己的精神家園。

徐善循教授很少參加外面的藝術活動，這好像和當下藝術推廣炒作有些矛盾。但他的作品又和上海這個城市的性格很和諧，有很強的開放包容性和國際元素。

他堅守一個生活在當代的藝術家的責任，時刻關注自我的感受，時刻試圖突破固有的表達方式。他的這種勤奮、執著來源於他對藝術的真誠，來源於他視藝術為生命的精神，來源於他在藝術的田園裡找到的真正的大快樂。這是一個看似簡單但實質艱難的過程。

徐善循教授說：「我想，我會永遠站在自然的面前，站在物像的面前，用自己的眼睛去發現，用自己的心靈去感受。在每一個即興的、瞬間的、侷促的風景中，找到那種屬於我自己的宏大、永恆的真實存在。」

和徐善循教授聊天絕對是一件很爽的事兒。他直爽、幽默、真誠、淵博、富有激情。通過談話，會收穫可喜的新知。

▲ 徐善循作品

藝術和生命同體，對於藝術家來說，是莫大快事。作為觀者，能領會到其中的樂趣，也是一種幸福。這不需要任何名和利的滿足，只要自己的精神獨立，快樂便將永遠相伴。

在這裡，讓我們和徐善循教授一起，尋找屬於自己的精神樂園！

▍應答心靈的呼喚──長春市劇協原主席王福義

　　王福義（1950 年-　　），吉林省農安縣華家鄉遲家村人，一九六八年畢業於農安縣第一中學。當過八年教師。一九七八年開始任農安縣文化局戲劇創作室專職編劇，二〇〇二年調任農安縣文聯擔任常務副主席兼秘書長。操筆至今，共創作大、中、小型戲曲劇本五十餘部。作品曾榮獲中宣部「五個一工程」獎，文華大獎，曹禺戲劇文學獎，田漢戲劇獎，全國少數民族題材劇本特別獎、金獎、銀獎，長白山文藝優秀獎，戲劇文學飛虎獎等獎項。曾連續兩次被吉林省文化廳、人事廳記大功。一九九九年榮獲「世紀藝術金獎」，同年創作的戲

▲ 農安縣文聯副主席、劇作家王福義

曲電視劇《完顏阿骨打》在央視十一頻道播出。先後曾任中國戲劇家協會理事，吉林省戲劇家協會副主席，長春市戲劇家協會主席等職。一九九三年開始享受國務院政府特殊津貼待遇，一九九五年獲得一級編劇職稱。被吉林省委、省政府授予吉林省首批省管優秀專家稱號，被長春市委、市政府授予第一批、第四批市級優秀專家和長春市德藝雙馨藝術家稱號。二〇〇九年被中共農安縣委、農安縣人民政府授予「文化名人」稱號。二〇一一年被評為吉林省「最具影響力戲劇藝術家」。

　　他是一位懂得尊重別人與自重的人，更是一位有很深藝術造詣與生活品位的人──他就是當代戲劇界頗具實力的作家、編劇王福義。豐富的生活閱歷，紮實的功底，雄勁的筆力，充滿靈性的文筆，是這位劇作家傳奇的根本。大小

▲ 王福義作品選

五十多部劇作，無不體現出他豐厚的學養，橫溢的才華，以及胸納廣宇、洞明幽微的氣魄。大至一朝一代的興衰，小到一人一事的悲歡，在他筆下都充滿藝術魔力和鮮明個性。

迄今為止，他有二十六部劇作分別榮獲了國家及省市的多個獎項。尤其是一九八九年開始創作大型歷史劇以來，《魂繫黃龍府》《鐵血女真》《聖明樓》等劇本幾乎把全國戲劇創作界的全部大獎都收入囊中。這樣驕人的成績，在全國龐大的編劇隊伍中也是鳳毛麟角。

那麼，誰又知道這輝煌成就背後的汗水與艱辛呢？

勵志守恆，史海揚波，勇攀少數民族戲劇藝術的巔峰

王福義生於二十世紀五十年代初，是共和國的同齡人，和這個歷經磨難的國家一樣，有著艱辛與困苦的童年。但這並不影響他展現出超人的藝術天分，無論是過目不忘的閱讀能力，還是抑揚頓挫的朗讀表演才華，都成為日後他走上藝術創作之路的基石與原動力。

王福義不可能一開始就是著名劇作家，在他輝煌成績的後面，在那舒捲歷

史煙雲、馳騁金戈鐵馬的字裡行間，飽蘸的依然是汗水與艱辛，彰顯的也是個人不懈的追求與努力。

二十歲那年，王福義當了民辦教員。之後，又被調入縣戲劇創作室當專職編劇。在第一次有局長參加的劇本討論會上，他簡直是狼狽極了。當時有專業作者和業餘作者共二十餘人在一起討論劇本。他準備的是自己編寫的二人轉群唱劇本《繡錦旗》。在讀完劇本拿起筆準備記意見時，屋裡一片寂靜，只有牆上的破掛鐘在不緊不慢地嘀嗒、嘀嗒響。他如坐針氈、如芒刺背、嗓子發乾、腦袋發脹，等了半天，主持人說：「福義同志這幾天下鄉了，準備得不充分，咱們討論下一個吧！」這分明是判了劇本死刑。會後，他求教於一個同行，那個同行以輕蔑的口吻說：「你這本子啥也不是，沒招兒可想！」他愣了半晌，只好跨上自行車，向二十里外的家急馳而去。他心緒亂極了，真想向著曠野大喊兩聲。當時如果手中有一瓶六十度的烈酒，他也會一飲而盡。

到家後，房門上鎖。他知道，妻子又拾柴去了。他鼻子一酸，差點兒落淚，暗下決心，一定要在戲劇創作這條路上走出個樣兒來，別的不說，起碼得對得起病妻幼子！他進屋後，擺上炕桌，展開稿紙，強制自己靜下心來，推倒原稿，重新開始。不到半宿工夫，一篇新的《繡錦旗》出來了。第二天的討論會上，重讀修改本，竟征服了所有的人。這篇作品在市裡的推薦下參加了省農民地方戲會演。這次成功，使他堅定了從事戲劇創作的信心。同時，他也發現了自己的不足，他深知作為一名編劇，需要有文學素養、生活閱歷，他需要學習的太多了。於是，他借來了國內外的名劇佳作，一篇篇地讀，一篇篇地研究。他從書本裡，從老作家、同行們的身上學習了許許多多的優點來豐富自己。他讀名著，讀史書，研究社會，研究時代……總之，從各個方面提高自己。

在二十世紀八十年代末，王福義已經是省內小有名氣的編劇了，《車走向陽嶺》《誰像她》等一批作品在省內先後獲獎。可是，他沒有滿足，他常常感受到一種衝擊，一種震撼心靈的呼喚。開始是朦朧的，後來逐漸清晰，這呼喚

來自遠古，來自生他、養他的黃龍大地。他感覺到了一種責任，一種捨我其誰的責任。於是他貼近歷史、走進歷史、融入歷史，傾聽歷史的脈搏，感受歷史的烽煙。他鑽進圖書館、書店，把自己埋在歷史裡，一埋就是幾年，人瘦了，背駝了，眼睛也熬壞了。可是當他從幾千年歷史中走出來時，卻帶給人們一個多姿多彩的世界。看吧，那痴痴的戀鄉情結讓他演繹出了可歌可泣的《魂繫黃龍府》；聽吧，挾著歷史的煙雲傳來了沉重的《大漠鐘聲》；感受吧，在蒼茫的平原沃野上，傳遞著《鐵血女真》大軍疾馳的震顫。這就是一個男兒對家鄉歷史濃濃的情，這就是一個劇作家對民族歷史文化肩負的責任。

接著他又推出了《聖明樓》《鷹格夫人》《通問使臣》等一批厚重的大型遼金歷史故事劇，以獨特的視角、高雅的旨趣、豪獷的人物、纏綿的情感，開闊視野，撩人心魄。同時，又把這一切都放在亙古的蒼涼與悲壯的大背景下顯現，構建出耐人尋味的滄桑感與悲劇美。這是他創作技巧與藝術思想的日臻成熟，也是劇本完美形式與深刻內涵的高度統一。

一九八九年，《魂繫黃龍府》奉調進京，受到國內文藝界的高度評價。文化部原副部長高占祥說：「劇本寫得好，包括一段段唱詞，既不像詩那樣含蓄，又不是白開水，聽起來很有味道。」張庚說：「看了這個戲，我覺得我們中國的戲曲要大放光彩了。」趙尋說：「這個戲是莎士比亞式的大手筆……拿到國際上去演都毫不遜色。」

《魂繫黃龍府》榮獲第二屆戲劇節優秀劇目獎，中國首屆文華劇目獎，全國少數民族題材劇本特別獎，長白山文藝獎，吉林省首屆藝術節編劇一等獎，戲劇文學飛虎獎；《鐵血女真》榮獲中國第三屆文華獎，中宣部「五個一工程」獎，首屆曹禺戲劇文學獎，全國少數民族題材劇本金獎，長白山文藝獎，戲劇文學飛虎獎。這批大型歷史劇，不但為祖國的戲曲藝術增加了寶貴財富，而且也使兩個稚嫩的劇種名聲大震，鞏固了新生劇種的地位。如果說黃龍戲因《魂繫黃龍府》而蜚聲戲曲之林，那麼「新城戲」也是因《鐵血女真》而聲譽日隆的。評論家說：是王福義用雙手托起兩個劇種。的確，他不但托起了兩個劇

種，而且發展了遼金歷史劇的創作，為少數民族戲劇的發展立下了不朽的功勳。可以斷言，遼金歷史故事劇必將在中國戲劇史舞台上占有一席之地。

樹人良師，蔭被園囿，一顆丹心培育滿園桃李

王福義走過許多彎路，他不想讓家鄉下一代作家、編劇重走他的老路。他連續六年無償地辦了六期創作學習班，帶動起了一批青年作者，為文藝創作新人的成長做出了不可磨滅的貢獻。王福義培養新人從來不擺導師的架子。只要他認為人行，便認準了。除了培訓班上講戲劇理論與創作實踐之外，還個別指導，從選材、情節處理、語言提煉到整體把握都舉個例詳細講解。有時他也給學生們加壓力、下任務，但那是對學生慈父般的關愛。他最投入的是給學生們說戲，他很快便進入角色，聲情並茂，讓學生也很快進入故事，在感悟中理解創作藝術和處理技巧。

他常說的話是：「人的一生經歷點兒苦難和艱辛並不是壞事，特別是對作家，很可能是一筆財富」，「人的一生，只要你堅定一個信念，百折不回，心無旁騖地去爭取，必有成功的一天」，「無論為官還是為民，無論你務什麼行業，首先是做人，做好人」。

他的這些話語充分地表現出他高尚的人格和深厚的個人修養。他不寫那些格調低下的庸俗之作，他說：「為了賺錢而寫那些烏七八糟的東西，罪孽深重。」這充分體現了一個劇作家的社會責任感。

至德大智，誠摯純樸，一個普通得不能再普通的人

他是一位普通得不能再普通的人。生活簡樸，不吸菸、不喝酒，少欲知足，可對文藝卻有著執著的痴迷。他熱愛家鄉，對家鄉有子女對慈母般的依戀之情。當年，某些省市曾以高薪聘他去工作，他猶豫再三，還是沒有離開生養他的家鄉，因為他的根已經紮在了家鄉的土地上。

2002 年，由於工作的需要，王福義調任文聯秘書長職務，主持縣文聯工作。面前擺著一攤子事兒：縣裡文藝活動要舉辦，縣裡文藝隊伍要帶，文學創

作水平要發展提高。

他的職務變了，工作性質變了，任務重了，可他的創作激情絲毫沒有改變，工作之餘仍筆耕不輟。這期間，他創作的大型滿族新城戲《通問使臣》，榮獲文化部第十二屆少數民族題材劇本銅獎；大型戲曲劇本《歪梨娘娘》榮獲第十八屆田漢戲劇獎一等獎；大型現代戲《仁義里》榮獲遼寧省第六屆藝術節特殊貢獻獎；拉場戲《知縣與太監》榮獲吉林省第一屆二人轉、戲劇小品藝術節編劇一等獎；大型戲曲《兀朮與鷹格》獲吉林省第二十屆創作劇目評比演出優秀編劇獎。戲曲電視連續劇《完顏阿骨打》在央視多次播出。在榮譽和成績面前，他表現得是那樣的從容、謙虛和謹慎。如今，他仍在不倦地學習和創作，他說，他與戲劇有不解之緣。

王福義雖已年逾花甲，但他的藝術創作之樹正繁花似錦，恰值盛期。他走過的路崎嶇也罷，平坦也罷，總是在我們面前樹起了一個強者的形象。在他的作品選裡有這樣一段話：

漫漫人生路，到處是坎坷！

童年的苦難，造就了我倔強的性格；青春的潦倒，虛擲了我美好的時刻。回首往事，悲也多，嘆也多！

命運之神把我推進創作天地，也使我陷入苦惱的漩渦。這裡不總是春光明媚，這裡不只是絃管笙歌，想在這裡生存，只有不斷地拚搏！

稿紙上，我仰天長嘯；書案邊，我擊節高歌；戲劇舞台上東闖西殺。曾留下笑聲幾串，淚花幾朵！

這是他對自己幾十年拚搏的總結，也是一個成功者對自己奮鬥足跡和心路歷程的回顧。

讓我們拭目以待，在不久的將來，在他傾注全部心血的戲劇殿堂裡，必將創造更輝煌的成就！

民族戲劇的一曲浩歌
──黃龍戲代表性傳承人趙貴君

趙貴君（1955年- ），吉林省農安縣人，中國戲劇家協會吉林分會會員，長春市藝術研究所所外研究員，國家一級作曲，黃龍戲劇團團長，農安縣政協副主席。自幼酷愛音樂，八歲時學習民間音樂，十五歲學習作曲。一九八〇年開始從事黃龍戲音樂創作，四十多年來共創作音樂作品四百餘部（首），包括黃龍戲代表作《魂繫黃龍府》等大型作品三十多部，中小型作品一百多部，歌曲《請在這裡停留》等數百首。曾獲中國戲曲音樂「孔三傳獎」。二〇〇九年被文化部命名為國家級非物質文化遺產項目黃龍戲代表性傳承人，榮獲最具影響力戲劇藝術家、長春市「德藝雙馨」文藝工作者、農安文化名人等榮譽稱號。

提起黃龍戲，人們馬上會想到雷霆和馬忠琴的那口唱，很少有人提到作曲。殊不知，一個新劇種的被人承認乃至逐漸完善，很大程度要靠作曲者的辛勤勞動和智慧去完成。黃龍戲劇團的作曲者之一趙貴君，就是黃龍戲功臣譜上受人矚目的人物。

在八歲時，他就隨著父親的鼓樂班跑江湖。每逢紅白喜事，他都跟在父親身後，踏著白雪，踩著泥水，高高興興地去上活兒。上白活兒（喪事）他隨著那悲愴的大嗩吶聲有板有眼地敲擊著鑼鼓，那悲涼的旋律震顫著他幼小的心靈，那張小臉兒一片肅穆；而上紅活兒（喜事），他又似春天的小鳥，天真爛漫，在火爆的嗩吶聲中唱著喜歌，那鑼鼓敲得分外來勁兒。

▲ 農安縣政協副主席、黃龍戲劇團團長、作曲家趙貴君

就這樣，他在人間的悲喜劇中，在民間音樂的薰陶下成長起來。

趙貴君天賦好。什麼樂器到了他手裡，一學就會。他能吹嗩吶、拉二胡，能捧笙、會吹管，就連失明的算命先生吹的葫蘆頭，也能整出幾個點兒來。

他只讀了五年書，就匆匆地走進了部隊。在部隊文工團裡，他的第一個作品——男生獨唱《我為祖國來站崗》，引起了人們的注意。從此，他走進了音樂創作的大門。開始，他什麼都寫，寫過民族器樂曲，寫過舞蹈音樂，但更多的是進行歌曲創作。一九七三年退役後，在扶餘油田俱樂部任專職作曲。後來，回到農安，在黃龍戲劇團裡開始了戲曲音樂的研究。

他對黃龍戲並不陌生，早在童年時期，就跟著皮影班闖過江湖。他搞黃龍戲正對路。

趙貴君先後獨立完成大、中、小型幾十部劇目的編曲工作。而最為人稱道的是大型歷史劇《魂繫黃龍府》的音樂創作。當時他仔細研讀劇本後，心情十分沉重。他深深地認識到，表現如此蒼涼渾厚、動人心魄、肅穆凝重的歷史劇，黃龍戲這個年輕的劇種還從沒嘗試過。僅有的唱腔音樂，很難淋漓盡致地表現劇情、刻畫人物。而解決的辦法只有一個，就是在原有的唱腔音樂基礎上，開闢新路，再創新腔。而創腔又談何容易？這在戲曲音樂創作中，是個令人望而生畏的問題。如今，這個問題擺在了自己面前，對他來說，這不僅是才能的測試，更是勇氣的考驗。幾經思索後，他決心一搏。

那些日子，他食不甘味、寢不安席，整日像木樁一樣站在桌前，梳理著資料，尋找著感覺。他在東北大鼓裡徘徊，在皮影音樂中尋覓，在兄弟劇種中借鑑，在東北民歌中開掘。正在山重水複疑無路時，驀然，耳畔響起了童年上白活兒時那悲愴蒼涼的大嗩吶聲。這聲音細若游絲，如來自天外。初聞，如泣如訴，如思如憶；繼而，悲聲大作，撼人心魄。他眼前為之一亮。啊！把大嗩吶作為貫穿全劇的主要樂器，把上白活兒時的「辭靈」音樂化入黃龍戲音樂，豈不是神來之筆？他欣喜若狂，不禁拍案大呼：「找到了，我找到了！」

靈感的閘門打開了，一串串音符在他的筆尖下跳躍。他像瘋子一樣，時而

掌拍桌面，時而拳擊大腿，時而十指顫動、敲擊著稿紙，時而雙足亂踏，扣打著地面。而這一系列動作在他耳邊發出的音響是：滾若沉雷的大鼓，令人心碎的吊鈸，淒涼哀婉的琴聲，悲悲切切的大嗩吶。他的眼前浮現出莽莽蒼蒼的大草原，奔騰呼嘯的混同江，流水悠悠的鴨子河，秋風颯颯的木葉山……

當《魂繫黃龍府》的大幕在觀眾眼前拉開時，那蒼涼的大嗩吶聲立刻把人們帶進了迷濛，遙遠，風瑟瑟、馬蕭蕭的古松漠大地。令人驚嘆不已的是全劇唱腔聽起來如行雲流水，舒緩有致。給人的感覺是，既有黃龍戲那特殊的韻味，又一改以往那種軟綿綿的格調，充滿了令人亢奮的陽剛之美。更令人稱道的是，在文妃和天祚帝的唱腔中，各用了一大段清板，看似信手拈來，實則匠心獨運，雖然連用，但並無重複之感。

看過這個戲的領導和專家們無不讚賞。文化部副部長高占祥看後興奮地說：「聽著，聽著，還上癮了。」中國劇協的何為親筆為趙貴君題詞：「藝海無涯」，以示鼓勵。

趙貴君成功了。他豐富了黃龍戲的唱腔音樂，突破了原有的音樂格局。

一個作曲家，最寶貴的東西是什麼？是靈敏的感覺。只有對劇本的思想內涵、劇中人物的行為、心態以及特定環境的感覺正確，才能使作品產生一種難以名狀的神韻。沒有神韻的作品好比沒有靈魂的軀殼，怎麼能感染觀眾呢？靈敏的感覺來自天賦、來自積累。趙貴君童年隨父親跑江湖，不但鍛鍊了他的形象思維能力，也積累了大量的民間小曲小調，所以用起來才得心應手。

如今，他繼《魂繫黃龍府》之後，又完成了很多部歷史劇的音樂創作。在這些作品中，唱腔音樂又有了新的探索和嘗試。這種探索和嘗試獲得了更大的成功，也促成了他戲曲音樂創作的成熟和飛躍。

趙貴君是在民間音樂土壤上成長起來的優秀作曲家，是中國戲曲音樂「孔三傳獎」得主。他又是今日黃龍戲的靈魂人物──黃龍劇團團長、國家非物質文化遺產黃龍戲代表性傳承人，而且是縣政協副主席。但對他來說，一切榮譽與地位都不是利益的載體，而是戲曲音樂中的一曲浩歌。

平巒大壑的底蘊——寄情山水的國畫家朱玉鐸

▲ 國畫家朱玉鐸

朱玉鐸（1948 年-　），吉林農安人。文化部華夏文化遺產中國畫院藝術委員會委員，國家一級美術師，錢君匋藝術研究館研究員，中國商業聯合會藝術市場聯盟山水畫創作室主任。作品相繼發表在《國畫家》《中國書畫》《榮寶齋》《收藏》《中國書畫報》《美術報》等報刊上。出版的作品集有《中國優秀美術家·朱玉鐸》叢書、《朱玉鐸水墨山水》《中國商業聯合會藝術市場聯盟推薦畫家》《中國美術名家經典·朱玉鐸》。作品《瑞雪兆豐年》由人民大會堂收藏。

　　朱玉鐸的山水畫作，真氣瀰漫，詩情洋溢，有濃郁的抒情韻味，又富於蘊藉、含蓄的書卷之氣。意境深邃，格調高雅，堂正俊逸，雅俗共賞。

　　他有強烈的山水情結。大自然是他的精神之源，心靈的棲息地，給他以藝術的激情和創作的靈感。幾十年來，他遍訪中華名山大川，沉醉其中，壯激體悟，在造化的真境中求真美。作品富於原創性的新意和鮮活的生機。

　　他有較深厚的傳統文化修養，是一位很講情境的詩人。他追求在筆歌墨舞中書寫情懷，在山水中注入詩意或把詩意用山水表現。他的畫作充滿詩人的詩心、詩情，令人浮想聯翩：詩中有畫，畫中有詩，給觀者留下了感人至深、經久回味的畫面。這就是作品的「神韻」——中國畫所追求的理想藝術境界。

　　有人說他書勝於畫，我不敢苟同。但他書法中那湧動的神采，精練的線條，沒有幾十年功力，沒有深厚修養和一定的書法造詣是出不來的。他以書入畫，骨法運筆，強調筆墨的韻味和精神內涵。作品保留有傳統文化的氣息，有

地道的國粹味，深得筆墨之精髓並融會貫通。能在傳統法度嚴謹的格局裡把在自然造化中的所感、所悟，瀟灑地跡化為行雲流水般的迷人筆墨，自如酣暢地表達生命感知的境界，而情感的強烈抒發或自然而然的流露都變成了詩意盎然的過程。他的畫作山水傳情、筆墨暢神，淋漓盡致地體現出了「以詩為魂，以書為骨」的中國畫至高藝術精神，也形成了他「詩、書、畫三結合」的個性風格。近十年，旅居江南的體驗，使他能熔「南畫」的溫雅秀麗，「北畫」的陽剛雄強於一爐，給人以雙重的審美快感。

朱玉鐸總愛埋頭不語，做人、做事、作畫講究「貴在自然」，為人自然率真、心平氣和、澄澈超然。他對藝術幾十年如一日的虔誠執著，處於山林士子般的隱遁狀態，無意功名，自甘寂寞，這也符合了中國傳統哲學、美學所講究的「澄懷觀道，寧靜致遠」的藝術規律。精神的淡泊、嫻靜，正是藝術人格的胸襟氣象。他用一顆生命本體的平常心，靜觀自然，把情和趣、筆和墨都融化到了天人合一的境界裡，從而獲得了自然與情感、人生與藝術境界結合的提升。他的畫摒棄了殘裂與怪誕，遠離了張狂與浮躁，一如林間散步，平和隨意，一任自然從心底流溢出生命之本真，是遠皮相、臻神髓、發於靈台的藝術。也只有這純粹的藝術——清靜之境，在浮躁喧囂、物慾橫流的當下，才更貼近了當代人對傳統文化深情眷戀的藝術「鄉愁」和返璞歸真、天人合一的自覺回歸意識，也只有這樣的藝術能如沐春風、如賞神靈、怡心養目、澄懷暢神、淨化靈魂。他的作品表現了中國山水畫藝術的當代性——現實關懷。由

▲ 朱玉鐸山水畫作品《飛流瀉玉圖》

此，作品也獲得了一種高度，獲得了一種深刻。

　　朱玉鐸的藝術生命，一如畫中沉寂靜穆的山水，因無言而自顯高遠。目前，國內許多美術評論家和收藏家發現並密切關注朱玉鐸的藝術創作及其走向。

伉儷虎王嘯關東──工筆虎畫家王煥富、鄭淑萍

　　王煥富（1955 年- ），鄭淑萍（1954 年- ），皆出生於吉林農安。夫婦二人共研中國畫工筆虎，現為吉林省美術家協會會員，長春淨月潭瓦薩書畫院畫家，中國長白山書畫院畫家。

　　國畫作品《月是故鄉明》獲世界華人書畫展銅獎、《融》選入由中國美術家協會主辦的中國畫三百家展覽、《歸心似箭》入選由中國美術家協會主辦的迎澳門回歸中國畫精品展、《希望》入選由中國美術家協會主辦的全國中國畫作品展、《虎》獲由中國美術家協會主辦的全國首屆重彩畫大展優秀獎、《福音》等作品參加市文聯赴澳門書畫展、《馨夢》參加市畫院第七次中韓美術交流展。其事蹟被中央電視台、《長春日報》《瀋陽日報》多家媒體報導。二〇〇〇年參加文化部第五屆重彩畫高級研究班。二〇一三年四月，應文化部，外交部，北京市政府，北京和平之旅文化交流中心之邀，四幅作品參加北京國際和平藝術家作品展，在人民大會堂金色大廳展出。

▲ 伉儷虎王──王煥富、鄭淑萍

　　虎，是中國畫傳統題材。關東多虎，東北虎雄絕天下。但東北畫虎者不多，成大器者亦寥寥，這寥寥中拔其萃者，是以畫虎獨步藝苑的關東虎王。

　　虎王為夫婦二人，其夫，王煥富先生，其婦，鄭淑萍女士。兩人以畫得海內人望，實與虎有不可解之緣。煥富高大威猛，狀貌魁偉，高額隆準，更兼長髮縑縑綣綣飄逸腦後，一望之下，虎威凜然；淑萍纖纖玲瓏，面若凝脂，眸盈秋水，髮如柔瀑，翩翩若吉祥福虎。因此，號其居為「福虎山莊」。

　　虎王喜畫虎，概秉天地之靈氣。煥富小時極聰慧，愛畫，如王冕畫荷，隨

時、隨處、隨意作畫。深得時人愛重，以為畫道靈童。後得《介子園畫譜》如獲至寶，日摩夜繪，漸入佳境。一鱗一芥、一羽一禽、一草一木，無不形肖神俱；淑萍初習刺繡，在綵線錦帛之間作畫，後攻工筆花鳥，技臻上乘。忽一日，夫婦福至心靈，情鐘於虎，乃合力同攻工筆虎，數十年如一日，用盡色山墨池，傾畢心血神力，終於成就「虎王」的威名。

　　虎王畫虎，頗多出奇創新之處。煥富常言：「藝道貴新。必師法自然而運乎於心，取鑑先賢、今人而獨創一格，方有大成。」此語實為藝者度世金針。其畫虎，筆力雄渾，喜用加法，加到不能再加為止，纖毫不苟，且用色大膽，濃墨重彩，山林氣濃，野趣盎然。畫中獸王，雖有王者浩然之威，卻無獸類猙獰之惡；雖有自然之性靈，而無荒澤之邪野。更多寄寓了畫作者對宇宙、社會、人生的認識，令人玩索不已。無超絕的功力和見識難達到這個境界。他們曾創作一幅虎圖：畫面二虎相偎，好睡正濃，似乎可以聽到鼾聲，渾不顧寒凝天地，冰雪侵凌。而題款是「馨夢」，頓覺別開生面。細玩味，真有情育生命，萬物有情，情暖天下之理，餘味無窮。還有一幅，題款「威風初動」。畫面是一虎踏冰踐雪，凝立如岳，彷彿欲奔欲獵，望遠而意深，大有「一嘯風生天下寒」之概，讓人頓生蜇虎屈谷，銳氣久蓄，一動天下驚之嘆。所以看虎王

▲ 虎王工筆虎作品

▲ 虎王寫意虎作品

之虎畫，必將畫面、題款、鈐印一起欣賞，才能領略其全面之美，得其中意旨。

　　虎王之虎藝，不獨在畫。煥富書法亦自成格調，鐵畫銀鉤，其勢磅礴；淑萍刺繡，深得蘇繡之妙，鍼黹之間，山水浩茫，鳥獸躍然，境界全出。夫婦書畫之餘，以讀書為樂。常十餘日足不出戶，畫倦讀書，書疲作畫，確有儒生雅士的境界。偶然有閒暇，便壯遊天下，追蹤虎跡，寫生採風，汲日月精華，山川靈氣，歸來，所見宜畫則畫，宜文則文，傳為美談。煥富更善歌，聲音壯美、雄渾大氣，大有虎虎生威。

　　虎王的虎畫，深得時人稱賞，流傳甚廣。

尋找唯一的人——中國書法十傑之劉福生

劉福生（1969 年- ），中國書法家協會會員，吉林省書協理事暨創作評審委員，長春市書協副主席，農安縣書協主席。曾榮獲第七屆「賽克勒」國際書法大賽金獎，書聖藝術節「義之杯」全國書法大賽銀獎，全國第二屆、第三屆中國書法蘭亭獎，「皖北煤電」全國書法大賽優秀獎，首屆全國行書大展提名獎，「岳安杯」第一屆國際書法論壇銅獎，全國第三屆書法百家精品展大獎，並被授予「書法十傑」稱號。二〇〇九年榮獲長春市政府文藝創作獎。二〇一〇年被中國收藏家協會評為最具收藏潛力的中青年書畫家。二〇一〇年被授予吉林省「十大青年書法家」稱號。還曾榮獲吉林省長白山文藝獎。作品入選第八屆、第九屆、第十屆全國書法展。二〇一一年被評為年度長春市文藝新星。

▲ 中國書法十傑劉福生

書法作品及論文多次發表於《中國書法》等國家級專業報刊；論文還被收錄在《中青年書法家談書法》等書，傳略收入《當代書畫篆刻家辭典》；並遠赴日本、韓國進行書法藝術交流。曾為《吉林法制報》《長春農村報》題寫名頭；其書法藝術專題系列片登陸吉林衛視並被長春電視台「書畫藝術週刊——書畫名家」欄目錄播。出版有《劉福生書法集》《江南吟詠七十首》《閒雲堂雜話輯》等十餘種作品。

讀一本好書，如同和一位高尚的人談話，而與高雅之士縱論深交，則像溫一卷好書。這話，常令人想起福生。

福生好讀書，堅持「閉門即是深山，讀書隨處樂土」「讀未見書，謂得

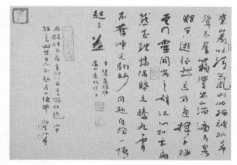

▲ 劉福生書法作品

良友；見已讀書，如逢故人」的真性情。他從商而執著於藝，在藝而不諱言商，嘗言：「於商為生計之道，於藝為終生追求」。

福生善讀書，不死讀書，重視交遊與讀書相濟，他說：看一流文學作品，提升品位；在全國遊歷、交流，開闊眼界；閱讀中外文、史、哲書籍，增強文化底蘊和思想深度。他有近三萬卷藏書，且都是精品。

福生的書法得時人推重，他的性格也十分值得稱道。

二○一二年九月，福生再次斬獲國家級大獎，在由中國文聯、中國書法家協會主辦的全國第三屆行草書大展中，他是十九個最高獎得主之一，是我省唯一的獲獎者。此展全國投稿數萬件，入展三百六十七人，獲獎只有十九人，鳳毛麟角，實在難得。朋友們都誇他書法精深，他卻說：「閉嘴！你不懂書法，你誇我就是罵我。」多真實！

福生是一個痴迷於書法的人，他獲獎是實至名歸。他的書法作品在全國展出近七十次。《中國書法家協會入會細則》規定，專項屆展參加兩次

就可以成為國家書法家協會會員。福生的書法水平要遠遠高於這個標準。

劉福生之所以能取得榮譽，與他獨特的藝術個性不無關係。大家不知道福生深研行草，大家又豈知福生浸潤國畫？又有幾人知道福生寫得一手好格律詩和隨筆呢？真正有藝術才思的人是可以廣采博收的。

福生是個極有個性的人，甚至因個性為人所詬病。但沒有獨一無二的個性在藝術之路上能走多遠？

福生曾說，他從來都不會盲目地拜師，與世俗妥協。一些「名師」弟子上萬，但弟子們拿出來的東西往往千篇一律，失去了個性。藝術有時是靠直覺來領悟的。他在研習東晉王羲之和王獻之書法的基礎上，充分利用了多年學畫的優勢，融合了國畫寫意的精神，終於形成了自己拙樸的書法藝術風格。他看重魏晉，回歸傳統，正是因為彼時的書法藝術鮮活，未被後來的官場習氣所熏染。

「藝術就應該是自由浪漫的，甚至是曲高和寡的」，這就是福生的見解！「保持鮮明的個性，不為世俗所染」，這就是福生的堅持！「在藝術中尋找唯一的自己，絕不譁眾取寵」，這就是福生的追求！

追尋靈魂的絲路──油畫家金銳

▲ 畫家金銳

金銳（1953 年-　），生於吉林省農安縣。自幼師從袁運生先生，一九七二年起受教於周光玠、李守仁、胡悌麟、靳之林先生，後又師從莊喆先生。畢業於東北師範大學藝術系美術專業。一九九八年結業於中央美術學院油畫系「山水與人物對話」現代藝術研修班。一九九六年至二○○一年擔任廣東省教育廳高級職稱評審委員，一九九七年成為廣東省教育廳「百千萬工程」專家培訓班學員。美術特級教師、教授，享受國務院政府津貼，專家、畫家、藝術評論家。現任上海理工大學等五所大學客座教授。曾任《美術報》特邀學術主持人。二○一三年在中國軍事博物館舉辦的「走進崇高實現中國夢」首屆中國書畫大展中擔任組委會副主任。

一九七六年的農安還多少保留著黃龍府的遺風，那時的遼塔還沒有蜷縮在浮躁的樓群中，在平房和平民中站得玉樹臨風。在電影院前的空地上，一個身材不高的青年站在畫架前，長長的鬢角，長長的頭髮，藍色的長衫飄蕩在十月的微風中。夕陽西下，金色的塔影和古老的文化在他的兩片眼鏡中交替閃動，他就是金銳。當時他還在東北師範大學美術系讀書。

金銳在東北師範大學畢業後，分到農安縣文化館。當時縣文化館辦了一個文學創作班、一個美術創作班，分別由劉景先老師和侯占發老師主持。金銳那時在文化館美術組，算是專業創作人員。他畫了一幅礦山題材的油畫，畫面上有一列小火車，有一個老礦工。那老礦工的眼睛有些渾濁，布滿紅絲，就如同剛剛被大風迷過又用手背揉了半天的模樣。文學班的劉景先老師是當年轟動一時的黃龍戲《一窩豬羔》的主創人員，很有眼光，講課時將大家拉到這幅畫前，就著老工人這雙眼睛講解深入生活、觀察生活以及細節刻畫的重要性。結

果，金銳成了兩個創作班共同的老師。

金銳是一個極為勤奮的人，這是大家公認並最為佩服的。金銳一直居無定所，最初是住在縣圖書館後院一間陰暗的斗室裡，那屋子稱「斗室」尚有些嫌大，除去畫板顏料簡直無立足之地。金銳就在那裡奮起如椽巨筆畫出許多畫來。那間斗室很冷，冬天常有白霜掛壁。記得有一次，金銳蹲在小炕上如數家珍地向朋友

▲ 金銳油畫作品

們展示他拍攝的袁運生先生畫的一百多幅速寫稿，起來時竟有裂帛之聲入耳，原來是後背同牆壁凍在了一起。就是這樣一間斗室，金銳也沒能住得太久。後來搬到了縣文工團鍋爐房隔壁一間雜物室，同那三十米高的煙囪比鄰而居。那時是夏天，牆壁上自然無霜，室內卻經常有雨。每逢雨天，金銳便手持塑料布左奔右突遮蓋畫板和家具。金銳到底是畫家，十幾塊塑料布選得色彩各異，以不同形狀、不同方位覆蓋在畫板和家具上，棚頂粗細相間的雨絲參差落下，發出錯落的嘀嗒聲，真是一幅人間漏室圖。

就是在這樣的環境中，金銳筆耕不輟，每天平均畫二十幅速寫、素描，每十天畫一幅油畫，每年的習作創作近萬幅。關於天賦和勤奮有很多說法，其實，勤奮本身就是一種天賦。

金銳同別的藝術家一樣，都渴望得到承認。二十世紀八十年代初，省裡舉辦美展，金銳根據自己的知青生活創作了一幅《那個年代的我們》，畫面是幾個男女知青手握鋤頭站在天地之間，目視前方，目光迷茫，構圖和色彩透著一種無奈的蒼涼。在構思期間，金銳躁動不安，無論在什麼場合，隨便抓住哪個

朋友便滔滔不絕地說自己的構思，說到動情處，鏡片後面便有大滴的淚珠滾出來。金銳談藝術總是激情澎湃，渾厚的男低音輔以不規則的手勢，極富感染力。大家都說他是個好老師，而他也真的好為人師，收了好幾個學生，且在本次創作中派上用場。進入創作階段，不知是真的相信尼古丁能帶來靈感還是刻意營造一種創作的氛圍或者乾脆是中邪，從不抽菸的他竟一支接一支地抽起菸來，而且大都是一種品牌為「松鼠」的劣質雪茄。那時他在電影院美工室創作，臨街的窗裡常有煙霧經夜瀰漫。最慘的是他的學生劉向久和祝建文。金銳要畫知青穿的膠鞋，便找來二十多雙各類膠鞋讓兩個學生穿上充當模特，而且還要在腳下塞上磚頭再現站在壟溝壟台的感覺，一站數小時，不得亂動。金銳進入創作狀態即進入瘋狂狀態，常在半夜夢見某處細節，便毫不客氣地將兩個學生找來，開始創作。其實這也是對學生執著個性的一種磨煉，劉向久後來也成了知名畫家。

同藝術上的執著狂熱相比，金銳生活中是一個極富個人魅力的人。他胸無城府，為人真誠，做事坦蕩，俗念極少。在二十世紀八十年代初，金銳從北京帶回兩個袁運生先生畫的掛盤。當時的袁運生先生剛度過首都國際機場壁畫風波，名聲極響。在北京火車站，一個識貨的英國老人欲出八千人民幣購買一個掛盤，那時的八千元之於金銳無疑是一個天文數字，可金銳卻不為所動。在火車上，他將一隻掛盤送給內蒙古一個學畫的青年，剩下的一隻用網袋裝著掛在自家壁上。大家因此有幸欣賞袁先生的畫，一個坐在海邊的裸女，長長的頭髮隨海風飄在盤子外。

金銳古道熱腸，有求必應。有一次，一個開狗肉館的朋友向他要畫，金銳便在一塊很大的膠合板上面精心臨了一幅日本畫家東山魁夷的《濤聲》相贈。過了幾天，朋友們光顧那家狗肉館，赫然發現那幅畫在天花板的某處，而那裡原來的破洞則不見了。

金銳還有倔強固執的一面，有時幾近荒謬。一九八一年，在朋友王志華家喝酒。席間，主人給他一塊兒西瓜，他沒接住掉在地上。主人又換了一塊兒，

▲ 金銳作品

可金銳說什麼也不要，非吃掉在地上的那塊兒不可，而且非坐在地上吃不可，真有點劉伶光著身子喝酒的風範。

　　金銳在藝術上孤高自傲。外國畫家中常念叨的唯梵高和康定斯基，國內畫家袁運生先生是他最佩服的。在袁先生去美國期間，本省一位作家寫了一個電影文學劇本《錯過星星和月亮的人》，名字出自印度詩人泰戈爾的一句詩：既然錯過了太陽，就不要再錯過星星和月亮。劇本是影射袁先生的。於是，在一個很熱的中午，金銳氣勢洶洶，一副與人拚命的樣子闖進新華書店，一邊大罵某作家，一邊尋找那本刊載劇本的刊物，說是要同師娘蘭英女士一道控告那個作家，結果因未找到刊物而罷休。

　　一九八五年的時候，這個小城已經容不下金銳的夢了。於是他遠走新疆，開始了一個藝術家的尋夢之旅。八年的戈壁風沙洗去了他畫板上許多浮華的色彩，留下了《哈薩克雄鷹》的沉穩和《古爾班通古特大沙漠》的凝重。所以，

當他撞進燈紅酒綠的廣東後，並沒有迷失在《夜光》和《紅花》中，而是挾著戈壁的粗獷和野蠻努力粉碎著都市的喧鬧。終於有了結果，他出版了一本《金銳速寫集》。至此，金銳的筆由繁而簡，簡中孕繁，超越了康定斯基、蒙德里安以線條本身為表述語言的方式，用毫無感情色彩的普通線條構建空間，在空間中營造語境，釋放張力。金銳在自身的藝術素質、追求向度和表達形式之間已經找到了一個契合點。

金銳成功了。幾十年間，金銳在國內各類畫展中入展、獲獎量已經進入三位數字，但藝術的光輝總是閃耀在不停求索上，所以，對金銳來說，永遠不存在「功成名就」。

焚燒思想留下的舍利
——「舊體新詩」的旗幟劉慶霖

▲ 黃龍詩社原社長劉慶霖

劉慶霖（1959 年- ），黑龍江省密山市人。從戎三十年，曾任吉林省農安縣武裝部政委，吉林市龍潭區武裝部政委，農安縣黃龍詩社社長，中華詩詞學會理事、吉林省詩詞學會副會長。現任中華詩詞研究院《中國詩詞年鑑》執行副主編、《中華詩詞》特約編審。著有《劉慶霖詩詞》《掌上春光》（劉慶霖詩詞第二集）、《古韻新風——當代詩詞創新作品選輯·劉慶霖作品集》等。另有二十萬字的詩詞理論發表於《詩人說詩》《中國詩詞年鑑》《中華詩詞》《中華詩詞的現在與未來》等書刊。

曾獲全國紅豆詩詞大賽三等獎，第一屆、第二屆華夏詩詞獎三等獎，軍旅詩詞大賽一等獎，中國譚克平詩詞獎等。

二〇〇二年提出「舊體新詩」理論，主張「用舊詩的形式創作新詩，用新詩的理念經營舊詩」。認為詩是生命的一部分，詩是靈魂的一部分，詩是焚燒思想留下的舍利。

在人們的思想、情感和追求日益物質化、商品化、庸俗化的今天，對精神高地的執著求索和牢固堅守便令我們肅然起敬。當我們面對當代著名軍旅詩人劉慶霖和他的詩歌時，我們所感受到的便不僅僅是繁複詩美建構的一個奇幻異彩的藝術世界，更是一方無限拓展的精神家園，一座高峻偉岸的人格豐碑，一個給我們漂泊的精神追求以寄託的永恆時空。

劉慶霖是一個軍人，他有著深切的軍人情懷。「磨快寶刀懸北斗，男兒為國枕安危」，「他年若許天涯老，血灑邊關築界碑」。數十年的軍旅生涯已把軍綠色深深地植入他的生命裡、他的精神裡。慶霖「莊嚴偉岸」，如果你熟悉慶霖，就會覺得這四個字用在他身上是極貼切的。他有魁偉的體魄、俊朗的軍人氣質，更主要的是他有磊落的胸襟和超邁的人格。他的生命中也許有坎坷，但沒有黑暗、沒有灰色調，

▲ 劉慶霖作品集《掌上春光》《劉慶霖詩詞》《古韻新風》

一切都光明朗徹。他會為薦拔人才而力排眾議、仗義執言，他會因朋友的落魄而奔波數百里為其解難。他的氣魄與正氣體現在生活中，閃爍在詩行內，蕩漾在情感裡，可以審視、可以觸摸、可以呼吸、可以體味。

看看他的軍人豪氣：

手握金鞭立晚風，一聲號令動山容。

如今我是石天子，統御湘中百萬峰。

——《題張家界天子山》

這是何等的氣魄，何等的胸襟。

慶霖是一個詩人，是有著軍人情懷的優秀詩人。慶霖追求的是詩意的棲居。有時他會與三兩詩友在大河邊面對篝火暢飲放歌，會沿著平湖葦蕩找農舍漁家去品味鄉情，會驅車百里去考察地表徑流衝擊的地貌褶皺，會整天坐在大山裡與松風、溪水對話。所以他有好多奇思妙想，好多空靈奇美的詩句，如：「晝讀翻殘山石頁，夜行挑瘦月燈籠」「陽光翅膀成霞落，秋水情懷作雁飛」「春歸不見相思鳥，卻夢此心枝上啼」。慶霖可以把細緻入微的觀察和新奇的

想像進行完美的結合，體現在詩中是那樣精準美妙，寫霧淞「一夜江聲上柳條」，寫朝聖者「以身作尺量塵路」，寫高原風光「三五犛牛啃夕陽」，這樣經典概括的詩句只有他才能有。慶霖作為詩人還有一個重要的特點，就是真——真實、真情、率真，這是很多人身上欠缺的，「唯有一絲尚可取，醒時猶帶醉時真」。慶霖說起自然趣事天真爛漫，情態相隨，可一經沉靜下來，便馬上恢復如山如岳的氣勢。這是他軍人氣質與詩人之真的完美融合，也就是說有一顆純真的赤子之心，所以他有那麼多的好詩。

慶霖還是一個肩負責任和使命的尋夢者。他身上體現著對生命意義和生命價值的執著追尋。慶霖說：我不當將軍自有人當，可我不寫詩沒有人能代替我。

慶霖從舊詩詞創作理念、意象、技巧、語彙系統的傳統定勢中騰躍而出，紮根於時代的沃土，以時代的視角，擷取具有時代美感的一切，創造出了一個個體現時代精神、充滿時代意識、洋溢時代氣息的鮮活藝術生命。在他的詩中，時代感已經成為靈魂和生命，雖運用的還是舊體詩的體式，卻與時代同頻共振，肩負著時代使命。

慶霖從來不做無病呻吟，而是面對整個世界，對時代中國進行著深刻的剖析和潑墨的大寫意，無論社會的波濤、生活的浪花、心底的音樂，還是哲學的冥思、自然天籟的回音，都昂揚著時代特色的旗幟。可以說，慶霖和他的詩，是軍人氣質與詩歌藝術的完美結合，是個人價值追求和時代責任感的完美統一，是詩人特質與人格高度的完美統一。

雷霆威震黃龍府——黃龍戲表演藝術家雷霆

　　雷霆（1928年至1998年），黃龍戲表演藝術家，中國戲曲表演學會理事，農安縣政協副主席，黃龍戲劇團業務團長，黃龍戲創始人之一，黃龍戲功勛演員。曾獲中國戲曲文華表演獎。一生奮鬥在戲曲舞台，演戲近二百出，塑造了很多個性鮮明的舞台形象，在觀眾中享有盛譽。

　　當人們提到農安——黃龍府的時候，自然而然地會想到那直插青天、巍然屹立的黃龍寶塔和那唱腔優美、深受觀眾喜愛的黃龍戲。而黃龍戲創始人之一的雷霆，更為人們所熟知，所喜愛。

　　提到雷霆，人們馬上會想到《樊梨花》中的薛禮，《一窩豬羔》中的陸政，《改規矩》中的張才，《無事生非》中的老謝，《魂繫黃龍府》中的天祚帝……這些生動的舞台形象，給觀眾留下了深刻的印象。

　　雷霆從藝四十春秋，演戲二百餘齣。他的表演細膩傳神，惟妙惟肖，以刻畫人物見長。觀眾說他「裝龍像龍，裝虎像虎」。他飾演的焦裕祿，感動得觀眾熱淚盈眶；他扮演的沈養齋，恨得觀眾咬牙切齒，恨不得上台去揍他一頓；《魂繫黃龍府》中的天祚帝更令人回味無窮；《無事生非》中的老謝又讓人捧腹不止。他戲路寬，唱腔高亢洪亮，真可謂字正腔圓，聲情並茂。《魂繫黃龍府》中的木葉山哭子那大段唱，聽得觀眾如醉如痴，心為之顫，情為之動。觀眾說：「聽老雷唱戲，真過癮！」

　　每當劇團下鄉演戲，人們首先要問：「老雷來沒來？」如果聽說老雷來了，年輕人嘴嚼著飯往外跑，老年人拄著拐棍兒硬往人群裡擠。老雷在台上一露面兒，就掌聲四起，一舉手投足，便滿堂喝采。待老雷開口一唱啊，你看觀眾那神情，一個個笑呵呵地聽得有滋有味。無論你多大的劇場，台下總是鴉雀無聲。說玄話，針掉地上能聽到響兒。有一次下鄉演出，謝幕之後，觀眾硬是

▲ 著名黃龍戲表演藝術家雷霆劇照

不走，非要求看看卸了妝的老雷啥樣兒，再聽他一段清唱不可。那情景，真讓同行人羨慕得要死，嫉妒得發瘋，佩服得五體投地。

老雷何以受人如此愛戴？

一是他演戲認真，對觀眾負責。在城裡的大舞台上演出、為領導演出和為農民演出一個樣兒。他演戲四十年，不知啥叫「糊弄」。記得十幾年前，他老伴兒撇下他和三個孩子撒手歸西，一場大水又奪去了愛女的性命，面對一連串的打擊，平時淚不輕彈的老雷，悲痛欲絕！然而，誰會相信，就在老伴兒故去的第二天，他照樣登台；在愛女夭折的當天晚上，他依然唱戲！他說：「寧可對不起親人，也不能對不起觀眾。」這話多感人。

在黃龍戲進京前夕，曲六乙老先生和葛春鐸主任來農安選戲，這次演出至關重要，黃龍戲能否參加第二屆中國戲劇節，成敗在此一舉。而恰在此時，老雷的腳踝骨嚴重扭傷，不能下地，急得領導團團轉。老雷卻平靜地說：「請領導放心，我死活也要上場！」果然，當大幕拉開時，老雷的腳上裹著藥上場了。人們知道他在拚命呢！他每一動作，都牽動著知情者的心。看著老雷頭上沁出的汗珠，人們的心在微微顫抖，淚在悄悄流淌。可老雷竟奇蹟般地頂了下來。這到底是一種什麼力量在支撐他呢？

二是老雷對業務精益求精。哪怕是一字念白，半句唱腔，也從不馬虎。他走路哼著戲，睡覺想著戲，閒著沒事兒一個人對著鏡子琢磨戲。外出演出時，年輕人在車廂裡海闊天空地神聊，不時地爆發出一陣陣笑聲。而老雷，卻在鬧中取靜，閉目垂簾，口唇微動，狀如入定禪僧，靈魂出竅了。他在幹嗎？原來，他的頭腦中正響著鑼鼓點兒，神思正在舞台上馳騁呢，簡直是戲魔一個。

三是他謙虛謹慎。他從藝四十年，榮譽如雪片一樣飛向他，光獲獎證書就一大摞兒。從藝術造詣上講，他堪稱黃龍戲劇的一代宗師，他是中國戲劇家協會會員，國家二級演員；從地位上說，他是農安縣政協副主席，黃龍戲劇團副團長；從年齡、輩分上看，他是前輩、長者，黃龍戲創始人之一。可他從不居高臨下，洋洋自得。他藝術造詣高，卻甘當小學生，在藝術的殿堂孜孜以求，

不恥下問；他有地位，卻謙以待人，無論何時何地，都那麼和藹可親，不失長者之風。如果他不登台做報告，人們簡直不相信他是政協副主席。他德高望重，卻從不倚老賣老，剛出校門的小導演，能在排練場上把他擺弄過來、擺弄過去。他從不和晚輩們爭榮譽，從不向組織要待遇。按說，裝台、卸台這類活兒，他不幹誰也不會攀他，可他每次都搶著幹。那次腳踝骨扭傷，就是裝台造成的。

還有，老雷多才。他不但是一個出色的演員，而且還能創作劇本。黃龍戲的第一批實驗劇目《樊梨花》《珍珠串》《松花淚》等，就是老雷執筆創作的。接著他又移植改編了《英雄虎膽》《野火春風鬥古城》《真假駙馬》《小白龍》等，為了黃龍戲，他使出了渾身的解數。

老雷說過：「寧可愧對子女，不可愧對事業。」的確如此。老雷子女的工作都不甚理想。子女對他有意見。按說，以老雷的資格和名譽，直接去找縣委主要領導開口沒問題。可他不爭、不要，順其自然，自然就被遺忘在角落裡嘍。可對待事業，老雷能豁出一切。記得一九八六年冬，老雷被汽車撞成了小腿粉碎性骨折。為了重返舞台，他在病房裡堅持練功，出院後又在家裡的樓梯上堅持鍛鍊。同時，忍著巨大的痛苦，還為「長春戲劇史」撰寫了幾萬字的有關黃龍戲的文字資料。兩年後，他再次摔傷，造成腰椎挫裂，這是演員的致命傷啊。人們嘆息著說：「這回，老雷怕是要離開舞台了。」可誰知，他再一次創造了奇蹟，傷癒後，又主演了歷史戲《魂繫黃龍府》。

不知為什麼，厄運總和老雷過不去，在《魂繫黃龍府》的排練過程中，他的後續老伴兒又重病住院了。那些日子，老雷下了舞台就上灶台、奔醫院。說句東北土話：「真夠他嗆！」然而，千難萬難，難不倒老雷。《魂繫黃龍府》在吉林省首屆藝術節上一舉奪魁，他獲得了表演一等獎。緊接著又參加了第二屆中國戲劇節，引起了首都觀眾的注意。

熟悉老雷的人，無不心悅誠服地說：「老雷是好人哪！」

如今，老雷已離我們而去，這棵舞台上的不老松為觀眾留下了光輝的藝術

形象，為黃龍戲的輝煌貢獻了畢生精力，更為祖國文化百花園增添了奪目的光彩！人們不會忘記他。

梅花香自苦寒來──黃龍戲劇團主演馬忠琴

馬忠琴（1955 年-　），吉林農安人，黃龍戲演員，工旦行。一九七五年考入農安黃龍戲劇團學員班，師從趙桂榮。

她嗓音高亢、明亮，潤腔細膩，富有激情。曾主演《搬窰》《穆桂英》《無事生非》《風雨菱花》等幾十部劇目，先後在黃龍戲《楊三姐告狀》《三節烈》《江姐》《竇娥冤》等劇中扮演主要角色，塑造不同性格的人物形象。代表作品有《魂繫黃龍府》《大漠鐘聲》《聖明樓》《鷹格夫人》等，多次榮獲省、市表演一等獎，並榮獲第八屆中國戲劇梅花獎。

作為黃龍戲新一代演員，馬忠琴是幸運兒。她是黃龍戲演員中第一個摘取梅花獎桂冠的人。

是那高聳入雲的黃龍寶塔的神奇魔力吸引了她？還是翻滾騰躍的伊通河浪花挽留了她？或許，她命中注定要在黃龍戲舞台上大放異彩。不是嗎？連她自己也沒有想到，她的命運會牢牢地拴在黃龍戲這駕馬車上。

一九七五年八月的一天，驕陽似火。生產隊午後出工的鐘聲敲醒了她，當她扛起鋤頭的時候，一個意外的消息傳來：農安縣黃龍戲劇團來這裡招收演員。

當演員，是她兒時的夢。馬忠琴自小就受著良好的文化教育，從幼兒園時就登台演節目，在大唱樣板戲的年代，她更是活躍分子。那燈光絢麗的舞台，那色彩斑斕的布景，還有那凝重莊嚴的大幕，無不使她心馳神往。她經常想著劇團那個奇妙而神祕的世界，夢想著將來當一名演員。

如今，機會來了，按理說她該欣喜若狂，躍躍欲試才對。可不知怎的，她心裡產生了一種莫名的恐懼和憂慮：我能行嗎？能被錄取嗎？若被淘汰了，多不好意思。平時任何事情都不甘落後，什麼事情都敢大膽一試的她，反倒猶猶

▲ 黃龍戲演員馬忠琴劇照

豫豫、裹足不前了。然而,她最後還是來到了招收演員的鄒慶忠老師面前。一段樣板戲唱得如行雲流水,聲情並茂。聽得鄒老師悄然動容,暗暗稱奇,繼而像哥倫布發現新大陸一樣狂喜。她被錄取了。從此,她走進了夢想的天地,登上了神祕的舞台,開始了她的藝術生涯。

剛進劇團,她像一隻小鳥飛進空山幽谷,充滿了迷惘和新奇。漸漸地,她熟悉並習慣了這裡的生活。同時,也逐漸意識到:藝術的海洋是多麼浩瀚無邊,想當一名出色的演員是何等的艱難。

對於一個勇敢的、有出息的人來說,意識到艱難的時候,攀登也就開始了。她暗下決心,要當就當一名有成就的演員,否則,寧可不幹。於是,她開始刻苦地學習,頑強地練功。這裡有久負盛名的雷霆、鄒慶忠和趙桂榮老師。她虛心求教,藝術水平不斷提高。

清晨練嗓,她唱落滿天星斗,唱紅了漫天朝霞;黃昏練功,她送走了如血

的殘陽，迎來了皓月當空。練功室的台毯上，浸透了她的滴滴汗水；日記本的字裡行間，記錄著她攀登的軌跡。

▲ 馬忠琴獲得第八屆中國戲劇梅花獎

功夫不負有心人。她終於在黃龍戲劇團脫穎而出，成為團裡的主要演員。在長春地區第二屆百花會上，她光彩照人，落落大方地出現在舞台上，一齣《風雨菱花》引起了觀眾和專家的注意。她以細膩的表演和對人物入微的刻畫，獲得了表演一等獎。這期間，她主演了《朱痕記》《三節烈》《小二黑結婚》《竇娥冤》《秦香蓮》《小女婿》《紅霞萬朵》《楊三姐告狀》《穆桂英掛帥》等二十幾部戲。在觀眾的心目中留下了深刻的印象，並多次在省、市會演中獲獎。

一九八九年，對她來講，是光輝燦爛的一年，是春光明媚、鮮花盛開的一年，也是她藝術生涯中值得回憶的一年。這年，她成功地主演了大型歷史劇《魂繫黃龍府》。而這一年又恰逢全國新興劇種研討會和吉林省首屆藝術節，使她得以大展才華。

當藝術節的大幕即將拉開，當她盛裝已畢、靜等上場的時候，她有些心慌。坐在化裝台前，望著鏡中那個姣美的形象，各種想法紛至沓來，有對成功的嚮往，對失敗的憂慮……是啊，「榮辱」二字連聖人都不曾忘懷，何況常人？半年來的磨刀礪劍，就為這登台一搏，成敗在此一舉，她焉能不緊張、不心慌？

然而，當大幕拉開，她以大遼國文妃娘娘的身分立在天祚皇帝身邊，將自己的作品呈獻給觀眾的時候，她鎮定自若了。此刻，她無暇旁顧，榮辱皆忘，唱念自如，完全沉浸在劇情裡了。這就是她，她歷來如此，「台下才滴千行淚，台上從容作笑聲」，登台人即變，她具備這個素質。

隨著她那惟妙惟肖的表演，一個憂國憂民、可敬可愛、可悲可嘆的蕭瑟瑟

活脫脫地展現在觀眾面前。隨著劇情的起伏跌宕，觀眾的心靈震顫了。戲到激昂時，觀眾為之昂奮，掌聲雷動；演到悲哀處，觀眾為之泣下，唏噓不止。當文妃的脖子纏上那長長的白練，美即將當眾被撕裂的時候，全場一片寂靜，愁雲籠罩著舞台，悲風鼓蕩著劇場。當她面對死亡毅然轉身的一剎那，她竟坦然地把一個淒苦的微笑丟給了觀眾。這時，觀眾的心碎了，有的目眥欲裂，拳心沁汗；有的低頭飲泣，不忍觀看。觀眾被她征服了。當演出結束，她和其他演員一起謝幕的時候，觀眾才從悲痛中醒來，報以極熱烈的掌聲。她流淚了。

作為一個演員，這是最令人陶醉的時刻，最令人愉悅、欣慰、幸福的時刻。此刻，彷彿一陣和煦的春風溫柔地撫慰著她的靈魂，似涓涓的甘泉汩汩地流淌，滋潤著她的心田。然而，這樣的時刻，人生能有幾回？

她成功了，她和雷霆同獲表演一等獎。早在藝術節前夕，曲六乙老先生看了她的演出，驚喜萬分，與她合影留念。在全國新興劇種研討會上，來自全國各地的專家們對她和雷霆的表演都給予很高的評價。

文妃這一光彩奪目的藝術形象在觀眾心中留下了深刻的印象。可誰知她在排練場上流了多少汗水？且不說排練場上的酸甜苦辣，光是七修八改的折騰就夠人受的了。有時花了好大工夫練會的一個動作，由於劇本的修改，致使所有辛苦變成白費。還有那無休止的專家評戲，領導審戲，今天說戲很好，明天又說不行了，一會兒說這個戲進北京，一會兒說連藝術節都不讓參加了。真是心懸懸，意煎煎，那滋味……唉，甭提了！

哲人說：「當成功向你微笑招手的時候，艱難正向你攔路而來。」任何一個成功者都得戰勝困難這一關。

「寶劍鋒從磨礪出，梅花香自苦寒來」，這正是馬忠琴藝術人生的真實寫照。

閒看庭前花開花落——劇作家、作家杜今學

　　杜今學（1950 年- ），吉林農安人，部隊轉業後在縣文聯工作，現已退休。一九七七年開始文學創作，發表中、短篇小說、小小說幾十篇，獲過兩次獎。小小說《來晚了罰冰棍》被北京語言學院編入課本。後來開始創作電視劇。

　　二〇〇四年，創作的反映農民工子女入學的二十二集少兒題材電視連續劇《我們都是好朋友》（與白樺合作），由中央電視台影視部和河北省影視家協會

▲ 劇作家杜今學

聯合拍攝，在央視少兒頻道播出，榮獲第二十五屆電視劇「飛天獎」，《人民日報》《光明日報》《文藝報》、新浪網等多家媒體先後登載評論文章。

　　二〇〇九年，在中共石家莊市委宣傳部、石家莊市文化局、石家莊市廣播電視局舉辦的「全國有獎徵購優秀劇本和優秀作品」中，二十一集電視連續劇《三妯娌》獲電視劇劇本二等獎。

　　二十二集新農村題材電視連續劇《守望》（與汪帆合作），在央視電視劇頻道播出，榮獲第十四屆「人口獎」；三十三集都市題材電視連續劇《勸架的女人》（與夫繽合作），獲首屆全國優秀電視劇獎。

　　杜今學在文學創作上取得了巨大成就。這個高度是我們需要仰視的，但更需要仰視的是他的人格光輝。

　　杜今學，在文學圈大家稱他為老師。這樣稱呼有幾個原因，一是因為他的

創作成就和水平，再一點是他在文學路上那種執著追求精神，還有一點是在他身上體現出的為人風範和人格高度。

說起創作，杜老師常說：「一件自己喜歡的事兒，能一直堅持做了下來，雖然收穫不大，可畢竟有收穫，這也就足夠了。閒著也是閒著，我又不會打麻將，沒什麼事兒幹，爭取再寫幾部。若寫不成，就權當消遣。」

杜老師這個「消遣」可消遣大了，他的「收穫」可是別人望塵莫及的。在部隊期間，他創作的中篇小說《山青青，海藍藍》就榮獲大連市建國三十五週年徵文一等獎；小小說《來晚了罰冰棍》榮獲《小小說選刊》全國徵文三等獎，並被北京語言學院（現北京語言大學）編入課本。

二〇〇四年以後，杜老師開始寫電視劇，他不無幽默地說：「本來想多賺點兒稿費，買套房子，便試著寫電視劇，沒想到寫著寫著還真寫成了幾部。」這是他的幽默，也是他的低調。他寫的劇本第一部拿飛天獎，第二部獲河北電視劇徵稿二等獎，第三部獲人口獎，第四部更了不得，摘取全國優秀電視劇的桂冠，每年全國只有十八部電視劇獲此殊榮。這樣驕人的成就怎能不成為百里小縣文學界的老師呢？

說起來容易，但杜老師的創作並不輕鬆。杜老師並不是賦閒在家，無事可幹，他愛人臥床已經十幾年，全靠他一個人照顧，就是來文聯一趟，也是趁愛人睡了，辦完事情起身就走，一句多餘的話沒有。他的作品都是在愛人休息時創作的，這需要怎樣的毅力和堅持！他說是為了錢，為了房子，其實何嘗不是他把自己的真境界掩藏起來，拿出一個人們可以理解的理由，來躲避外界無謂的煩擾啊。縣裡評「感動農安十大人物」「最美農安人」時，文聯鑑於他十幾年如一日照顧愛人，並有如此大的文學創作成就，兩次想推選他，可跟他一連繫，兩次都是同一句話：「別報我，報

▲ 杜今學編劇的電視連續劇《守望》劇照

別人吧，報我我會不高興的。」
慢慢大家理解了他。杜老師認為
照顧愛人於情於理都是自己應該
做的，必須做的事情，不需要宣
傳；創作是他喜歡的事業，自己
在創作中找到了快樂、實現了價
值，也不需要宣傳。

　　杜老師這個人，不是用語言
來宣揚的，甚至不是應該用文字
去書寫，更不是新聞媒體可以常
常去打擾的，而是應該站在一定
的距離用心去仰望、用心去品
味。碌碌無為的人自不會不舒服，
因為與這種人格高度和境界的距
離太遠，沒有達到的可能；懂得
生命價值的人自會沐浴這陽光一
樣的人格光輝，以之作為自己做
人的標尺、前行的動力。

▲ 杜今學編劇的少兒題材電視連續劇《我們都是好朋友》劇照

▲ 二十世紀八九十年代，杜今學的作品發表在各種小說期刊

百煉精鋼鋒自出——黃龍詩社社長田成明

　　田成明（1969 年- ），生於農安縣萬金塔鄉。現任農安縣委組織部副部長、縣文聯副主席、黃龍詩社社長、長春市作家協會會員、吉林省詩詞學會理事、吉林省作家協會會員。

　　先後有小說、詩歌、散文、雜文、對聯、報告文學、文學評論、書畫評論等五百餘篇（首）作品在各級、各類報刊發表。組詩《瓜園開在娘背上》入選中國詩刊社主編的《2008 中國詩歌文庫》；論文《試論黃龍戲的形成、發展與傳承保護》獲第七屆中國戲曲音樂論著、論文評獎一等獎。

　　他是一個普通的農家孩子，是一個奮鬥在基層一線的文化人。他學養豐厚，坦蕩正直，豪爽無私。他勤勤懇懇、兢兢業業，在平凡的崗位上，創造了不平凡的業績。可以說，從一個普通的農家孩子到小有名氣的詩人，從業餘作者到省內文化名人、學術新星，他是帶著農村孩子的質樸與憨純、帶著少年的夢想與朝氣、帶著夜半書桌前的燈光與墨香起步的，他肩負著一種強烈的責任感和使命感……在群星璀璨的黃龍府文化界，他是一道獨特的風景。

　　他，就是農安縣黃龍詩社社長田成明。

　　小草根植大地，追尋陽光，必會綠滿天涯；樹苗久歷風雨，不懼苦寒，終成棟梁。一個人不斷地進取，厚積薄發，始成為雄視一方的英傑。

　　一九六九年十二月十三日清晨，吉林省農安縣萬金塔鄉五里卜子村一戶人家，傳出一聲清亮的嬰啼，一個男嬰呱呱墜地了。這是田家第四個孩子，起名叫田成明。男主人是鄉村教師，靠著微薄的工資，養活祖孫三代一家八口，生活是很窘困的。但是老先生教育子女像教學一樣嚴謹，對孩子們的言行舉止、性格品質無不嚴格要求，為子女們以後的成長、學習、人格形成打下了堅實的基礎。成明自小受父親的教育薰陶，養成了勤學善思、忠懇執著的個性。由於

▲ 黃龍詩社社長田成明

他的勤奮聰慧，初中時就嶄露頭角，在報刊上多次發表文學作品。在師範上學期間，才華得到進一步展露，擔任學校文學社社長，創辦校報《學生週報》。先後榮獲省、市文學獎兩次，代表農安縣、長春市參加各類電視知識大賽十九次，榮獲省市級一等獎十四次。在縣委組織部工作期間，他的大量政論文章、工作經驗、調查報告多次在省、市報刊發表並獲獎。有人預言，他的仕途將坦蕩平直，直上青雲。

但是，人世間有一種人是真正為了理想信念而生活和奮鬥的，他們可以為之捨棄一切。作為詩人、文化學者，田成明始終對弘揚黃龍文化有一種責任感和使命感。

二〇〇二年，成明主動要求調到縣文聯，接手文學季刊《黃龍府》責任編輯工作。當時人手少，條件差，他克服百般困難，從組稿、選稿、編輯到校對逐層把關，上百篇稿子、幾十萬字，他要看幾遍、十幾遍，還要自己畫插圖、

設計版面。他的體重減多少沒人知道，刊物的質量卻上來了，一本比一本好，一本比一本有分量。很多領導和專業人士都詫異地說：這是縣文聯自己辦的嗎？同省、市級刊物相比絕不遜色。業精於勤，他始終恪盡職守，以突出的成果實現著自己的價值與追求。

二〇〇七年底，田成明被選任為文聯副主席、秘書長，他更是鼓足幹勁，圍繞文化興縣、促進開放、富強、和諧新農安建設，帶領文聯一班人，大興藝術創作之風，繁榮文學藝術事業，推動縣域發展。幾年來，共編輯《黃龍府》期刊三十多期，出版反映農安歷史文化的鄉土教材《可愛的家鄉》、農安本土原創歌曲集《歌唱家鄉》、全面系統反映農安現狀的大型文藝性縣情推介書籍《何當痛飲黃龍府》、黃龍府文學藝術典藏系列五卷本等書籍，有力地推動了先進文化、和諧文化建設。

為了營造藝術氛圍，搭建藝術交流平台，鍛鍊和提高全縣藝術家的整體水平，發現與培養文藝新人，他還先後組織、舉辦了「走進農安書法名家採風」「黃龍府精神研討會」「弘揚黃龍府文化名家論壇會」「全縣文學藝術人才普查」以及「走進長白山美術攝影展」「迎奧運書畫作品展」「送文化下鄉」等幾十次大型文化活動，有力地促進了農安文學藝術的深入發展。

他就是這樣一個敢想、敢幹、敢拚的人。他工作有條理、有步驟、有思想。在他創作的同時，無時不在設想著如何推進文聯工作和全縣文藝事業發展。

如果不歷嚴寒，梅花不會有那樣的風骨和清香；如果沒有不屈不撓的探尋與追求，不能實現人類的太空行走；只有逆流而上、百折不回的人，才有可能探尋大河的源頭。

成明常常打著點滴工作，吃著方便麵加班，他說這是大腦補充營養的最好方法，但其中甘苦，明眼人哪個看不出。成明樂觀而富理趣，枯燥的歷史哲學理論，他能當成菜來佐餐，中午一邊吃方便麵，一邊啃理論專著。這些年，他始終注重理論研究和學習，具有很深的理論素養。他撰寫的《關於人才熱的冷

思考》《加強農村人才資源的合理開發和配置，促進東北老工業基地的快速振興》《關於非公企業黨的建設的調查與思考》等二十多篇論文，在省、市獲獎，並被編入《紀念世紀偉人鄧小平大型論文集》《吉林瞭望》等書刊。到文聯後，他又迷戀上了學術研究。特別是對黃龍府歷史文化的研究，幾乎到了一種痴迷的程度。在歷史文化方面，縣內以前留下的資料殘缺不全，有很多真空和盲點，對這項艱難的工作，很少有人進行探究。他卻自費購買了大量歷史典籍、學術資料進行研究。他對黃龍歷史文化挖掘的獨特視角、獨到見解和對地方歷史文化內涵的研究成果得到了領導和專家們的認可。二〇〇四年，農安縣委、縣政府組織文化產業課題組，為課題執筆的擔子落到了他的肩上。本著挖掘文化，促進經濟發展的精神，他開始著手準備材料。有時與老同志懇談，有時鑽省城圖書館，有時跑史志辦，眼睛熬紅了，人更瘦了，可是他沒說累、沒抱屈，因為這是他深愛的事業。基礎資料蒐集完後，他把自己關在家裡幾天時間，拿出了專業性極強的課題報告：《大力挖掘和弘揚黃龍文化，加快發展旅遊及相關文化產業的對策與思考》，報告受到廣泛關注，引起了縣委、縣政府領導的高度重視。根據這一課題成果，縣委、縣政府全面啟動並深入實施了「打造東北歷史文化名城工程」，他又起草了《農安縣委、縣政府關於打造東北歷史文化名城黃龍府工程的總體實施意見》等文件，撰寫了《關於大力挖掘和弘揚黃龍文化，打造東北歷史文化名城黃龍府》等一系列論文，為弘揚和挖掘黃龍文化，打造歷史名城，發展文化產業，提供了有力支撐。二〇〇六年、二〇〇七年，他連續兩年作為農安縣文化產業會展團成員，參加了第二屆、第三屆中國（深圳）國際文化產業博覽交易會，宣傳、推介黃龍府文化產業項目，取得了明顯成效。

為了切實加強對黃龍府文化的研究，解決名城工程推進過程中存在的學術支撐薄弱問題，他又先後撰寫了《農安遼塔下黃龍寺存毀考》《黃龍戲歷史源流、藝術特色、文化價值及其他》等學術論文，在省、市有關刊物發表。二〇〇六年十一月，他與農安縣文體局、黃龍戲劇團的有關領導和同志們一起，

積極策劃實施了黃龍戲申報國家非物質文化遺產工程，並承擔了全部的文字撰寫任務。經過努力，黃龍戲作為唯一的戲曲類文化遺產，通過了驗收和公示，成為吉林省首批國家非物質文化遺產名錄項目和第二批國家非物質文化遺產，為打造文化品牌、弘揚黃龍文化做出了突出貢獻。

由春歷夏，自夏至秋，花開燦爛，芳香馥郁，久開不謝，自是凡花。須得「春光三兩日，濃淡數枝風，攜友悠然步，暗香有無中」才是花之上品，亦是人之真性情。

成明是黃龍詩社社長，通古博今、出口聯句、敲鍵為詩自不必說，工作起來拚命，鑽研起來忘我，亦僅是其嚴謹執著的一面。但骨子裡他是詩人，自有疏放不羈、風流儒雅的品性。閒暇時，他常與三五好友往復於田園鄉野，流連於山水之間，或吟詩高論，或舉杯豪飲，性之所至，無拘無束，「有詩有酒無雞黍，卻向籬園扭黃瓜」，自是磊落胸襟、名士本色。

性情故性情，成明在縣內詩社建設和詩詞創作上，卻毫不含糊。他提出橫向發展、縱向提高的原則，不僅在縣內發展社員，而且向縣外、省外發展，現已有社員二百二十多人，覆蓋國內十幾個省市。他鼓勵社員互相交流，提倡精品戰略，與縣老幹部局一起舉辦了老年大學詩詞班，出版了詩集《晚霞織錦》。在他的努力工作下，具有幾十年歷史的巴吉壘詩鄉又重振雄風，作為黃龍詩社分社——「巴吉壘詩鄉詩社」恢復起來，發展社員一百多人。他又親自協助、策劃、編輯出版了《滿園草綠百花香——巴吉壘詩鄉詩選》，並組織舉辦了首屆「弘揚詩鄉好文化，建設和諧新農村」主題詩歌大賽，省、市電視台分別做了專題節目，央視新聞聯播也進行了報導。

為了把黃龍詩社推向全國，他積極擴大對外交流，與全國上百個省市的詩詞組織建立了廣泛的連繫，多次組織詩社社員走出去進行學習交流。他帶領全縣部分詩人、藝術家，先後參加過兩屆白城杏花詩會，全國首屆網絡詩詞筆會，第一屆、第二屆關東詩歌年會，吉林省政協、省委宣傳部、長白山詩社舉辦的「百家詩人詠吉林」活動，磐石「蓮花山筆會」、「詩壇名家詠集安」筆

會，長白山「池南頌」文化採風活動，並誠邀近百位全國著名詩詞家、理論家來農安縣舉辦了「百家詩人」詠黃龍活動，徵集歌詠黃龍府的詩詞作品二百餘篇。二〇〇四年，他又被國內權威詩歌文化論壇「中華詩詞論壇」聘為理論版首席版主，並在網站上開闢了舊體新詩網頁，作為黃龍詩社網絡陣地，親自擔任首席版主，並依託這一版塊，舉辦了「全國首屆王義種業杯百家詩人詠黃龍詩詞大賽」。這些活動不僅擴大了黃龍文化的對外交流，提升了黃龍府的知名度，也提高了詩社社員的素質，為農安縣培養了一支頗具實力的創作隊伍，使「黃龍詩派」唱響在詩詞界。

老人有句古話：穀莠子總是仰著臉，穀穗到啥時候都沉甸甸地低著頭。一個人知識越淵博就越覺得自己知道的很少，要學的還很多。

多年來，成明始終堅持文學創作。他對文字一絲不苟，精品意識非常強，加上豐厚的學養，強勁的筆力，深刻的內涵，雄辯的思維，他的作品幾乎篇篇大氣磅礴，深刻蘊藉。到文聯後，他先後發表四百餘篇（首）文學作品，包括小說、詩歌、雜文、散文、報告文學、文學評論、書畫評論等。他的一批作品，包括《女孩十五歲》（新詩）、《瓜園開在娘背上》（組詩）、《西瓜的古典意象》（組詩）、《紅旗魂》（新詩）、《大地的兒子——周恩來的故事》（長詩）、《黃龍寶刀歌》（報告文學）、《恰似清風振浪來》（文學評論）等，先後榮獲吉林省委宣傳部、省出版局、省電視台、《吉林日報》、等單位舉辦的「我心中的歌」文

▲ 田成明的詩歌作品《瓜園開在娘背上》
入選《2008中國當代詩庫》

學徵文大賽二等獎，中宣部、新華社、《人民日報》、中央電視台等全國九家新聞單位聯合舉辦的「讀好書」徵文大賽三等獎，中華詩詞學會舉辦的「首屆華夏杯詩詞大賽」優秀獎，四川省難得書畫院舉辦的「難得杯」全國詩詞大賽特等獎，長春市首屆西（甜）瓜文化節徵文大賽優秀獎，長春市「紅旗頌」徵文大賽優秀獎。《詩詞月刊》《長白山詩詞》等報刊，還對他的作品進行了集中刊發和推介……這些，都是對他創作成果的肯定。

奮鬥這些年，成明所取得的成績是很多的，也得到了社會的廣泛認可。多年來，他先後被評為吉林省「百名鄉村文化名人」、長春市組織系統優秀組工幹部、長春市組織系統優秀信息員、長春市宣教系統優秀理論骨幹、農安縣「創行業百佳」先進個人、「三五」普法先進個人、全縣發展勞務經濟先進個人。他是長春市作家協會會員，吉林省作家協會會員，吉林省詩詞學會理事，東北三省聯合詩詞組織「關東詩陣」副主任。

面對成績，他依然謙遜如初、平靜如初，依然更多地沉在書海裡、創作中。沒人能算出他一共寫了多少文字，加了多少班，只有幾點是歲月留給他的：他的手腕硬累成了腱鞘囊腫，眼鏡度數更高了，組織材料、構思文章時煙更頻了，報刊上他的文章更多了……

一棵純樸的麥子——兒童文學作家謝華良

　　謝華良（1966 年-　），吉林農安人。中國作協會員，吉林省作協第八屆全委委員，長春市作協理事，魯迅文學院第六屆中青年作家高研班學員。曾在《兒童文學》《少年文藝》《讀友》等刊發表作品數百篇，並被選入多種年度選本。出版《一鳴驚人》《下雪了，天晴了》《我有一匹馬》《小麻雀的春天》等多本作品集。曾獲冰心兒童文學新作獎、全國少工委新世紀兒童文學獎、長白山文藝獎、吉林文學獎一等獎等。

　　當下文學等精神產品的裝飾加工越來越多，華麗和虛幻彷彿成了兒童文學「現代性」的標誌。兒童文學作家謝華良，卻是一位保持「純樸」的作家。

　　華良是純樸的，純樸到日常工作環境的周圍沒有幾個人知道他是著名兒童文學作家，生活中也很少聽到他高談闊論。華良兒童文學創作以小說為主，題材非常廣泛。小說中的人物眾多，主要人物都具有純樸的品質，當純樸與其他事物發生對抗時，純樸往往占了上風。在《我很純樸》裡面，作者給自己的純樸進行了詮釋：「純樸，是啊，純樸，她和校園裡流行的那些眾多的、能夠引起人們激動和興奮的詞兒比較起來，簡直太沒亮色了。我就親眼見到，有許多同學鄙視著純樸，逃避著純樸——甚至試圖把自己身上，哪怕殘存的一兩絲純樸，都要連根拔掉……」（謝華良著《下雪了，天晴了》，人民文學出版社出版）純樸包括真摯的情感、高尚的道德、健全的人格，它甚至是中國文學

▲ 兒童文學作家謝華良

傳統中一種至高無上的美學境界。中國傳統哲學中也強調保持自然純樸才是人性的一種理想狀態。

中國兒童文學理論的奠基人之一周作人把兒童文學作家分為「生就的」和「造就的」兩種，在分析兩者的細微差別時，曾舉了一個生動的例子，他認為：「安徒生與王爾德的差別，據我的意見，是在於純樸與否。王爾德的作品無論哪一篇，總覺得很是漂亮，輕鬆，而且機警，讀者極為愉快，但是有苦的回味，因為在他童話創造出來的不是『第三的世界』，卻只在現實上覆了一層極薄的幕，幾乎是透明的，所以還是成人的世界。安徒生因為他異常的天性，能夠復造出兒童的世界，但也是很少數。他的多數作品大抵是屬於『第三世界』的，這可以說是超過成人與兒童的世界，也可以說是融合成人和兒童的世界。」我們沒有把謝華良的兒童文學創作抬高到安徒生或者是王爾德的位置，只是想說，在謝華良的文學視野中，當童年世界與成人世界相撞時，就會迸發出迷人的色彩，但這色彩是純樸的，沒有過多的裝修和偽飾，是一種天成的自在。

華良作品情感表達最充沛的地方，往往是作家對童年生活的一種刻骨銘心的愛，對自己兒時生活持續的理解與關照，這與瑞典兒童文學作家林格倫的創作態度相似——「寫給童年的自己」；而對當下兒童生活的觀照，就是一種拉開距離的審美，對兒童生活的一切姿勢和表現是持續的溫婉的「笑」，這「笑」後面是作家對當下兒童生活與自己兒時生活比照之後，流露出來的最深沉的祝福。即使是他作品中的成人，也是融合了兒童世界和成人世界之後的「第三世界」，這「第三世界」裡的成人，都熔鑄了一種純樸的性格。教師出身的謝華良深深理解兒童成長的苦澀與困惑，他小說中的成人都有鮮明的個性，又都有對兒童深刻的理解，儘管方式不同，但殊途同歸。《奇怪不奇怪》寫出了一對少年在成人世界的入口張望著、打量著、驚異著，成人世界人與人之間複雜的社會關係和每個人鮮明的個性「謎」一樣地吸引著孩子們，在困惑和探尋中少年漸漸成長。這種生活如一幅畫一樣展開，所有的「奇怪」都充滿了神奇的魅力，

▲ 謝華良出版的作品集

成長也就如詩如畫了。小說極具現代性，沒有大道理和高姿態的人為拔高，更沒有給潔和「閻羅王」兩個老師做出評判，而是寫出了生活本來的樸實面貌。還有《麥子，麥子》中省城報刊的主編郭老、洋釘的爸爸等成人，對兒童充滿了理解和體貼。成人的多樣性和豐富性同時存在於我們的生活中，任何一種以對兒童的理解和關愛為出發點的教育，都有其存在的現實性和合理性，這是當代兒童文學創作中最缺失的地方，也是華良小說最令人回味無窮的地方。

面對「死亡」這個兒童文學不可迴避的母題，很多作家都在探索如何向兒童講述，華良也是用一種純樸的情思來織就。看到他的《雪落無聲》，大家感受到兒童文學界久違的貧苦家庭中人與人之間溫暖的情感。華良寫到的死亡，儘管是一系列的（父親因車禍而死，爺爺因思念父親而死），但父親死後，大家都瞞著奶奶，怕她知道後受不了喪子的打擊，奶奶也裝作若無其事的樣子，直到十八年後，奶奶臨死前才告訴大家她已經知道兒子死了，奶奶是怕大家悲傷才裝作那麼樂觀的。為了一個「愛」字，所有活著的人都在「製造幸福」，作品反映出人間的溫暖與美好。

錢鍾書先生曾說：「一個藝術家總在某些社會條件下創作，也總在某種文藝風氣裡創作……就是抗拒這個風氣的人也受到負面的支配，因為他不得不另出手眼來逃避或矯正他所厭惡的風氣。」華良近年來的個別兒童文學作品有向「玄幻」的無意識傾斜，如《爸爸的玩具車》等，可以視為對當代中國兒童文學創作風氣的一種無力抗拒的表現，這是令人擔憂的一種自我挑戰與顛覆。希

望他能夠堅守自己兒童文學創作的出發點和人生「見素抱樸」的信念。事實上，謝華良以自己純樸的文風在中國兒童文學界耕耘了二十年，而且是中國兒童文學從純樸走向華麗的二十年，從單一走向多元的二十年，從保守走向開放的二十年，從這「另類」的堅守裡面，可以看出他對兒童世界與成人世界融合後的「第三世界」的準確把握，這是中國兒童文學追求的一種有價值的美學方向。

秀逸如萍 —— 人物畫家韓秀平

　　韓秀平（1967 年- 　），生於吉林省農安縣，吉林省美術家協會會員。曾進修於中國美協中國畫高研班、榮寶齋畫院劉大為人物畫工作室。現為中國書畫研究院藝委會委員、黃龍府書畫院專職畫家。

　　作品獲得第五屆「相約香江」全國中國畫交流展銅獎，「中國有座城市叫長春」全國書畫大展二等獎，第二屆東北亞國際書畫攝影展優秀獎，第三屆、第四屆中國（芮城）永樂宮國際書畫大展百佳獎，全國安全生產書畫大展金獎，「晉商銀行杯」全國書畫大賽金獎，上海浦東「陸家嘴杯」長三角地區建黨九十週年全國書畫大賽金獎，「光明的中國」建黨九十週年全國書畫大展金獎，世界書畫名家作品交流展金獎，「綠映蒲縣」全國書畫大展一等獎，「澤賢杯」全國書畫大展優秀獎，中國寶豐第五屆魔術文化節書畫大展優秀獎等。

　　作品入選第六屆、第七屆中國西部大地情全國中國畫、油畫大展，紀念辛亥革命一百週年全國書畫大展，高原中國西部美術年度展，吳冠中開館暨全國中國畫作品展等。

▲ 人物畫名家韓秀平

　　秀平出生於農安縣三崗鄉一個普通的中醫之家。十二歲開始學習繪畫。當時父親看出他有這方面的天賦，就在一個小本上為他寫下這樣的話：「為了掌握一定技能，從小就要勤學苦練，堅持數年，必有所得。」

　　秀平初中畢業後，被農安縣印刷廠招聘為專業美工，負責廠內的包裝設計和黑白稿的繪製。他設計的雪豹

▲ 韓秀平作品《挺進岷山》

啤酒和黃龍宴酒商業標籤，沿用至今。繪畫、書法是秀平毫不放鬆的堅守。除寫美術字、寫牌匾、設計商標外，他把大部分精力都投入到美術、書法上，從臨摹小人書（連環畫）入手，認真揣摩構圖、刻苦練習。父親給了他最大的支持和引導，每次出門，都要買上一本畫集或者相關書籍送給他。秀平不負父親的希望，靠著自己的努力和悟性一點點走向專業行列。

　　二〇〇七年，父親在報紙上偶然看到中國美協第十六期中國畫高研班招生的公告。在父親的勸說下，秀平報了名，在天津學習了四十天，先後得到吳長江、杜滋齡、趙華勝、霍春陽、賈廣健、楊德樹等名家的指點，受益匪淺，眼界豁然開朗，創作水平有了明顯的提高。

　　二〇〇八年，父親在報紙上又看到北京榮寶齋畫院劉大為人物畫工作室招生的消息，決定再把他送到北京進修。進入劉大為工作室後，他按照導師的教學計劃，系統地學習了中國人物畫的創作技法和創作理論。秀平在人物畫創作方面產生了突飛猛進的進展，開始了真正的創作歷程。

　　中國繪畫，說到底是一種「寫意」的藝術，對藝術境界的理解與追求及其所能達到的層次，歷來講究「悟」——領悟、妙悟、頓悟……秀平的悟性極

高，多年來日日寫、天天畫的實踐與進修學習，為他奠定了厚積薄發的基礎。他說：「藝術的本源是生活的牧歌，歸根結底是傳達我們的生命體驗和精神境界。」——而這，是許多道中人一輩子也沒能悟到的。

秀平於書，早年學歐陽詢，後學褚遂良，皆是取法乎上。而今則崇北碑，最重張猛龍碑、張黑女墓誌，兼以讀帖，於融合中領悟超越。他的楷書，工穩而不乏舒張，謹嚴而又活潑，張弛有致；他的行書，多法於羲之、米芾，氣脈貫通，韻致清逸，多姿寓於平穩，變化寄於樸實，有空靈飄逸之韻而無嘩眾媚俗之態。

秀平於畫，博采百家，早法於任伯年，後學范曾、黃冑、劉文西、楊之光等，尤以人物為主，畫風淡遠輕靈。他畫的《羲之愛鵝圖》，淡淡墨竹前，高古先賢，輕舒大袖，相對於引頸雁鵝，超逸淡遠之氣油然而生。近年來，又另創新意，融西洋畫技法於中國傳統丹青水墨中，創作了《毛主席與牧羊人》《挺進岷山》等重大革命歷史題材人物系列，獲得很大成功，三年多時間在全國獲獎入展近五十次，獲獎金超過四十萬元。

今日之秀平，已成道中翹楚；其人其藝，真可謂秀逸如萍啊！

▲ 韓秀平人物畫作品

墨含煙雨任濃淡——書法家趙延輝

　　趙延輝（1964年-　），農安縣文聯副主席，吉林省書協會員，農安縣硬筆書法家協會主席。國家二級美術師。

　　作品曾獲「中華杯」全國硬筆書法大賽金獎、第二屆「杏花村汾酒集團」電視書法大賽入圍獎、全國第一屆硬筆書法家作品展覽探索獎、中吉大地杯全國硬筆書法篆刻藝術大賽金獎、「魅力孝感」第二屆中國硬筆書法大展二等獎、中國硬筆書法家協會臨帖大展百佳稱號、第三屆全國硬筆書法大展優秀獎、中國芮城永樂宮第四屆國際書畫藝術節百佳獎。

　　作品入展全國首屆「小欖杯」書法大賽、「三晉杯」全國首屆公務員書法大賽、「走進青海」全國書法大賽、「高恆杯」紀念抗日戰爭勝利暨世界反法西斯戰爭勝利六十週年全國書法大賽、全國首屆書法冊頁展、第四屆全國書法百家精品展、中國芮城第五屆國際書畫藝術節。

▲ 著名書法家趙延輝

　　趙延輝是當代頗具實力的書法家。他性情淡泊、生活嚴謹、樸實無華，為人一絲不苟，為書個性鮮明。縱觀他的書法作品和藝術成就，深深歎賞他的為藝之精、從藝之恆，藝道之超遠。從蠅頭小楷到疏放狂草，無不體現他鮮明的藝術個性。

　　從一九九四年到文聯從事專業書法創作開始，趙延輝在國家、省市榮獲專業獎項四十餘次，尤其是近幾年，連連入選國家大展，連續榮獲「吉林省硬筆書法名家」「2007年中國硬筆書法傳統功力百佳」「2008年全

國優秀中青年硬筆書法家」等榮譽稱號。那麼，延輝是怎樣走出這樣一條成功之路的呢？

一株幼苗，要有肥沃的土壤、適宜的溫度、充足的水分和燦爛的陽光，才能開出絢麗的花朵，才能長成參天大樹。

延輝的父親趙勤德老先生在佳木斯美術學校畢業，對書畫藝術學有專攻。趙延輝受父親薰陶，自小喜歡書畫。當時條件差，除了偷偷臨習父親的作品外，就是照小人書寫畫，一本小人書翻壞了，看不清了，就跟小朋友借，用玩具跟小朋友換。小學一年級，當他第一次交上生字本時，老師懷疑地問是誰替他寫的。在老師的監督下，他又寫了一頁生字，自此班裡的板報期期都是他抄寫。那時學校沒有展覽一類的活動，可他的字卻在全校師生中傳看。

高中畢業後在家待業，他更加勤奮了。只要知道哪裡有碑帖，他一定要去看一看，就是走在街上看見牌匾上有好字，也要站下來琢磨一陣，手頭沒有筆墨，不經意中他會在褲子上臨習，久而久之，他的褲子都是右手邊先褪色。他聽說誰的字好，一定千方百計當面求教。功夫不負苦心人，延輝的書法終於在社會上嶄露頭角，待業三年後被城建局的一個工廠招去做了團書記，在單位寫寫畫畫是一把手。

一九八三年，趙延輝應徵入伍。在部隊裡，他的專長得到進一步施展。全師官兵書法大賽中，他一舉榮獲金獎，被破格調到營部機關做文書。部隊生活磨煉了意志，擴展了視野，也陶冶了情趣，更提升了他的藝術層次。三年轉業，分到縣自來水公司時，他在縣內書法界已經小有名氣了。縣人事局整理檔案借他，縣公安局寫身分證也借他，一借就是一兩年，整天趴

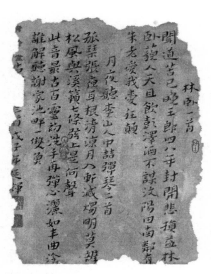
▲ 趙延輝書法作品

在桌上不停地寫，別人看著都膩歪，他卻從中找到了樂趣。這時他的書法已經得到廣泛認可，一些書法愛好者主動找上門來，與他研討，向他請教。在一些書法愛好者的鼓勵下，以他為核心成立了書法活動小組。他不僅領著大家練字，還鼓動大家參加省、市大賽。一九九三年，參加省裡行業大展，他捧回了書法一等獎，這在縣裡產生了極大轟動，縣主管文化的領導發現了他，破格把他從企業調到了縣文聯。自此他走上了專業創作之路。用意志和恆心奠定了他成為著名書法家的基石。

人生金字塔的成功落成，必不可少的三塊基石是意志、工作與等待。通往成功的路沒有捷徑。鍥而不捨，金石可鏤。

延輝的勤奮與刻苦是有口皆碑的。

他剛結婚時，生活非常困難，住在小門房裡，冬天屋子冷，滿牆掛滿白霜，窗子邊凍出很厚的冰溜子。他怕妻子跟他遭罪，就把她送回娘家，自己整冬貓在小屋中，守著個小炕爐子練字。有時寫著、寫著，去蘸墨時，墨汁凍了。他就透透爐子，把墨盒放在爐子邊化開，再接著寫。他在屋子裡都穿著棉襖。為了保護手，棉襖的袖子做得很長，可是他的十指還是凍腫了，晚上睡覺時，手指癢得鑽心，他便再起來拿筆繼續寫。他常說：「那時候，拿起筆手就好了。」

延輝最大的樂趣就是寫字，往往早晨到辦公室就開寫，等感覺到餓時，看看時間已經是下午兩三點鐘了。隨手拿幾塊抽屜裡的餅乾嚼嚼就算做午餐了。可是就是這樣的午餐有時還出笑話，一次他拿著餅乾以為還是筆，沒有注意在墨盒裡蘸了一下，送到嘴裡才發覺不是味道，可是已經滿嘴墨汁了。有時在單位寫字，晚上忘了回家，值班人員來敲門，他才知道已經是半夜了。

一個人要想成功，必須有一顆恆心，守得住寂寞。趙延輝這樣勤習苦練不是一猛之力，而是持之以恆，一貫堅持的。他用半年時間創作一部《金剛經》冊頁，五千多字，長一千五百釐米。在北京文化藝術產業博覽會展出時，得到北京市領導和國外友人的高度評價，北京市電視台進行了專題報導。

「寶劍鋒從磨礪出，梅花香自苦寒來。」就是這樣的刻苦才造就了他力透紙背的筆墨功夫和藝術造詣。那一張張鮮紅的證書印證著他的汗水和心血：二○○四年入展中國書法家協會主辦的全國首屆「小欖杯」書法大賽；二○○五年入展中國書法家協會主辦的「走進青海」全國書法大賽、「高恆杯」紀念抗日戰爭勝利暨世界反法西斯戰爭勝利六十週年全國書法大賽和「杏花村汾酒集團」全國第二屆書法電視

▲ 趙延輝書法作品

大賽；二○○六年作品參加中韓美術交流展、榮獲中國文化名家協會主辦的「和諧中國」全國青少年書畫大賽金獎、榮獲中國硬筆書法家協會主辦的第一屆全國硬筆書法大展探索獎；二○○七年榮獲中國硬筆書法家協會主辦的「中吉大地杯」全國硬筆書法大賽金獎、第二屆中國硬筆書法大展銀獎；二○○八年入展中國書法家協會主辦的全國首屆冊頁書法作品展覽、第四屆全國書法百家精品展、中國硬筆書法家協會主辦的全國第一屆中青年硬筆書法（李商隱杯）作品展覽，在中國書法家協會和書法報社主辦的第三屆全國硬筆書法大展中榮獲優秀獎。

　　延輝心性淡泊，證書拿來隨手一擱，甚至撕掉了，用時找到哪個算哪個，從沒把這些榮譽放在心上。他常說：「我以我筆寫我心，筆墨就是真性情」，「要說練字，從魏晉二王，到明清徐渭、黃道周我都練過。但是，光練不行，你寫得再像那是人家的東西，你的作品得有你自己的藝術語言。作為藝術家必須有自己的風格」。

　　延輝的書法，已經自成一家，形成了自己的藝術風格。小楷章法典雅古

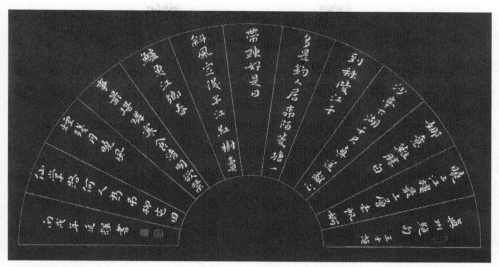

▲ 趙延輝書法作品

拙，行筆內斂簡約；行書開合有致，飄逸爽利；草書一腔豪氣，滿紙雲煙。

　　人生不是一支短短的蠟燭，而是一支由我們暫時拿著的火炬，我們一定要把它燃得十分光明燦爛，然後交給下一代的人。

　　如果說溫婉淡泊是延輝性格天空的底色，那麼他對工作、朋友、同道的熱情，就是那天空中的燦爛陽光。

　　趙延輝在文聯主管書畫工作，這些年來凡有大型書畫藝術展覽，都是他跑前跑後親自組織安排。從一九九四年調入文聯到現在，已經組織了上百次活動，包括農安縣首屆文學藝術作品展、慶祝黃龍書畫院成立五週年書法美術展、農安縣紀念抗日戰爭勝利六十週年書畫作品展、建黨八十五週年全縣書法美術展、紀念農安解放六十週年全縣書法美術展、迎奧運全縣書法美術展等。通過這些展覽，趙延輝發掘了一大批人才，選拔優秀中青年藝術家參加全國、省市展賽，目前已有一百六十多人次先後在全國大展中入展獲獎。這樣的成績在農安歷史上也是空前的。

　　可是，趙延輝認識到，要發揚光大黃龍府的書畫藝術，僅僅靠這些人是不

夠的，要從長遠考慮，有一個傳承的問題。所以從一九九七年至今，延輝辦了二十四期書法培訓班，利用學生放假，招收根基好、愛好書法藝術的學生進行專業培訓。引導他們從寫字、寫好字，進而邁入藝術創作的殿堂。他的學生中有五十二人次在全國青少年書法大賽中獲獎。

這些年，趙延輝一步一個腳印在藝術原野中跋涉，他的足跡就像宣紙上一抹氤氳的墨跡，渾厚而清晰，濃淡中包含無限變化，收放中具有無窮張力。

我們期盼著趙延輝在他的藝術道路上越走越遠，走出黃龍書畫藝術的一片新天地。

鄉土文學的旗幟——長春市作協原主席侯樹槐

侯樹槐（1933 年- ），筆名文
侯，吉林農安人。一九五〇年參加工
作，擔任過農安縣政府科員，《農安
報》記者、編輯，中共農安縣委辦公
室政策研究員、副主任，長春市文化
局副局長，長春市文聯副主席、黨組
書記，長春市作家協會第一副主席、
名譽主席等職務。一九五六年開始發
表作品。一九七七年加入中國作家協
會。著有長篇小說《高山春水》《醫
道》，小說集《大地的留戀》，中篇小

▲ 作家侯樹槐

說集《人生醒世錄》《關東風情錄》《死囚之約》，紀實文學集《田園啟示錄》《大
地的思念》，長篇紀實文學《天下第一縣》《騰飛在黑土地上的龍》《人格的力
量》《愛輝》《生命與愛》等。《大地的留戀》獲春風文學獎。

文學界的朋友談到國家一級作家侯樹槐，無不驚訝於他旺盛的精力。自從
一九九三年離開長春市文聯的領導崗位，近二十年間，他出版了十九部著作，
總計近五百萬字，真是令人欽敬。

侯樹槐出生於農安縣，讀了幾年小學，後因生活貧困輟學。二十世紀四十
年代末到五十年代中期，他擔任過村主任、縣政府民政助理、秘書。這期間他
勤奮學習，刻苦讀書，把所有能讀到的中外古典文學名著看了不知多少遍，不
僅提高了文化水平，還播種了文學創作的種子。當縣委秘書後，經常下鄉調
研，他真誠結交那些樸實憨厚的農民，吃苦耐勞的農村幹部。觀察和瞭解他們

▲ 侯樹槐作品集

的秉性、脾氣、愛憎，探索他們的內心世界。這些，都為他後來的鄉土文學創作打下了深厚的基礎。二十世紀六十年代中期，以《警鐘響起》為代表的一系列短篇小說及曲藝、散文等文學作品在省市報紙雜誌發表，引起強烈的反響。農村的倔老頭、辣嫂、甜妹、犟小子……一個個性格獨特、樸實可愛、生動逼真的農民形象展現在讀者的面前。

二十世紀七十年代中期，他創作並出版了長篇小說《高山春水》，還發表了一系列鄉土氣息濃郁的文學作品。在現實主義的文學道路上邁出了堅實的步伐，取得了豐碩的創作成果，同時出任長春市文學藝術界聯合會副主席、黨組書記。

他說，不能因為參與行政工作，就讓自己腳下的關東黑土地撂荒。於是，在繁忙的工作之餘，他堅持不懈地創作。自二十世紀八十年代初到九十年代中期，他先後出版了三部中短篇小說集。著名作家蔣錫金在為他的中短篇小說集

《關東風情錄》作序時寫道：「（小說）不但讓我們看到了關東大地上的大自然環境：山川草木、種種風光和景物，而且還為我們刻畫了眾多關東人物——男女老少的風采和神志、風度和氣派、風姿和品格、風味和韻致、風致和情趣、風貌和品德、風骨和抱負，以及男女之間的愛情和歡悅，也包括人際關係之間的風波與憂患和種種風俗與人情……」

在出版幾十萬字小說集的同時，他還出版了報告文學集《田園啟示錄》和偵探小說集《人生醒世錄》。二十世紀九十年代中期，侯樹槐退休。

如果說退休前是侯樹槐文學創作的第一階段的話，一九九三年以後，他迎來了創作道路上的第二階段。從此，他進入了全身心投入創作的狀態。偶然聽朋友講述了美國人民幫助中國大學生治病的動人故事。他被感動了，立即投入了採訪、創作，從國外寫到國內，從親人寫到朋友，為了挽救大學生的生命，大洋兩岸的人們都付出了極大的熱情。大學生頑強地與疾病做鬥爭，儘管白血病這個惡魔奪去了大學生的生命，但是，中美人民共同譜寫的人間情義之歌卻留在了世界上。他的長篇紀實文學《生命與愛》出版後在國內引起了強烈的反響，《中國青年報》連載了這部文學作品。四年之後，侯樹槐應邀跟蹤採訪了

▲ 生活中的老作家侯樹槐

那位已逝大學生的父母，於是，《愛輝》這部《生命與愛》的續集與廣大讀者見面了。著名科學家、教育家盧嘉錫在序言中寫道：「它以獨特的視角，飽滿的政治激情，優美流暢的語言，生動形象地描繪了中華優秀學子邵輝的父母為了回報中美兩國人民的深情與厚愛，實現愛子的遺願，在極其困難的情況下，創辦秦皇島愛輝旅遊學院的壯觀歷程。」在這之後，他在短短四年裡出版了四部長篇紀實文學。他退休後幾乎每年都有半年的時間在外面奔波，活躍在黃龍府的古塔下、飲馬河畔、松花江邊、鄉間農舍……長篇紀實文學《天下第一縣》誕生了，這是一九九六年他向家鄉人民交上的一份答卷，獻上的厚禮！

一九九七年，侯樹槐的又一部長篇紀實文學《騰飛在黑土地上的龍》問世。這部長篇紀實文學與《天下第一縣》可謂姊妹篇，都與農民和土地息息相關。這部著作以全國重點商品糧基地德惠市為視點，探索、剖析、描述內陸農業經濟全面發展的途徑與出路，熱情地謳歌了「農業產業化」的改革。這部著作引起了省委、市委的高度重視，省委領導看了這部長篇紀實文學之後，欣然為之作序，寫道：「德惠人民在農業產業化方面真正做了一件大好事。作為一位作家，尤其是作為一位黨員作家，文學的天職與良知，每個公民的權利與義務，都要求我們的作家，面對現實，深入生活，以黨和人民的利益為重，採擷與塑造時代的人物、時代的典型、時代的英雄，創作出又多又好的優秀文藝作品。」正是在這種主導思想的支配下，侯樹槐的創造力得到了充分發揮。作家的創作激情一旦迸發出來，就不可遏制。而這種激情的迸發，是源自於對生活的熱愛，對人民的忠誠，對事業的追求。一九九七年後，相繼又有長篇紀實文學《人格的力量》、長篇小說《醫道》、中篇小說集《夢魘》出版。

近幾年，又出版了《查干湖放歌》《查干湖文化走筆》《遼塔的見證》等長篇紀實文學，對關東文化和歷史進行了闡述和歸納，尤其是《遼塔的見證》全面地敘述了黃龍府文化的發生、發展和繼承，以及當今黃龍府文化的發展脈絡和走向，引起了人們對黃龍府文化的深切關注。

黑土地的耕耘者——二人轉劇作家宮慶山

　　宮慶山（1951年-　），吉林農安人，中國曲藝家協會會員，吉林省二人轉藝術家協會第五屆理事會副主席，吉林省新詩學會秘書長、副會長。吉林省著名二人轉劇作家。一百二十多部曲藝、二人轉作品被錄製成光碟出版發行。多次擔任中央電視台主題晚會總撰稿，受聘擔任吉林省電視台《二人轉總動員》專家評委。

　　宮慶山出生在農安縣萬金塔鄉的一個偏遠小村。父母親是土改時的農村幹部，新中國成立前的共產黨員。父親讀過幾天私塾，家裡藏有《三國演義》《水滸傳》《西遊記》《平原槍聲》《林海雪原》等書，上小學三年級還沒識幾個字的他就把這些書啃完了。住鄰居的二姑父是木匠，識字不會寫字，雨雪天沒活兒幹了，坐在炕頭上念「唱本」，左鄰右舍的叔叔、大爺、嬸子、大娘都圍著聽他講古書，宮慶山總是一場不落。二十世紀六十年代初，農村一個屯子僅有兩戶人家有三極管半導體收音機，土房頂上豎起的桿子架著接收天線，張揚著與眾不同的富有。他家東院是喬姓八姑父家，一台收音機匣子高高地掛在進屋迎門的土牆上，為了收聽吉林人民廣播電台王充播講的評書《小金馬》《烈火金剛》，宮慶山也是那院的常客。小學暑假，二人轉班子來了。在場院裡或是在學校的操場上搭了檯子，白天黑夜地唱，宮慶山又是逢場必到。在上中學之前，他對傳統二人轉的故事情節都非常熟悉，許多唱段他都能背得下來。這就

▲ 著名二人轉劇作家宮慶山

是他——宮慶山，一個優秀二人轉劇作家的初始藝術薰陶。

　　一九六八年參軍在海島上，夜晚一個人在海邊站崗，聽波濤撞擊著岸礁，耳邊卻總會響起東北大鼓和二人轉的音樂，沒人時便獨自哼著，有時也自己編一段。鄉土鄉音，培育了他對文學藝術的愛好，清靜的海島，提供了他玩味與暢想的空間，這是他後半生從事二人轉創作的基礎。

　　《擦皮鞋》是民間二人轉舞台流傳最廣的劇目。二〇〇一年，宮慶山到了和平大戲院，當時的大戲院有百十個演員，分派結夥。壓軸的有魏三、關小平、王小利、翟波，後來又有孫小寶、趙小飛等，可謂名角濟濟，另有姜家班、劉家班、王家班等兄弟姐妹。為了整頓戲院秩序，針對戲院現狀，擬定出了《「淨化舞台，杜絕髒口」十項行為準則》和《實施「十項準則」八條措施》。

　　後來戲院在他的多次建議下，先後邀請了王兆一、那炳晨、張震、馮雁飛、馬金萍、王木簫等省內著名的二人轉專家來擔任藝術顧問，請他們來劇場看戲，給演員提意見，給大戲院的發展出主意。

　　二〇〇二年五月，吉林省舉辦首屆「二人轉‧小品」藝術節。宮慶山創作了現代題材的二人轉《假神勸妻》，由張小波、劉冬梅表演；還對王小利、李琳的小品《潑婦罵街》《黃土高坡》進行了修改整理；改編了董明珠、趙小軍表演的傳統二人轉《包公弔孝》以及關小平、李小宇的《羅成算卦》。

　　直到二〇〇四年，宮慶山離開和平大戲院到瀋陽莎夢音像公司做藝術總監，還是為和平大戲院的演員寫本子。孫小寶、金鈴表演的《蹦迪八大扯》，蔣小東、洋洋表演的《東北八大怪》光碟都發行了百萬張。這些年，他為長春和平大戲院、東北風二人轉藝術團等民間演藝團體創作了百餘個劇目和段子。最有影響的是說唱《擦皮鞋》，已成為民間二人轉舞台流傳最廣、演出最多的劇目。二〇一二年，吉林人民出版社出版了他的作品集《車轍草》，收入多年創作的二人轉、拉場戲、小品、說唱、段子、小帽、歌詞等一百三十多篇，七十多萬字。

二〇〇三年五月初，「非典」肆虐的時候，演員放假，劇院關門。這時，省普法辦和吉林電視台的人找和平大戲院協商，根據省政府「依靠科學、依靠法律、依靠群眾、防治非典」的意見，要立即做出兩期二人轉專題節目在全省範圍播出。

▲ 宮慶山作品集《車轍草》

當晚，宮慶山回到家裡沒睡覺，到第二天清晨，一個能演七八分鐘的二人轉本子寫完了。這台節目，雖然時間倉促，但是質量不差，得到了省市領導的一致認可。

東北風成立之初先是在北京中國評劇院開闢劇場，二〇〇四年回到長春，建立的第一劇場是在客車俱樂部。進京和回長春的首場演出節目，宮慶山都參與了策劃、撰稿和創作。多年來，東北風藝術團打造的這些主旋律的劇目，他都是主要創作人。他說，沒有遠見卓識、沒有政治頭腦的人，搞不成文化產業。

那是二〇〇六年，中央電視台經濟頻道在我省做一期《春暖黑土地，建設新農村》的專題節目，請宮慶山擔任總撰稿，他還為開場舞創作了伴曲。

一直以來，宮慶山視二人轉創作為樂趣，他坦言不怕行家們給他的作品出主意、提意見，就怕有的人不著邊際地評頭品足，這會讓他無所適從。

他的創作感言是：「緣分是這麼一回事，結定難除。感謝二人轉，為我的人生提供了一次機遇。我願意為二人轉付出，回報養育我的黑土地和愛護我的父老鄉親。」

神聖的崑崙軍魂——軍旅作家姜國芝

▲ 軍旅作家姜國芝

姜國芝（1951 年-　），出生於農安縣新農鄉，一九六九年到青藏高原當了一名通信兵，將自己的十年美好青春獻給了保衛雪域高原的事業。調回內地後，一九八七年因患癌症，胃被切除三分之二。面對病魔，她以頑強的毅力走上了文學創作之路。散文《盼著砸開我的錢盒》獲「第六屆全國報紙副刊好作品一等獎」，《良師益友》獲《電信技術》創刊四十週年徵文一等獎，並先後出版了散文集《遙遠的敦煌》《重返青藏線》。

　　姜國芝的散文雖大多取材於她的生活經歷，卻不囿於個人情懷，而是以小見大、見微知著，表現了她對生活、對世界的深刻思考。她以自然、質樸的筆觸，誠摯、純潔的感情，新穎、獨特的視角，抒發了她對生活、對美好理想的熱愛與追求，對人間真情的讚頌。作品深蘊著一名軍人對民族、對社會、對國家的責任感。字裡行間洋溢著一種道德力量和人格魅力，在打動人的同時，更催人奮進。

　　不論年長的，還是年少的，不論同事，還是朋友，大家都管她叫姜姐。久而久之，這稱呼便成了一種暱稱或是一種尊稱，用在她身上，顯得既親切又隨和。

　　姜國芝是個老兵，一個三十多年軍齡的老兵。三十多年的軍旅生涯，疊在一起，疊成的是一份沉甸甸的記憶。然而，真正說起來，讓她魂牽夢繞、刻骨銘心的仍是那神祕而又神聖的青藏高原。

「是誰帶來遠古的呼喚，是誰留下千年的祈盼，難道說還有無言的歌，還是那久久不能忘懷的眷戀，我看見一座座山，一座座山川……」這首《青藏高原》，她無數次地聽過，也無數次地唱過。可每一次聽它或是唱它，她都無法控制住自己，總是淚水奪眶而出。

在青藏高原那一段經歷，一直被她視為生命中最珍貴的一頁。她常常佇立在東北的黑土地上，年復一年地遙望它、思念它，又默默地為它深情地祝福。

她曾經在那片土地上生活了十年，那是青春的十年，夢想的十年，快樂而又純真的十年呀。十年，她把自己的整個心都交給了青藏高原，交給了格爾木這個粗獷的男人，她在他寬闊的懷抱裡，由一個十八歲的少女出落成一個漂亮的大姑娘，由一個小女兵成長為一名英姿颯爽的女軍官。

遙望是痛苦的，思念是痛苦的。自一九七九年姜國芝毫無準備地離開青藏高原，離開格爾木，一別就是二十二年。二十二年，這種痛苦一直在折磨著她，纏繞著她。回去，她要回去，回到青藏高原，回到格爾木的懷抱，去重溫往日的時光與情懷。

二〇〇〇年，她終於要動身出行了，這時，她已有五十歲。誰都知道，去青藏高原是需要有身體本錢的，這對於曾把胃弄丟了三分之二的她來說，是一次冒險。親朋好友都勸她，好好掂量掂量，能不去盡量不去。但她知道，如果放棄的話，那麼很有可能今生再也沒有機會去了，也意味著自己不能跟青藏高原作一個正式的告別，不能跟格爾木這個初戀男人敘敘舊情了，那將是一種遺憾，是終生的遺憾。不行，寧可倒在青藏高原，倒在格爾木的懷抱裡，也不能讓自己留下這個遺憾。

她動身了，行裝很簡單，衣物，照相器材，日記本。她還特意給自己製作了兩件紅色文化衫。紅色有熱情、奔放、旺盛、吉利的含義，給人以飽滿、堅強的情緒。她在文化衫的前襟印上了「回青藏高原看看，千禧之行，一路平安」的字樣，既算是表達這次行動的主題，又算是給自己祝願吧。

湊巧的是，就在她動身離開長春的前十天，她養的三盆仙人球，突然一夜

之間，同時開了六朵花，每盆各兩朵。這對她來說，無疑是一種驚喜，更是一種鼓勵。她把這些花稱之為「仙花」，仙花送行，使她猛的增添了許多的激情和勇氣。

回來了，高原的女兒，回娘家來了。

她一再告訴自己不要太興奮，不要太激動，這對自己身體不好。可是，一見到那藍天，那白雲與雪峰，她就心跳加速。她跪倒在青藏高原的腳跟下，手捧一把熱土，不停地親吻著，那吻是如此虔誠。

格爾木，你這傢伙兒。

千言萬語，萬語千言，此刻，她拍打著格爾木這個初戀男人結實的胸膛，說出來的卻僅僅是這麼一句嬌嗔。

躺在格爾木寬闊的懷抱裡，她睡得十分香甜。她做了夢，夢到了新兵連，當年那十二個活潑開朗的女兵。那是高原第一代女通信兵，她們的裙子，翩翩起舞，把格爾木的夏天裝飾得格外清新與迷人。夢到了機房，那來自五湖四海的聲音，在這裡中轉，然後，奔赴唐古拉山、神仙灣、可可西里、沱沱河以至更高更遠的兵站哨所。夢到了像當年那樣看露天電影，一個西部戰士被大風颳到別的連隊去了的趣事……她夢到了許許多多。於是，她去了通信總站，看看自己生活了十年的家，看看親人們。機房變了，宿舍變了，樓房變了，家裡的成員變了，一切都變了，可唯一不變的是那份情，依舊那麼熾熱，那麼真實。

「我就要走了，告別格爾木，告別我的摯愛。這次與你一別，很難說我今生今世還能不能再回來看你了……」

踏上去拉薩的路途，她一步一回頭。

她親自拍了一張照片，取名為《崑崙軍魂》。關於這幅照片，有一個

▲ 姜國芝與高原通訊兵在一起

非常奇特、非常有趣的故事。就在她來
到崑崙山口時，她忽然發現左前方的雪
山上，由燦爛的陽光斜射著形成一個巨
大的人頭像。仔細辨認，那是個男軍人
頭像，戴著棉帽，充滿青春、堅強、剛
毅、莊嚴的氣質，也有掩蓋不住的幾分
哀怨。這意外的發現，使她驚異不已。

▲ 三代高原軍人相聚在一起

難道是自己這份萬里迢迢來青藏高原的真誠感動了崑崙山的山神，這是他出來
迎接自己？還是因自己是高原的女兒，這是那些為青藏高原建設犧牲的弟兄們
的魂，出來看自己了？如果真是這樣，此次來崑崙山能給那些長眠在高原戰友
的亡靈一點慰藉的話，自己也該無怨無悔了。她在崑崙山口前緩緩跪下，對這
個軍人頭像行了大禮，作為自己對崑崙山的一拜，對青藏高原的一拜，對長眠
在青藏高原上六百多個軍魂的一拜……

　　青藏高原的故事是講不完的，青藏高原的情是訴不盡的。有關青藏高原一
切的一切，都在她心中流淌，靜靜地流淌。

　　人的一生，離不開陽光的哺育，離不開雨露的滋潤，有時，也會突然遭受
到寒霜與冰雪無情的侵襲。

　　她做夢都沒想過，她會跟病魔進行一場搏擊。

　　她無法忘記一九八七年的冬天，那個冬天留在記憶裡的全都是白色，白色
的雪，白色的牆壁，白色的床單，白色的人群……她躺在病床上，被確診為胃
腺體胃癌。不可能，絕不可能，自己怎麼會跟「癌」這個字打上交道呢。然
而，現實就是這樣的殘酷，她理了理自己紛亂的心緒，定了定神。

　　既然是命運對自己的一種考驗，那麼，自己就該從容去面對。

　　跟病魔作戰的日子，她學會了很多，思考了很多，也感悟了很多。現在看
來，她該像感謝敵人那樣，感謝這場驚心動魄的病。可以說，沒有它的出現，
自己的生命有可能就得不到質的昇華，也許活著的每一天都是在重複著別人的

生活，沒有了自我，也沒有了獨立。而這場病，卻恰好為自己一下子打開了一扇美麗的天窗，使她真實地認清了生活的本來面目。人要學會輕輕鬆鬆地活，有滋有味地活，活得不世俗，也只有這樣，生命的每時每刻才值得留戀，值得珍惜，也才有價值。

人活著，心態是第一位的，如果一個人的心態沒調整到最佳狀態，那麼，活著的質量肯定不會太高。自經過這場病的洗禮之後，姜姐的心態有了明顯的改變。每個清晨，她躺在床上，微眯著眼，意識裡，她便成了一個初生嬰兒。從窗外射進來的陽光，輕輕地撫摸著她，那時，她全身的毛孔緩緩地舒張開，一股全新的力量在暖暖地湧動……對於一個五十多歲的人，這是怎樣的一種心態！長期把自己置放在這樣的氛圍裡，這就意味著，人生的一切剛剛開始，原始的生命活力在她體內蓬勃地滋長。從此，她的生活裡不再有沉重與勞累，而是充滿愉快的笑聲，就連歲月這位老人聽了她發自內心的笑聲，也深受感染，同她一起放歌、跳舞。五十歲，在她眼裡不是黃昏的色調，而是黎明前的一縷曙光；不是社會意義跑道的終點，而是新的起點。五十歲的她，不刻意修飾自己容貌，但每天她臉上都會漾溢出一層幸福的光彩，這使她看上去，比起實際年齡要小得多。

她喜歡撒切爾夫人，說是喜歡，其實是一種崇拜。她說，她為撒切爾夫人特有的女人氣質所傾倒。要是有機會親臨她的書房，你就會在那兒，目睹到有關撒切爾夫人生前的資料，有照片，有文字記載，還有各種各樣的錄像片。因崇拜，就會有意或是無意地去學習，學習撒切爾夫人的做人風格與胸襟，慢慢地，她就變得處事大方而又果斷，對待生命也就多了一份灑脫與從容，視野不再狹隘，觀念也不再侷限。

生活在任何時候都是美的，生活不美是因為你沒去發現，沒去挖掘。

她有一雙美麗的眼睛，她用這雙眼睛時時刻刻捕捉著這個世界上美的瞬間，於是，她拿起了相機，愛上了攝影。從她鏡頭裡走出來的人與事，美得如此特別，如此精緻。在一屆一屆學員的相冊裡，都收藏著她的攝影作品，有舞

台上的動人舞姿，有運動場上的矯健身影，還有藍天、白雲、大海、沙漠、落日……每幅作品都傾注了她對生活的熱愛，凝聚了她對美的發現與探索。

對待生活不僅要有一雙能捕捉美的眼睛，更要有一份愛美的心情。看一個人有沒有品味，只需看一下這個人的穿著打扮即可。她的每件衣服，看似都很隨意的，其實，從顏色到做工，都是經過精挑細選的。因此，大紅大綠，在她身上，讓你感覺不到媚豔與彆扭，反倒覺得賞心悅目。穿衣服跟年齡沒關係，而跟心情、心態有關。每次，她往大街上一走，她的時尚與自信，青春與活力總會讓眾人眼前為之一亮。

要獲得心靈的平靜，就要懂得心存感恩，感恩共有的陽光、空氣和水，感恩大地，更要感恩文學。是的，在別人看來，文學走到今天，也許沒了市場，沒了人氣，搞文學是一件吃力不討好的事兒，然而，在她眼裡，文學永遠都是精神上的綠色食品，飄散出一縷縷沁人肺腑的清香。

文學殿堂前，她一直把自己比作是「荒野之子」。她拿起筆來，真正開始文學創作是從四十歲開始的。記得很小的時候，她對筆和紙就有一種天生的喜愛，她常常拿著碳芯在紙上亂寫亂畫，沒有紙，便在家裡的牆壁上四處塗抹。她記得寫的第一個字是「捆」。那時，她才三歲，這個字是從大人們開展掃盲班那兒學到的，也是這個字，最終很奇妙地把她跟文學捆綁到了一起。後來，她當了兵。在部隊，她把發下來的筆記本一個一個編著號，保存起來。在這些筆記本裡，有她臨摹過的信，有她抄寫過的《唐詩三百首》，還有她從各種報紙雜誌上摘抄下來的優美詞句。文學需要積累，生活的積累與知識的積累。一九八三年，她上了吉林大學成人班。那時，孩子剛滿四歲，沒人管，每次上課，她不得不把孩子帶到課堂裡，孩子的小腦袋在課桌底下晃來晃去的看畫書。下課後，她的同學們對她孩子說，你這起點可真高哇！一開始上學就聽吉林大學的老師講課呀！為此，她寫過一篇文章，就是《課桌後的小腦袋》。三年的大學生活，她學得很紮實，很刻苦。三年的大學生活使她收穫到的不僅僅是知識的積累，更有文學素養的提高。

因對生活有了太多的感悟與沉思，從而使得靈感之神翩然而至。她開始了自己興奮而又愉快的寫作旅程，寫自己熟悉的人與事，每篇千字左右，寫得極慢，認真而精緻。她說，她熱愛中外那些傳統的散文，寫這樣的散文也是對讀者負責。一篇又一篇，就這樣，不到幾年時間，她便在全國各種報刊、雜誌發表了數十篇散文，有的還獲得了國家級的大獎。捧著用心血餵養而成的鉛字，她很高興，也很激動。寫作占據了她生活的一部分，她的生活因寫作而變得更為明朗。一九九八年，她推出了自己的第一本散文集《遙遠的敦煌》，這本書的出版，在總後系統引起了較大反響。總後創作室還專門在北京為她召開了作品研討會，曾鎮南、胡平等一大批知名評論家對其作品給予了充分的肯定，眾多的讀者寫來了一封封熱情洋溢的信。也是通過這本書的出版，使她在文學的路上，由不自覺而走向自覺，由不成熟而走向成熟。

　　緊隨《遙遠的敦煌》之後，二〇〇三年四月，她又推出了一部紀實散文長卷《重返青藏線》，這本書在藝術視角與寫作技法上，比起《遙遠的敦煌》有了較大突破。如果說《遙遠的敦煌》是一支通俗的流行曲，那麼《重返青藏線》則是一支浪漫的民歌。因是民歌，它的抒情味顯得既細膩又豐富。重返是一種追憶，追憶那山、那水、那路、那人。那天是廣闊的天，那水是秀美的水，那人是淳樸的人……沿著過去的足跡，一步一步地走，每一步都記錄著一個故事，每個故事都講述了一段鮮為人知的真情，每段真情都喚醒了心裡沉睡的善意。《重返青藏線》出版後，她立即給北京小湯山醫院寄去六十本，把這段真情與善意無私奉獻給抗擊「非典」最前線的白衣戰士，表達了自己對他們一份崇高的敬意。她在信中寫道，戰友們，我雖然是個老兵，已無法與你們並肩戰鬥，無法分擔你們那繁重而危險的任務。我是否能幫助你們舒緩一點兒精神上的壓力，好好恢復你們的體力？那麼，在你們休息時，就聽我給你們講故事吧……

　　文學是她一生追求的夢，追求的同時，文學也為她圓了夢。她寫了一篇《今生真想去趟巴黎》，她想親身去感受一下埃菲爾鐵塔的雄偉，去體味一下

▲ 姜國芝作品集《重返青藏線》《遙遠的敦煌》

凡爾賽宮的繁華，去品嚐一下巴黎大街上的人文氣息……這個夢一直在她心底不知埋了多少年，她沒想到，就是這樣一篇不足千字的文章，卻成全了她歐洲之行的夢想。文學，只要真正付出了，你就一定會得到餽贈與回報。她沒想到的是，這次歐洲行她走了九個國家。一路上，貝多芬的《歡樂頌》、蕭邦的《敘事曲》始終在她耳畔緩緩地流淌……

姜國芝，一個神奇的女軍人，一個農民的女兒。

心中不變的汽車夢——汽車詩人姜維青

姜維青（1952 年-　），吉林農安人。大專文化。一九七二年參加工作。曾是一汽車廂廠工人，後擔任《第一汽車集團報》編輯、副總編。一九七五年開始文學創作。二〇〇九年加入中國作家協會。著有散文集《親近土地》《紅塵白雪》《劍膽琴心》，詩集《錯過花期》《和平年代的英雄》《在微笑那一刻開始》《姜維青詩選》《姜維青朗誦詩選》，隨筆集《幽思片羽》。作品曾獲各類文學獎三十餘種，二〇〇八年獲詩刊社舉辦的「中國有座城市叫長春」詩歌大賽二等獎。

▲ 汽車詩人姜維青

每個人心中都有夢想，這個夢想或大或小，或遙遠或渺茫，唯一不變的是心中的信念，姜維青用心中的那份堅持守著心中不變的汽車夢……

黨給選的專業，錯過了「律師、作家夢」

一九五三年五月二十一日，姜維青出生在吉林省農安縣的一戶普通家庭。兒時，姜維青和大多數小夥伴一樣，對汽車充滿著好奇。那時候農村人很少見著汽車，偶爾有一輛汽車開過，孩子們都會跟在後邊跑。

雖然對汽車充滿了好奇，但是他最想幹的工作還是律師和作家。上學之後，他也有意無意地朝著自己的夢想去努力。在學校，經常參加一些辯論賽，也經常寫一些小散文詩。

一九七二年，當姜維青準備填報志願的時候，國家新公布了「四個面向」

的畢業分配原則，他因此被分配到了吉林大學分屬的技工學校，學習機械專業。一條小魚，走進一汽，猶如游進寬廣的大海。在畢業分配的時候，姜維青被分到一汽車廂廠在技術機動科做維修鉗工。父母為他而感到驕傲自豪，經常跟別人說，我兒子在 652 廠當鉗工。

車廂廠裡的書呆子

畢業的時候，流傳著這樣的一些話：車鉗銑，沒法比；鉚電焊，對付幹；要翻砂，就回家。來到一汽之後，廠子也很好，工種也很好，當時覺得是很幸福的事兒。

當時，他非常熱愛文學，甚至到了「瘋狂迷戀」的程度。常常在工作之餘，別人打牌的時候，他就在一邊端著小板凳看書、寫詩，詩的靈感完全來源於工作、生活，寫完詩當時就能背下來，有人開玩笑說：姜維青你的前途不可限量，在這個車間，你待不了多久。

當時一汽有自己的廠報——《一汽戰報》，姜維青就試著寫詩投稿，後來就一發不可收，先後一共出了十二本書。每週六下午三點，都會有一些和他一樣的業餘詩人，聚集在一汽一號門，大家把自己寫的詩拿出來切磋朗讀。每個月還有一個小說月談，這樣的活動，他每期都會參加。

身為一汽人，為歌頌一汽而生

在車間的時候，姜維青就曾夢想，到一汽報社或者是宣傳部工作。一九八一年黨委宣傳部《解放雜誌》創刊。一九八三年時，雜誌社缺編輯，他有幸被調入宣傳部，負責編寫《解放雜誌》。

從前在車間，姜維青是一名業餘作者，調到宣傳部之後，作為黨委宣傳部的一員，就比在車廂廠站得高了。他成為長春市作家協會的作家，在宣傳、謳歌生產、生活的同時，為一汽勞模編寫了全國第一本敘事詩集《和平年代的英雄》。他就像草原上的鳥歌唱草原一樣，歌唱著一汽。一汽黨委書記馬振東對他說：你姜維青雖然沒為汽車裝一個零件，但你為一汽做出了很大貢獻。

從車間到雜誌社的感覺，姜維青覺得跟做夢一樣，夢醒了，發現自己的願望也奇蹟般地實現了。他在《解放雜誌》做了九年的編輯之後，一九九二年被調到一汽報社。直到退休，他一直沒有停下手中的筆，後來被推選為市作家協會

▲ 姜維青出版的作品集

副主席。馬振東說：「姜維青這個作家不是社會作家可比的，他的全部心血，都傾注在一汽上。姜維青始終覺得為一汽歌唱，是他作為一名一汽人的驕傲。」姜維青作為一個一汽宣傳人，始終為一汽擂鼓助威，為一汽搖旗吶喊。

在一汽工作四十多年，姜維青切身體會感受到了一汽這麼多年的變化。他激動地寫下詩歌《激情跨越百萬輛》：「今天哪，十三萬雙眼睛都噙著淚花，滿含激情，滿含幸福，滿含熱望。今天哪，十三萬顆心都插上翅膀，飛過大地，飛上藍天，去擁抱太陽。第一汽車激情跨越百萬輛，歷經千辛萬苦實現了幾代人的夢想。中國汽車工業樹起了新的里程碑。一汽人的偉業像鮮紅的旗幟，呼啦啦地飄揚。自從毛主席親自為我們的工廠奠基題詞，這片神奇的土地上，就一直生長著希望。怎能忘記 一九五三年七月十五日，來自天南地北的英雄們，驅趕著這裡的荒涼。推土機在歌唱，打樁機在歌唱，中國第一汽車廠的建設牽引著幾億人的目光。怎能忘了一九五六年七月十三日，解放牌汽車誕生在我們自己的裝備線上，從此一個古老的民族，開始提速，飛奔在世界的東方……」

退休以後，姜維青清楚自己還有未完成的工作，他想為一汽編創業四部曲，名字都想好了，叫《巨輪》，這只是他的初步設想。雖然現在退休了，如果可以，他還想歌頌一汽。

「知識改變命運」這句話很多人聽了都不以為然，但把這句話跟姜維青連

繫在一起的時候，絕對是經過事實印證的真理。他始終堅信：只要心中有夢，朝著夢想去努力、去追尋，人生中就沒有錯過和後悔。相信姜維青的《巨輪》，對於一汽，對於中國，都是一筆財富。

有一種執著叫堅守——黃龍劇團原團長姜寶玉

　　姜寶玉（1943 年-　），吉林農安人，黃龍戲劇團原團長。先後獲得吉林省「優秀指導教師」「優秀戲劇管理者」等稱號，黃龍戲建團五十週年獲得「成就獎」。

　　苦巴苦業經營的黃龍戲，展翅飛向了北京，以嶄新面貌出現在全國第二屆戲劇節的舞台上。不僅擴大了黃龍戲劇種的影響，還為我們古老的黃龍府爭來了榮譽。

　　黃龍戲之所以有今日，與領導、專家的支持，演員的精心耕耘是分不開的。身為團長的姜寶玉，就是這些辛勤耕耘者中出色的一員。他任團長近十年中，黃龍戲在全省專業劇團競賽中多次獲獎。他曾出席過吉林省政府表彰獎勵文化系統先進集體和先進工作者大會。那麼，他到底是如何帶領全團人馬艱苦奮鬥，使黃龍戲騰飛的呢？

　　黃龍戲從誕生那天起便踏上了坎坷的歷程。在縣委、縣政府等領導熱心關懷和支持下，在幾任團長的努力下，才跨越了一路坎坷，漸漸成長起來。特別是姜寶玉擔任團長以後，依靠縣委、縣政府領導，發揮創造性的領導藝術，使黃龍戲的羽翼逐漸豐滿。

　　當時，在農安南有已經成熟的以皮影為基調的

▲ 1989 年，黃龍戲劇團團長薑寶玉（右）與中國劇協秘書長劉厚生在一起

遼劇，北有黑龍江省的皮影戲劇團，向南靠還是向北靠，向哪裡靠黃龍戲都會短命的。在黃龍戲命運攸關的時刻，姜寶玉毅然決定，要獨闢蹊徑，首先在音樂唱腔上要有自己的特色，區別南北二戲。在創業者的足下沒有踏不平的坎坷。於是，他派人北上請來老藝人做顧問，組織演員大唱黑龍江皮影調，提高唱功。一九八五年夏，他又帶領劇團音樂骨幹南下考察遼南戲和唐山戲唱腔，取長補短，豐富自己。在繼承中求發展，從學習中比較、吸收，再吸取當地民歌音樂特點，終於形成了黃龍戲現有的獨特的音樂唱腔。他為了突出音樂唱腔，使旋律更加優美動人，和有關同志又研製了一種適合音樂特點的黃龍琴。這種琴製作成功後，從音樂方面大大提高了黃龍戲的演出效果。

他為了從表演、導演上完善自己，從北京請了著名導演關士傑、戲曲音樂家李慶森、京劇表演藝術家吳絳秋來農安講學和排戲。還多次請來省內專家、導演到劇團講學、傳藝。

他懂得要繁榮黃龍戲，必須有一批自己的骨幹人才。要培養人才，必須捨得投資。幾年來，他多次派出本團的演員、導演、作曲、舞美人員外出學習、深造。這些人提高了，才能為黃龍戲打好基礎，才能鞏固和發展黃龍戲。事實也充分說明了這一點。

他想到，黃龍戲應該後繼有人，有自己的後備力量，使黃龍戲不斷發展。他奔走於各級領導之間，終於取得了領導的支持，辦起了黃龍戲小科班，培養出一大批後備力量。

為了發展黃龍戲，他意識到必須發展自己的代表劇目。於是，他請長春市作家楊廷玉為黃龍戲量身定作了《無事生非》和《風雨菱花》兩個劇本。這兩齣戲在省、市會演中取得了好成績，這又使黃龍戲向前跨進了一大步。

為了擴大黃龍戲的影響，他曾多次進京，帶著《無事生非》的錄像帶，請在京的專家們鑑定、評議，為發展黃龍戲謀一條生路。

在戲劇不景氣的情況下，一個劇團能保持現狀、維持生存就不錯了。可姜寶玉並沒有滿足於這一點。他有一個強烈的願望：黃龍戲要進京，只有進京，

才能擴大其影響。為了實現這一願望，他食不甘味，寢不安席，時時刻刻在創造條件，尋找時機。

一九八九年，這一時機終於成熟了。黃龍戲劇團為參加吉林省首屆藝術節準備的大型黃龍戲《魂繫黃龍府》，首先推介給了全國新興劇種研討會。北京和全國各地的專家、學者雲集農安，觀看了《魂繫黃龍府》。觀後，給予高度評價，

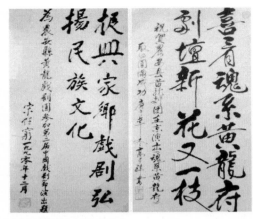

▲ 祝賀黃龍戲演出成功

並當場決定，擬調黃龍戲進京演出。當此戲在吉林省首屆藝術節上一舉奪魁後，更加堅定了他們進京演出的信心。但是，由於諸多原因，原定一九八九年冬季進京演出的計劃未能實現。遺憾之餘，他們沒有灰心，繼續修改劇本，修改唱腔，爭取進京演出，宣傳新劇種，擴大影響。

一九九〇年夏秋之交，姜寶玉從北戴河會議帶回了令人振奮的消息：中國第二屆戲劇節十一月份在北京開幕，吉林省文化廳、省劇作家協會、長春市文化局一致推薦黃龍戲參加中國戲劇節。八月十三日，劇團聽說北京專家曲六乙老先生等人要來農安選戲。全團上下一個勁兒，立刻投入了緊張的排練。

然而，恰在此時，姜寶玉病了，醫生建議住院治療。可是寶玉能在這時住院嗎？不僅劇團工作繁忙，他還是樂隊主弦。他住院，戲怎麼唱？那幾天，他咬牙挺著。可是，病魔並沒有遷就他，就在曲老先生來的前一天，他突然昏迷了。他愛人不得不把他送進醫院，大夫立即給他做了手術。當他剛從手術台上下來，又從劇團傳來一個不幸的消息，腿上兩次骨折的主演雷霆由於裝台不慎，腳脖子嚴重扭傷，不能行動！……為什麼這些事兒都趕到這個時候？眼看著曲老先生就要來了，老雷要躺下……不！老雷不能躺下，要上台！《魂繫黃龍府》要靠他挑大梁！他讓妻子開最好的藥給老雷送去。等妻子走後，他躺在

病床上陷入了痛苦的思索：這場為曲老先生專門準備的演出，是決定黃龍戲能不能進京的關鍵。千日練兵，在此一戰，可這一戰的結果……唉！一向遇事不慌的關東漢子，竟第一次流出了眼淚。

然而，困難並沒有嚇倒平日訓練有素的全團演職人員。主管業務的副團長鄒慶忠對他說：「你放心，一切由我安排！」演員們來了也對他說；「我們一定要演出，老雷死活也要上場。」多麼好的同志，多麼好的部下呀！

十三日下午五點鐘，省文化廳、長春市文化局等有關領導陪同曲六乙和葛春鐸主任來了。晚間演出大幕拉開，老雷的傷腿敷著藥出場了。他每一舉手，一投足，額頭上都沁滿了細汗。知道內情的人，都捏著一把汗，忍著一汪淚……

在醫院的病床上，姜寶玉焦躁地推開妻子送到嘴邊的藥。他兩眼一動不動地望著屋頂，心飛了，飛到那緊張演出的舞台上……

九點半到了，演出該結束了。他讓妻子推開病房的門，他兩眼盯著樓梯，等待著演出的結果。消息終於來了：老雷頂下來了，演出成功了！曲老先生和各位領導非常滿意！寶玉長吁一口氣，懸著的心放下了。

黃龍戲劇團是一個堅強的戰鬥集體。領導班子步調一致，患難與共。黃龍劇團的先進事蹟，《長春日報》曾以整版的篇幅作過介紹。

每當劇團面臨痛苦的抉擇時，姜寶玉都能做出十分恰當的決定。當歷史進入二十世紀八十年代，戲劇漸漸跌入低谷的時候，黃龍戲也同樣受到觀眾的冷落。很多劇團在改弦易轍，拋開本行去搞什麼輕音樂，劇團也有人主張以撈錢為主。有人認為黃龍戲搞到啥時候也就這樣了，還有人提出，黃龍戲也應學外地的經驗，搞承包……各種意見不一而足，黃龍戲要向何處去？大家都等著他做決定。姜寶玉當機立斷，他說：「黃龍戲是前輩創下的大業，如果這株剛要舒枝展葉的新花在我們手中枯萎，我們將愧對先輩和子孫。戲劇低潮不是黃龍戲一個團的問題，是整個戲劇界面臨的共同問題。別的劇種在徬徨的時候，正是我們搞劇種建設的好時機，一定要保住劇種，並讓它大放異彩，只有這樣，

我們的生命才有價值，只有這樣，我們才活得理直氣壯！」

這擲地有聲的語言，多麼鼓舞人心！事情正如寶玉分析的那樣，國內以皮影戲為基調的劇種演出團體都在低谷中相繼解體了。黃龍戲卻因為這份堅持而日益壯大。

寶玉有一顆為黃龍戲奉獻的堅強的心。當有些單位以優厚的條件來挖他的時候，有人預料：姜寶玉要走了。只要他一挪動，無論到哪裡，都比黃龍戲劇團強！然而寶玉心如鐵石，不為所動。因為，農安有他的事業——黃龍戲！對他來講，經濟效益，生活待遇，永遠服從於他的事業。

▲ 農安前崗水庫風光

第四章
——

文化景址

黃龍府大地有三江潤澤之美，山原物產之豐，自遙遠的古代，即是漁獵、畜牧、農耕繁盛之地。歷史上先後有肅慎、挹婁、濊貊、扶餘、高句麗、靺鞨、契丹、女真、蒙、滿、漢等民族在這塊土地上繁衍生息，一代代農安人按照不同時代的生活習俗和自然風情塑造著自己的文化性格。眾多文明遺跡給我們留下了豐富的歲月膠片，也給我們留下了無限的遐想和追憶。

文化景址概述

　　農安縣自古就是漁獵、畜牧、農耕繁盛之地，我們的祖先在這裡繁衍生息，留下了極為豐富的歷史文化遺存。目前有國家級重點文物保護單位二處，省級重點文物保護單位九處，市級重點文物保護單位十一處，縣級重點文物保護單位二十六處，是吉林省歷史文化遺存較豐富的地區之一。

　　農安境內發現新石器時代遺址五處，分布在河岸二級台地及較大的泡泊附近土崗的向陽坡上，地表、地下有大量生活遺跡。

　　一九八五年，吉林大學和吉林省文物考古研究所分別對左家山遺址和元寶溝遺址進行了考古發掘，所獲資料極為豐富，首次揭示了吉林省新石器時代考古學文化的內涵。從左家山遺址出現的房址遺跡與元寶溝遺址出現的灰坑遺跡及大量不易攜帶的陶器可以證明，當時人們起碼在一定時間內過著定居生活。從出土的大量骨器、蚌器及獸骨、蚌殼、骨鏢、石鏃、網墜看，當時人們生活的主要來源是依靠漁獵。遺址出土的石磨盤、石磨棒證明，當時農業或採集植物種子、果實也是人們生活的輔助部分。從出土的陶紡輪、骨針可以推測，當

▲ 田家坨子遺址

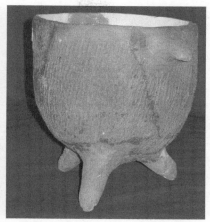

▲ 田家坨子遺址出土的繩紋陶壺、陶鼎

時人們已脫離了身披獸皮、樹葉的原始生活，而進入了著裝束帶的文明門檻。從遺址中發現的石龍、石雕人像等文物看，當時人們已具備了審美需求，已有了信仰和崇拜意識。

發現青銅時代文化遺存二十八處，多分布在農安北部和東北部松花江南岸台地上，西部的伏龍泉、西北的三盛玉、西南的三崗及三寶靠近較大泡塘的漫崗上也有發現。其中田家坨子遺址較有代表性，我省的部分學者根據田家坨子所處的地域以及文化特點認為，該遺存應為扶餘文化遺址，是一種青銅時代晚期到鐵器時代早期的文化，時間大約處於戰國晚期至漢代早期。

發現渤海遺址八處，主要分布在松花江南岸的黃魚圈鄉、青山口鄉，其中黃魚圈鄉的腰坨子遺址與青山口鄉的下窯屯遺址最具有代表性，出土的陶器為夾砂陶、泥質陶和粗砂陶，器表呈紅褐、黃褐、灰褐和黑褐色，與黑龍江、吉林等地靺鞨文化遺址出土的文物基本相同。

渤海文化特質在其後的遼金遺址也有發現，專家分析可能是部分遺址被遼金時期遺址疊壓覆蓋的原因，加之渤海的生產工具、生活器具和遼金的區別不是很大，還有待於更加細緻的考古發現和甄別。

▲ 農安凱德花園遼墓

農安遼金遺址非常豐富，目前共發現二〇〇餘處，可見當時人煙的稠密程度。遺址基本處於平原或草原地帶，這一點既有地理條件原因，也與契丹、女真人以農業、牧業為其主要生活形式有關。

農安縣發現二十四座古城，應繁盛於遼金時代，但從所見遺物分析，其建置年代有始於渤海的，甚至更早。清代著名學者曹廷傑曾將遼、金的賓、祥、益、威四州擬定在農安，此說為目前多數考古學者所贊同。省內外的學者經過多方考證，認為農安古城即為黃龍府，萬金塔古城為祥州，靠山鎮廣元店古城為賓州，小城子鄉小城子古城為益州，三寶小城子古城為威州，開安鎮庫金堆古城為清州，西好來寶古城為濟州東鋪，靠山古城為漫七離孛堇寨，順山古城為山寺鋪。

遼代盛行佛教，現矗立於縣城古塔和萬金塔的半截塔遺址，都是遼代建築，兩處出土物也可明證佛事的興盛。

古代墓葬在農安共發現二十餘處，以青銅和遼金時期為主，一般均在城址、遺址附近。墓葬能夠真實反映出當時社會的演進變化，體現經濟發展及生產力水平。

農安境內發現金代窖藏多處，據文獻記載，早在清同治年間，農安古城南街就發現有大量窖藏銅錢，計二億枚。

一九六六年，在農安東街路南出土窖藏銅錢二千多斤。

一九八四年，新農鄉歡喜嶺屯出土窖藏銅錢四百多斤。

一九八五年在農安鎮內發現的金

▲ 定窯白釉蓮瓣水草魚紋缽

代窖藏更是震驚了考古界，一次出土定窯燒製的白釉刻花龍紋盤、蓮瓣水草魚紋缽、寶瓶蓮花仙鶴紋盤，石竹紋影清執壺等三十九件瓷器。新中國成立後，在考古發掘和徵集中，發現的定窯瓷器很少，大多是小型器皿和碎片。二十世紀四〇年代，河北曾出土過十件較完整的印花龍紋盤，其中六件已流失國外，四件分藏在故宮博物院和上海博物館。刻花完整的龍紋盤一直沒有發現。這次發現的九件刻花龍紋盤，八件刻花蓮瓣水草魚紋缽，直徑近三十釐米，其數量之多，器形之大，裝飾之精美，燒造工藝之嫻熟都是國內罕見的，是新中國成立以來的重大發現。其中的兩件刻花龍紋盤曾參加國家文物局一九九一年、一九九二年在故宮舉辦的「中華文物精品展」，現在國家博物館長期陳列。

這些星羅棋布的文化遺址為農安大地增加了文化的厚度，也為黃龍府文化平添了一層神祕的面紗。

在近現代，農安人更重視文化景觀的培育和打造，又創造了一批新的文化景址。包括百年佛教聖地金剛寺，集現代文化、歷史文化和自然文化於一身的農安人民公園，國家自然生態文化旅遊區波羅湖濕地等，這些又為厚重的農安文化增添了新的色彩。

元寶溝遺址

元寶溝遺址位於巴吉壘鄉元寶溝村西南五百米處，遺址東一公里是一處較大的湖泊——敖寶圖泡。泡東、西、北三面有土崗，土崗高出湖面三十米至五十米，當地農民稱土崗以上為坎上，土崗以下為坎下。遺址在坎上的緩坡處，站在遺址上環顧周圍，風景十分秀麗。一九八五年六月，吉林省文物考古研究所在這個遺址進行考古發掘，清理了五個灰坑，還有幾處成片的紅燒土，可能是篝火遺跡。文化層分三層，耕土層，黑灰土層，黃褐土層。出土小件器物一百多件，陶片數千片，各種動物骨骼幾百件。每個灰炕內都出土有大量魚骨、魚鱗和蚌殼等。

陶器均為手製，以細夾砂灰褐陶為主，有一定數量的細夾砂褐陶，火候較高，器壁薄而質地堅硬，器壁內多黑色抹光。紋飾除了一部分素面和幾塊壓印、刻劃「之」字紋陶片外，絕大多數是劃紋陶。器形以罐為主，其特點是底小，直口圓唇或方唇。除了陶罐以外，還有陶碗、盅、漏水器及斜口器等。

▲ 元寶溝遺址

石器可分磨製石器、細石器、打製石器三種。磨製石器，有小型石斧，其中一件，殘長三點五釐米，寬三點一釐米，兩面磨光，孤刃。石矛在遺址中多有發現，經過磨製而成，有單脊和雙脊兩種，從剖

面看可分為梯形、橢圓形、三角形三種。石鏃多數呈柳葉形，其中一件殘長三點五釐米，寬一點二釐米。網墜是利用自然砂岩石塊磨製加工的，兩面凹槽的網墜殘塊在遺址中發現數件。磨盤、磨棒是用大塊河卵石磨製而成的。細石器主要是尖狀器、刮削器等。打製石器以石球為多，略呈圓形，一般直徑約六點八釐米，利用河卵石或自然石塊略加打製而成，可能是拋擲捕捉動物的工具。除石器外，在遺址中還出土了加工石器剩餘的廢片和廢料。

▲ 元寶溝遺址出土的石斧、石鏟

骨器以錐為多，形制分兩種，一是錐體全部經過加工，錐尖斷面成圓柱形。二是一面利用骨骼外壁呈弧形，另一面加工磨製，錐尖斷面呈不規則形。錐身一面利用骨骼的內壁做槽，另一面以人工磨成內凹的槽。有的錐身以骨骼內壁做槽的同時，還有人工磨成的內凹槽。除了出土骨錐外，還有骨針、骨匕、骨柄、骨鏃和骨笄等。

遺址中還出土有用動物的角磨製而成的器具。主要是利用鹿、狍、羊的角。角錐是利用動物較硬的角質，在角的一端磨成尖狀，一般長約十釐米。角矛有兩種形制，一種是將角磨成扁平體，兩端磨尖；另一種是將角的一端磨成尖銳，另一端保持原狀，略微加工磨銳。有的在角身中間磨出兩個內凹的槽，顯然是用以固定繫繩的。除角錐、角矛外，還發現一些有明顯加工磨痕的動物角，可能是一些半成品。

陶紡輪僅發現一件，直徑二點二釐米，厚〇點三釐米。

在遺址中共發現三件裝飾品：在一端鑽孔的野豬牙，磨製成橢圓形的一塊

▲ 元寶溝遺址

小瑪瑙石和一面磨平、一端鑽孔的動物角。

在第五號灰坑還發現一石雕人像，殘存身體下部和下肢有明顯磨製痕跡，兩腿一粗一細，屬於女性，顯示其時人們已經具備審美趣味和信仰觀念。這件蘊含有女性崇拜意味的雕塑品，是我省歷史最久遠的人體藝術品。

元寶溝遺址雖然目前還沒有發現房址，但是出土的大量陶片說明，當時人們在這裡已經過上了定居生活。磨盤、磨棒是糧食加工工具，但並未同時發現耕種工具，當時是否已經有了農業，還是僅對採集的野生植物種子進行加工，尚有待研究。出土的大量捕魚工具和狩獵工具以及魚骨、動物骨骼，表明漁獵是當時人們果腹的主要途徑。遺址中發現的骨骼主要是野豬、鹿、狍、羊等草原動物。骨針、紡輪的發現說明，當時有原始縫紉和衣著。

元寶溝遺址所顯示的文化，與新樂、左家山兩處遺址有明顯不同，應是一種新的文化類型。這個遺址對進一步研究吉林省中部地區新石器時代文化有很高的價值。

左家山遺址

　　左家山遺址位於農安縣農安鎮兩家子村高家屯西南五百米、農安縣城東北四公里、伊通河北岸五十米的二級台地上。

　　伊通河蜿蜒曲折地在遺址南側自西向東緩緩流過，由於自然力的作用，遺址所處台地的地形起伏不平，當地稱左家山。

　　遺址南向伊通河，北靠廣闊平野，既有漁獵之便，又適宜農耕，是古代人類比較理想的居住地。

　　一九八五年春，吉林大學歷史系考古專業師生對此遺址進行了首次發掘。共開五米乘五米探方十七個，總發掘面積約四百平方米。所獲資料極為豐富，出土大量的石、骨、蚌、陶器。還發現兩處比較重要的燒土遺跡和房屋址。

　　根據該遺址的層位關係和器物類型學綜合分析研究，可將全部文化遺址分為四期。

▲ 左家山遺址

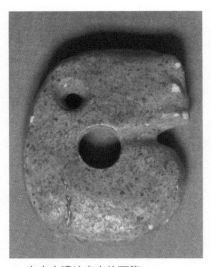

▲ 左家山遺址出土的石龍

第一期：出土陶器以砂質灰褐陶為主，夾蚌黃褐陶較少，還有極少量的黑、紅陶。紋飾陶多於素面陶，紋飾多為平行條帶或階梯狀條帶。

第二期：出土陶器以砂質灰褐陶為主，夾蚌黃褐陶次之，紋飾和器形大部分同於一期。

第三期：出土陶器中砂質灰褐陶和夾蚌黃褐陶比例大體相當。陶器表面主要施有由刻劃之字紋和壓印之字紋構成的組合紋飾及少量帶狀箆點紋、波浪紋和附加堆紋。

第四期：出土陶器絕大多數為夾蚌黃褐陶。紋飾主要是以尖頭工具刻劃而成的人字紋、三角形內填斜平行線紋、網格紋和斜平行線紋等，還有少量戳壓而成的魚鱗紋和花邊口沿等。

在此遺址發掘時，最下層出土了一件石灰岩琢製後雕刻的石龍。此雕刻石龍與遼寧省新石器時代遺址內出土的雕刻石龍基本相似，這對我們探討龍的起源與演變有一定的啟迪。

左家山遺址一至四期的年代距今七千年至四千年之間。

遺址出土的大量的蚌殼、魚骨、獸骨以及狩獵工具等，說明漁獵經濟在當時已占有主導地位。

左家山考古文化遺存的首次發現與發掘，為吉林省新石器時代考古學的研究增加了有科學價值的新資料。特別是左家山遺址的分期，為建立中國東北地區新石器時代考古學文化，綜合研究中國北方地區各新石器時代考古學文化類型之間的相互關係，提供了一批可供比較的重要而寶貴的資料。

南樓遺址

南樓遺址位於靠山鎮新城村南樓屯南一公里處台地上，松花江和飲馬河在遺址南二十米處匯合。正西五百米處是江南鎮窩卜屯。遺址範圍南北長四五〇米，東西寬三百米。

在地表上採集到的遺物有：鼎足、鬲足和豆把殘塊，均為夾粗砂紅褐陶，手捏痕跡明顯，火候不匀，質地不甚堅硬。夾砂陶片分紅褐與黑褐兩種，砂質有粗細之別，粗砂多見炊

▲ 南樓遺址出土的陶杯

器，細砂多見飲器和容器。紋飾有壓印紋和錐刺紋，有的刺成幾何圖案，按直角形順序排列，嚴密規整，有條不紊。器形多見甕、罐、杯等生活用品。與西部漢書文化及東部西團山文化均有某些相似之處。

遺址內出土完整陶杯一件，質地為夾細砂紅衣陶，平沿，小底，唇外侈，素面，手製。器表經打磨，腹部微鼓，略呈筒狀。部分色澤已脫落，與同期器物相比，此件質地較堅硬，是一種小巧的飲具。同農安田家坨子遺址所見的同類器物的形制與特徵均較一致。

另外，在遺址地表還採集到布紋筒瓦、麥穗紋瓦簷、雞腿瓶殘塊、灰色細泥質紋飾陶片及石杵等遺物。說明在遼金時代，契丹與女真族也相繼在此地生存與活動。

此遺址具有兩種文化遺存，延續時間較長，從青銅時代到遼金時代，均有人類在此繁衍生息。

在此遺址既可以登高遠望浩渺江天，又可以憑弔數千年歷史滄桑。

▌農安古城

　　農安古城位於農安鎮內，伊通河西岸，地處南北交通要沖，傍水築垣，雄踞高地，俯瞰四野，周圍土地肥沃，水源充足，是古代理想的建城屯兵之所。

　　古城平面呈方形，周長三八四〇米，四垣有城門各一，皆設於每面城牆的正中，城牆係夯土結構，牆基寬三十米，四隅均有角樓。

　　黃龍府是扶餘、渤海、遼、金、元、明、清各代沿用的重要文化遺址，古城歷經兵燹戰亂，多次修葺復建，街道幾番改修，房舍頻繁更迭，古代文物和建築構件在地表很少見，城西八角十三層密簷式古塔是僅存的古建築。古城曾出土大量文物。

　　印鑑：漢代的軍假侯印、金代的副統之印、元代的虎賁軍百戶印。

　　銅鏡：遼代三角緣素面鏡、花間雙童鏡、仿唐水草瑞獸葡萄鏡、海獸鏡、臥人有柄銅鏡、金代柳毅傳書故事鏡、風景人物故事鏡。

▲ 農安古城

▲ 農安古城

　　陶器：遼代花口式灰陶盤、花口式灰陶瓶、灰陶瓶，金代撲滿、陶罐，以及多孔器、陶獸頭、陶座、鴟尾、布紋瓦、瓦當、板瓦、筒瓦、網墜等。

　　玉器：金代鷓鴣斑青玉盞、鷓鴣斑青玉盤。

　　鐵器：金代鐵鉗、鐵錘、鐵砧、鐵罐、鐵銼、鐵鏨、鐵環及鐵帶卡數件。

　　銅器：銅像棋子、銅釧、銅剪刀。

　　瓷器：定窯白釉刻花缽八件，定窯白釉刻花龍紋盤九件，定窯白釉刻花纏枝花卉盤一件，定窯白釉印花盤六件，定窯白釉印花小碟四件，湖田窯印花石竹紋影青方執壺一件。此外，還有定窯白釉素面盤、碟、碗、缽、雙繫素面罐及白釉提梁壺等器物。

　　釉陶：黑釉小陶罐、赭石釉雙繫小陶罈和綠釉鋪首獸足鼎等八件。

　　銅錢：清同治七年（1868 年）在古城南街路東發現一處窖藏銅錢，共兩億枚。清宣統初年，在古城出土陶甕一個，內裝銅錢，多為宋錢，其中有金代海陵王鑄的正隆元寶。一九六六年在古城東街路南出土唐宋銅錢四十萬枚。一九六八年在古城出土的陶製撲滿中藏有銅錢三百枚，最早的有唐高祖武德四年

▲ 農安古城出土的鐵罐

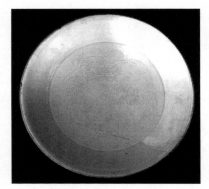

▲ 農安古城出土的定窯刻花龍紋盤

（621 年）始鑄的開元通寶，最晚的為金正隆二年（1157 年）所鑄的正隆元寶，另有二枚五代十國時期南唐鑄的唐國通寶，餘皆為宋代錢。一九八五年十月五日在古城西北隅發現的金代窖藏中，有漢代「半兩」，宋代「大觀通寶」，「天禧通寶」，金「大定通寶」，共三十四枚。

石棺：一九三五年三月二十日在古城北牆出土石棺一具，高七十六釐米，邊長五十七點七釐米，棺蓋裡面刻有「大定二十一年十二月五日趙景興故，二十二年二月二十六日葬靈柩記」字樣，棺內有黑釉瓶、素燒瓶、仿定窯白瓷器二件，碗一個。

這些豐富多彩的文物及其精美高超的造型，反映出古代勞動人民的智慧和創造力，證明這裡當年建築宏偉，市井繁榮，是一座歷史悠久的古代名城。

▲ 農安古城出土的文物

萬金塔古城

　　萬金塔古城建於遼代興宗年間（1031-1046），為遼的節度州，隸屬東京道。到元代中晚期，由於元在黃龍府的開元治南遷，祥州便被元代定為東北地的驛站中心，成為東北郵驛點局。

　　城址位於農安縣城東北三十公里處的萬金塔鄉政府所在地。古城布局方整，係由夯土板築而成。總計周長 3222 米。四隅有角樓，除東、南、西、北四門外，西北還有一小門。古城歷經滄桑，破壞嚴重。四面城垣，西垣已闢作公路，其他三面遺跡猶存。城外曾設有護城壕，現已淤平，只北城壕依稀可辨。四隅角樓，現已殆盡。從東南角樓處二米深的坑壁斷面觀察，其基部係用黏土摻沙分層夯築。

　　在城內西北隅，東距北門址 290 米、北距西城牆三十米處，有一直徑二十一米的高大土台基，高出地表 0.7 米至 1.2 米許，其上堆積大量建築材料以及紅燒土塊、炭渣和白灰等。出土有青磚、銅瓦、花緣板瓦和獸面瓦當等。按其方位及出土文物推測，此處當為城內建築的一處遼代寺廟遺址。

　　如今城內地表上磚瓦殘塊和陶瓷碎片俯拾皆是。所見陶片多屬罐壺之類的陶器肩部、腹部，多飾劃紋。瓷片以白瓷為大宗，器形多屬碗、盤、碟之類的遼代遺物。

　　在東北角，距北城垣外 108 米處，曾有一高六米至七米的大土包，係遼代的一座塔基。一九六八年四月因修公路用土，發現塔基下築有「地宮」，除四壁墨線繪的壁畫已全部脫落外，所餘出

▲ 萬金塔古城址

土文物大多保存完好。另外，在距古城二公里的付家屯，先後發現二百餘個骨灰罐和石棺、墓穴，是與古城同時代的一處古墓群。這處範圍較大的墓群，很可能是萬金塔古城附近的平民墓地。一九五六年在古城牟家屯出土一陶甕，內盛鐵鍋、鏵、鍘刀、斧、鎬等農具，及小石磨、淺綠釉雞腿罈；霍家屯出土有敞口矮圈足白瓷碗，東關屯出土有茶末釉罐，華家屯出土有肩飾繩索紋的黑釉甕等，充分說明該古城當年曾是村廊相連、人煙稠密的繁華之地。金代稱托撒孛菫寨，即指祥州之地。

祥州在遼代的歷史地位十分重要，它西南通黃龍府（農安），東蔽賓州（靠山廣元店），北控益州（小城子）。這裡既是黃龍府南北交通要道，又是駐有鐵驪戶置的強大武裝，拱衛黃龍府的前沿陣地。在金軍攻打黃龍府時，祥州在軍事地位上尤為顯要。

入於金代，廢祥州為托撒孛菫寨。此時祥州雖廢，但仍是宋金交通線上一大重要驛站。沿至元代，祥州仍是東北地區一大交通樞紐，當時以祥州為中心，可通四面八方，構成東北地區中西部的一個龐大的交通網。

元代把東北地區的驛站中心建在祥州。

祥州驛站原有一個小院，房屋不多。開元路治南遷後，這裡的所有府州官吏和居民全部遷走，城鄉一空，祥州城內的房舍就由驛站一家使用。原節度官的官邸、軍營的住所等處都變成了驛站的站房。

到了明清時代，祥州仍未失去東北地區一大交通樞紐的作用。

▲ 萬金塔地宮出土的舍利盒

廣元店古城

　　城址位於靠山鎮新城村廣元店屯東南五十米，西南距農安縣城七十六公里，雄踞松花江與飲馬河匯流處西南臨江高崖上，地勢險要，極目遠眺，大江水流像條銀帶穿過廣闊的沃野，浩然北去，江面最寬處達五公里，成為護衛古城的天然屏障。古城偎依山勢壘土築牆，因地勢蜿蜒起伏，城址不甚規整，呈南北狹東西長的矩形。古城四面城垣，西、南牆不見垣基餘痕，唯東、北兩面遺跡歷歷可尋。據實測，全城周長一八一〇米。共設四門：東門、東北門、西門和北門。

　　東牆築於臨江高崖之上，全牆除中段被四條深澗衝斷五十米，所餘城垣殘高一點二米，頂寬〇點六米至〇點八米。東門和東北門各築於兩座山峰間的峽谷中，順谷底斜坡可直抵江邊乘舟。在東北門址東南有一邊長七十米的平坦方

▲ 廣元店古城址

形高台，台上發現有磚瓦等古建築材料，觀其位置和形制，似當年屯戍瞭望所在。

城內發現多處建築遺址，規模較大的兩處，均在東門內大道兩側南北坡地上。在這兩處遺址中，採集到大量遼金時代遺物。建築材料有溝紋磚、背飾布紋的筒瓦和板瓦、獸面瓦當等；生活用具中，瓷器數量較多，品類齊全，都具有典型的金代器物特徵。

早年城內出土過鐵鏵、銅錢、石臼、八棱銅鏡、金簪、金耳環和銀戒指等。一九八一年出土的一件湖州真正石家鏡——鏡背鑄有「湖州真正石家鏡煉銅無比照子」十三枚楷書陽文漢字。一九五八年深翻地時，在古城西門外距地表一米左右，挖出過成堆的馬骨和人骨，有的馬骨旁放有鐵馬鐙、腐爛的馬鞍子，在人的頭骨上有的還插著箭鏃。距古城南五百米處，還發現一處堆積二米厚的建築遺址，其中有大量遼金陶器，建築構件，完整的鴟尾等。

根據史料記載和對古城及其出土文物的考證，廣元店古城即遼代賓州城，金沿用稱烏古舍寨。

賓州城最早見於《遼史‧地理志》「賓州，懷化軍節度，本渤海城，統和十七年遷兀惹戶，置刺史於鴨子、混同二水之間，後升為兵事，隸黃龍府都部署司」。由此可知，廣元店古城本渤海城，遼代初建為刺史州，後升為節度州。

益州古城址

古城位於小城子鄉小城子村委會西 200 米處，南距鄉政府 1000 米，古城呈正方形，每邊長 400 米。城牆為夯土結構，南牆在「文革」中被徹底破壞，其餘三面城牆僅存十米寬、三米高的土崗。四周各有一門，位於每邊牆的正中，四角各有一角樓，現在可以見到殘存的圓形土包。

城內全部闢為耕地，在距西牆 150 米，南北牆各 150 米處，並列兩個兩米高的土崗，每個土崗有二十米方圓，崗上的大青磚和布紋瓦奇多，普查中曾採集到帶有波浪形花飾的勾滴、麥穗花紋和勾滴獸面瓦當。這兩處建築遺址似為當年的州衙和驛館。

城內地表散布有少量的陶片、彩色釉瓷片和粗瓷殘片，在城東牆附近還採集到青銅時代石網墜。

城周圍遼金時代村落遺址有面積大、遺物多的特點。從村落稠密的布局可以想見古城當時的繁華和興旺。

《遼史‧地理志》載：「益州觀察，屬黃龍府，統縣一，靜遠縣。」即指此城。在遼代，此城是黃龍府東北方的門戶，金太祖完顏阿骨打起兵攻遼，攻陷黃龍府前曾進兵益州。

威州古城

▲ 威州古城

　　威州古城屬遼代黃龍府的外圍重鎮，西部門戶，故址位於農安鎮（原三寶鄉）寶城村小城子屯東南一百米處的耕地中。

　　該城址東距黃龍府二十公里，古城近似方形。周長一〇一一米，現城牆殘高〇點七米至一點三米。

　　城內西部中段，群眾取沙時曾發現一陶窯址，已被破壞，只地表下有青磚壘砌的窯灶，其附近見有大量燒製變形的甕沿、盆底、罐腹等殘片。

　　城內採集到遺物有鐵斧、鐵鐮、鐵釘、石磨、石杵等生產工具、糧食加工工具和生活用具等。

　　此城內以往多次出土過唐、宋、遼、金銅錢，並出土有鐵刀、鏵、六耳鍋及釉陶甕，還發現有柱石等物。

▲ 威州古城出土的六耳銅鍋、鴟吻（屋脊飾件）

岳王城古城

　　岳王城古城位於黃魚圈鄉八里營子村東山上。此山巍然屹立於一瀉千里的松花江南岸，面江為懸崖峭壁，深達八十餘米。岳王城呈不規則四邊形，順山勢而設。周長一五四三米。城垣現已墾為耕地，痕跡稍存。城垣四隅均設角樓，周圍共有馬面八座，南北各三座，東西各一座。此城雖範圍大，但山勢陡峭，交通不便，又在江之南岸，實為軍事城堡。

　　普查所採集的標本可見有兩種文化類型，其數量各半。

　　遼金時代陶器多為泥質灰陶，僅見少量的黃褐陶。

　　瓷器多為白瓷與黃白乳色瓷。建築飾件見到的布紋瓦殘片很多。

　　遼金以前器物見有紅褐色夾砂陶方形鼎足，帶有繩紋的圓錐形鼎足，並見有紅褐、黃褐、灰褐色陶片若干。反映出了漢書文化、田家坨子類型及鞨鞨文化的一些特徵。

　　從城牆的底部斷面看，牆垣內所含陶片，並不是遼金遺物。此外，史料曾載：在此一帶，渤海曾建有越王城。此岳王城是否為渤海時期的越王城，是一個值得探討的問題，但根據遺跡、遺物，及群眾反映歷年發現有刀、劍、箭頭、馬鐙等兵器遺物綜合分析，此城應為遼前所建的軍事城堡，遼金之後繼續被沿用。

　　岳王城現已被定為長春市重點文物保護單位。

▲ 岳王城古城遺址

順山古城址

順山古城是農安縣境內現存較完整的一座遼金古城。城址坐落在新陽鄉順山村西段家溝北五百米處山地上。

古城呈方形，周長一四六○米。城垣為夯土結構，殘垣基寬八米，殘高均在二米左右。四牆中間均有城門，跡象清晰可見，寬約七米。城門結構不清，四角均有角樓，其殘基高出城牆半米，每面殘垣之上，均設有馬面二，馬面與角樓、城門間距基本相等。值得注意的是東西城門間貫通一溝，寬約六米，呈凹形，豁然將全城分為兩截，與城外水域銜接。

城內遺物極為豐富，散布面積達十萬平方米，南北兩側較為集中。以青磚、布紋瓦、陶瓷器物殘片為最多。普查時，在城內發現鐵鏃、鐵矛各一件，

▲ 順山古城遺址

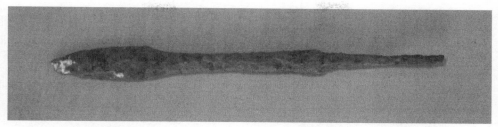

▲ 順山古城出土的鐵鏃

同遼金時代所用的兵器完全一致。此外還見有紅褐色紋飾陶片，為同期遺物所罕見。

一九五八年深翻地時，曾在城內挖出陶罐、三足鐵鍋、雙耳陶壺、釉陶甕、鐵刀、鐵鏵、犁鏡、石磨、石杵及銅錢等遺物。銅錢多見北宋年號，並有少量的金代大定、正隆錢。

古城外東西側方圓二百米範圍內，殘留著密集的青磚頭、布紋瓦等建築構件和大量陶瓷器物殘片，顯然是城外建築遺址，頗具規模。應與此城有密切連繫。

順山古城位於農安縣西北邊陲，地勢險要，遺物豐富，一九八四年列為長春市重點文物保護單位。據考，此城為遼金時代山寺鋪所在地。

小城子古城址

▲ 遼金時期的鐵鼎

小城子古城位於萬金塔鄉東北十公里的小城子屯東四百米處台地上。古城形制完備，布局規整，似正方形，夯土築成。全城周長一三一四米。西、北兩面城垣外，均挖有護城河。

古城內中部是一條東西向土崗，土崗的南坡上遺物密集，當為居民集中或城內繁華之處。採集文物有灰色泥陶口沿、器底、篦齒紋陶片、橋狀器耳、布紋瓦殘塊、乳黃釉瓷口沿和醬色釉瓷片等。此外，在古城東門外南北兩端，距東牆五百米附近，也發現與城內類同的大量陶瓷殘片。據反映，早年在城內外附近曾出土過六耳鐵鍋、三足鐵鍋（鼎）、銅熨斗，大銅洗以及各種陶瓷器皿，還挖出過銅甌、人骨等。

從該城址的形制及出土文物分析，這是一處遼代古城，金代沿用。

農安遼塔

農安遼塔位於農安古城西垣外一百米，今黃龍路與寶塔街兩條街道的交會處。古城位居高台地，古塔就坐落在高台地的制高點上。

遼塔為八角十三層實心密簷式塔，由座、身、剎三部分組成，通高四十四米。原為省級重點文物保護單位，現已通過國家級重點文物保護審批。

塔座呈八角形，每邊長七米，高一米，平整堅固，承托塔身，使古塔顯得莊嚴雄偉。

塔身基部東西直徑八米，南北直徑八點三〇米，係用不同形制的青磚、平瓦、筒瓦、貓頭瓦及水紋瓦等建成。第一層高十三米，其他層均為一點七五米。邊長五點一五米，周長四一點二〇米。第一層上半部修有大小相同、等距間隔的四個龕門和四個啞門。門上五十五釐米處均有一長一二〇釐米、寬四十釐米的拱式眉額。眉額凹入塔身十釐米。四周有筒狀邊沿。龕門均寬一四〇釐米，高二一〇釐米，進深一六〇釐米。龕門上壁是橢圓形磚結構的仿木斗栱。

▲ 農安遼塔經過兩次修繕恢復原貌

▲ 農安遼塔

拱上十八釐米處有與拱頂等長的卷沿浮雕。十三層的塔簷砌成疊壘新奇的花紋,磨磚對縫,犬牙交錯,每層簷下的仿木方椽,排列整齊。各層塔脊均有泥塑的脊獸。塔刹與塔身的銜接處,八個斜坡戧脊雕塑各種獸類,獅子在前,龍馬居中,戧獸尾隨。戧脊兩側各有四條凸起直線圓筒瓦,筒瓦一端均砌著圓形瓦當,瓦當周圍刻有雙重套環,中間刻成「喜」字圖案。戧脊的盡端鑲一鐵環,掛有風鐸,亦稱「鐵馬銅鐘」。在十三層的八個角上,共掛一○四個風鐸。風鐸內鑲銜三翼狀鐸舌,鐸舌上焊有十字形鐸錘,每遇風吹,風鐸搖動,金鐵齊鳴,錚錚作響。晴天時塔高罹風,鐸舌時時擺動,風鐸發出微弱的撞擊聲,悅耳動聽。據光緒三十一年出版的農安鄉土志記載,塔的四周原曾鑲有銅鏡。

十三層的塔身上面是塔刹。塔刹的基礎部分是三層敞口仰蓮。仰蓮上置鼓腹、細頸敞口寶瓶,寶瓶上是銅製鍍金圓光,內為車輪形的捲曲花紋。圓光之上築一銅製鑲金仰月,月牙向天。仰月留有雙層空邊,中間雕刻雲卷。仰月之上鑲有五顆銅製鍍金寶珠。第二顆寶珠上面有一寶蓋,其頂端是兩顆寶珠呈葫蘆形連在一起。寶蓋上焊有四條銅鏈,分別垂掛在塔脊的鐵鉤上。精美勻稱的塔刹,為古塔增添了挺拔高聳的形象。

對於農安遼塔的建築年代,歷來載述為遼聖宗耶律隆緒(983 年至 1030 年)時期所建。最近,經多方查詢資料和考證,其確切年代應為遼聖宗太平三年至太平十年,即始建於西元一○二三年,歷經八年,至西元一○三○年落成。

塔是佛教的象徵和產物。遼代篤信佛教。遼聖宗時,經濟、文化、軍事等各方面,都發展到鼎盛時期。隨著佛教的盛行,遼代在興建城堡的同時,通常

要大興修建寺院和佛塔，農安塔就是在這種特定歷史環境下修築而成的。

農安塔名稱很多。基於民間傳說，觀其雄姿名謂「寶塔」，念其歷史悠久而稱「古塔」，因與佛門相關曰「佛塔」，考其建塔年代則名「遼塔」。隨著建制的興廢和地名的變化，「寶塔」「佛塔」前又常常冠以「黃龍」「龍灣」「隆安」以至「農安」二字，即「黃龍寶塔」「龍灣古塔」「隆安佛塔」或「農安遼塔」。圍繞這座塔，民間還有「牛拉塔」「金馬駒」及「壓龍脈」等種種傳說。

農安塔在悠悠歲月中歷經滄桑。由於兵燹戰亂，風雨剝蝕，到新中國成立前，古塔已剝落成兩頭細中間粗的棒槌形了，塔身岌岌欲墜。新中國成立後，黨和國家加強了對文物的保護，一九五三年吉林省人民政府撥款對農安塔進行了第一次修繕。在修繕過程中，塔身第十層中部有一塊八十釐米見方的方磚，揭起方磚，是一磚室。磚室深四六二釐米，底面近方形，邊長二三五釐米乘二三八釐米，上下是倒扣斗形，牆高二三七釐米，上以磚疊澀收口，計疊澀十三層（每層兩塊磚厚）。磚室的上頭口徑只有五十釐米。磚室裡的西北角，有個用磚擺的小台，台上為硬山式木製小房，房內有釋迦牟尼佛、觀音菩薩、銀牌、瓷香爐、木盒、銀盒、瓷盒及布包等遺物。這些珍貴文物，是研究農安遼塔和遼史的可靠資料。

一九八二年，在中央、省、市、縣有關部門的領導和關懷下，在一九五三年修塔工程基礎上，對古塔又進行了一次大規模修繕，一九八三年十月竣工，使古塔恢復了原貌。

▲ 農安遼塔出土的佛像、銀牌、瓷香爐

石人屯古墓葬

▲ 石人屯石人

石人屯古墓葬位於新劉家鄉林家中學南側三十米處，古墓坐落在路北側的土溝裡。

一九六四年夏，當地群眾在這裡挖土積肥時，發現了青磚壘砌的墓室。經一九八二年、一九八五年兩次現場調查，墓室呈長方形，南北長六米，東西寬三米，高一五〇釐米。全部用四十釐米乘十八釐米乘七釐米大青磚砌築，部分青磚上刻有魚形圖案。券頂，有墓道。墓道一直通至距古墓西南一百米的石人腳下。該地並排站立兩個石人，石人身高二點二米，面南而立，表情嚴肅，文官裝束。

墓室四角各放一醬色釉罈，中央東西橫放一石棺，內裝少量骨灰，並散放大定通寶二十餘枚。此類銅錢係金世宗大定年間鑄造，因此斷定此為大定二十九年（1189 年）以後的金代墓葬。

城子裡烽火台遺址

　　烽火台又名烽燧，一般建築在高台地或山頂上，是戰爭頻繁的年代觀望敵情、互傳情報的軍事哨所。

　　城子裡烽火台位於青山口鄉江東王村城子裡古城東北角五十米高的山頂上，北臨斷崖，地勢險峻，懸崖之下松花江水奔騰翻滾，烽火台居高臨下，俯瞰四方，方圓百餘裡盡收眼底。

　　現台址高出地面一米許，直徑十米，周圍有大量青磚、布紋瓦殘塊，以前多次出土過鐵刀、劍、鏃、馬鐙等器物。一九八〇年，當地群眾還在此附近發現一口七星寶劍。

　　史料曾載：遼太平六年黃龍府請建城堡三個，烽燧十座。此台西南與東北的一條線上，另有數座烽火台遺跡，皆分布在古城附近。以此推斷，城子裡烽火台應為遼金時代所建，這為研究遼金時代的軍事設施提供了資料。

▲ 城子裡烽火臺遺址

順山堡烽火台遺址

位於新陽鄉裕民村順山堡屯南一千米處，東北距順山古城約十公里，該地俗稱「墩台地」。周圍地勢高低起伏，此地雖有居高臨下之勢，近處卻很平坦，台址就在這塊平地的南端。台址南側有一東西林帶穿過，東西兩側和北側均為耕地。

今台基高出地面半米許，可見圓柱形輪廓，方圓面積約一百平方米。

當地群眾介紹，過去台址周圍磚瓦殘片甚多，因多年來機耕鋤耘，逐年減少。普查時，地面尚可尋見青磚殘塊，另有少量布紋瓦、瓦當和灰色素面陶片。布紋瓦外凸內凹，凹面施有布紋，厚重堅硬，火候較高，均呈灰色。所見陶片皆為泥質灰陶，陶土經過淘洗，未有摻合料，質地堅硬，顏色純正，均為遼金時代輪製的生活器具。從地面採集的遺物看，該台應是遼金時代的烽火台。

此台與順山古城相距十公里，和已發現的花園古城烽火台、青山鄉城子裡古城烽火台基本是分布在松花江南，由西南而東北呈一條線。

▲ 順山堡烽火臺遺址

國家級濕地保護區波羅湖

　　波羅湖位於農安縣西部，周邊與巴吉壘、伏龍泉、永安、三盛玉、萬順五個鄉鎮接壤。二〇〇四年十月，由省政府批准建立了波羅湖濕地省級自然保護區，保護區面積二五〇平方公里，濕地面積一八〇平方公里，水面一百平方公里，水深有一米至二點五米，南北長二十五公里，東西寬十公里；草原面積五十平方公里，葦田三十平方公里。

▲ 波羅湖日出

波羅湖屬於內陸閉流鹼性淡水湖泊，是吉林省第三大天然泡塘，長春地區最大的淡水湖泊和唯一的國家級濕地生態自然保護區，被譽為「長春天然的肺葉」。

　　波羅湖真正的寶貴之處在於其對生態環境的調節上，水淺面寬，湖水每年自然蒸發二千萬立方米，對於促進區域水循環，調節長春及其以北地區的小氣候發揮著重要作用。

　　二〇〇四年對波羅湖濕地進行保護開發，引松花江水入波羅湖，使蓄水量達到三千萬立方米。修了一條長一〇五公里、二十米寬的環湖公路。退耕還湖

▲ 波羅湖濕地風光

三十五公頃濕地，植樹五點五萬株，種草一點五萬畝，矗立起一道五十七公里長、二百米寬的環湖綠色屏障。年產蘆葦三千噸，乾草一千五百噸，周邊鄉鎮牛羊存欄量達十萬頭，年產魚六十五萬公斤。

波羅湖鳥類眾多，在這裡棲息和遷徙的有丹頂鶴、大鴇、白鶴、東方白鸛、大天鵝、鴛鴦及白枕鶴等國家一級、二級保護鳥類二十餘種，還出現了狐狸、獾子、野兔。周邊五個鄉鎮比全縣平均降水多了九十八毫米，周邊地區的空氣濕度明顯加大，有效地改善了長春及其北部地區的氣候環境。二〇〇五年春天，波羅湖建了碼頭，挖了船道，建了棧橋，造了湖心島，成為一處集自然與人文於一身的旅遊勝地。

二〇〇七年長春市制定了《長春市波羅湖濕地保護若干規定》，使波羅湖管理保護走上了更加完善的法制化軌道。同時確定發展前景目標是以保護為出發點，實行林、水、草、葦同步開發，生態旅遊、綠色水產、濕地保護綜合運作，把波羅湖建成具有長春市西部綠色生態屏障作用的三大生態基地——野生鳥類保護基地、綠色水產品基地和生態教育基地，形成長春市南有淨月潭，北有波羅湖，一塊是森林之肺，一塊是濕地之腎的生態格局。二〇〇九年十一月，波羅湖申報國家級濕地成功。

波羅湖，俗稱「笸籮泡子」，因其形態酷似一種農家用具而得名，逐漸衍化而來。千百年來，它總是平靜而又執著地滋潤著黃龍府五四〇〇平方公里土地，印證著歲月流逝，桑田滄海，更看慣了蟻爭蝸戰，王侯糞土，霸業流水。

早在遼金時代，波羅湖就水美魚肥，鳥獸群聚，風景如畫。遼國皇帝因而便霸為己有，將這裡劃為皇室貴族的御用漁獵場，每年春季，都要到此舉行名為「春捺缽」的漁獵、祭祀活動。透過湖上那淡淡的煙嵐，我們彷彿看到了那盛大的場景。

元春剛過，乍暖還寒，大遼皇帝帶領后妃宮女、皇室貴族、文武卿相及部落酋長浩蕩而來。旌旗蔽日，鼓樂喧天，煊赫出萬千種威權儀態，而冰封雪蓋的波羅湖則在他們腳下痛苦地呻吟。

▲ 波羅湖之秋

　　侍從們將皇帝的虎帳在湖中冰上紮好，再眾星拱月般環紮其他營帳，形成以皇帝為中心的巨形環營。然後鑿好許多用來捕魚和觀察魚的冰洞（觀察魚的不鑿透）。開始捕魚了，士兵們先用毛網從四周冰洞中為皇帝驅魚（但絕不能捕獲，否則殺無赦）。於是，皇帝帳下萬魚攢動，爭先恐後地從冰洞中向外張望著這個即將滅殺它們的世界。

　　皇帝只需用準備好的繩鉤擲入冰洞，頭條大魚便由皇帝陛下捕獲了。嬪妃爵相、臣僚將士們立即山呼「萬歲」，讚頌皇帝的「聰明、勇敢和智慧」。待卿相大臣和侍從兵士大量捕獲後，便回到黃龍府升天殿或龍驤館舉行盛大的祭祀和宴飲，皇帝捕殺的第一條大魚，就是用來祭祀契丹先祖的福物。

　　待到春暖花開，冰消雪化，鴻雁歸來之際，與「頭魚宴」相類的「頭鵝宴」，就會在波羅湖和黃龍府重新上演⋯⋯

　　不知道這是波羅湖的榮譽還是它的恥辱，但它平靜地承擔著這一切，而承擔和包容，不正是生命的真諦麼！

　　但波羅湖畢竟只是波羅湖，在它的歷史裡也仍有不能承受之輕與不能承擔之重。當關東大地豪雄逐鹿，狼奔豕突，兵燹頻仍，當天帝震怒，天象示警，

赤地千里之際，波羅湖曾數度乾涸！

　　但波羅湖畢竟仍然是波羅湖。即使乾涸了，也仍兼濟着生，創造出許多令人無法想像的奇蹟。據說，在天災人禍、民不聊生的歲月，有一年，乾涸的波羅湖竟長出滿湖大白菜，而另一年則長出了滿湖的苘麻。我們不知道方圓百餘裡的菜、麻碧翠欲滴會是怎樣的壯觀，但菜用以食，麻用以織，在食不果腹，衣難蔽體的人們眼中，大白菜何異於佛祖座下的白蓮？

　　波羅湖是美學的。它有著一種野蠻大荒的壯觀與粗獷之美，有一種「清水出芙蓉，天然去雕飾」的樸素自然之美，更有一種東方哲學最為推崇的寧靜幽謐的境界之美。在我們越來越多地看到高樓迭起，廣告林立，人工山水日益氾濫的今天，這樣一種原生狀態的美，怎能不予你強烈的震撼！但，風景也怕出名，倘若這方幽境勝景名動天下，雜沓的腳步便會踐踏蹂躪得這風景失去了原色，波羅湖還能擁有這獨特之美？

　　波羅湖是文學的。它有著優美的自然風光，悠久厚重的人文積澱，這使它成了有聲有色、有靈有肉的活的風景，其本身就是一首詩，一支歌，一篇洪鐘大呂的散文，一個無比動人的傳奇故事。在這樣的天工造化面前，有誰能夠不痛恨自己的筆過於笨拙！

　　波羅湖還是哲學的。它的喧嘩與靜默，輝煌與蒼涼，寂滅與再生，都給人以太多的思辨。它像一位無言的哲人，以天籟之音和思想的浪花提示你，更像一位冥思的老僧，以無邊的靜默給予你無限的啟迪。當我們面對它無比寬容與浩瀚的懷抱，我們無法不頓悟某些生命與人格的真諦，讓我們覺得自己成了巨人或者像個侏儒。而我們遙想當年，水草豐美的波羅湖上，當大遼國天祚帝放情山水，恣情遊樂，無情掠奪，用長錐鐵箭射落鴻雁的時候，他是不是也剪下自己鼓盪雄風的羽翼？

　　波羅湖更是科學的。它是獨特的濕地生態保護區，擁有著完整的生態系統。從生態學角度看，這裡的山水崖岸，花草樹木，鳥獸蟲魚，所展示的生態價值無法估量。尤其是在工業化不斷發展，土地被擠占，江河被污染，生態危

機日益嚴峻的今天，波羅湖像一個巨大的「天然之腎」，不斷地為人類社會的生存與發展注入活力，提醒著人們，要注重環保，加強生態建設，按照自然與生態的科學規律求發展，把我們的家園建設成為富裕的、無污染的、人與自然高度和諧的美好世界。

煙波浩渺太平池

　　太平池水庫位於吉林省中部，農安西南七十公里，燒鍋鎮、龍王、三崗三鄉鎮之間。始建於一九四二年，是一座集蓄水、防洪、灌溉和養殖功能於一體的大型水庫，庫容 5700 萬立方米，蓄水面積 34.3 平方公里，可灌溉水田 13000 畝、旱田 4200 畝，年產魚二千噸左右。距長春市區三十公里，交通便利。

　　太平池水庫是吉林省的八大水庫之一，是農安縣唯一一座以防洪為主，兼顧灌溉、養殖等多項功能的國家大型水庫。

　　農安縣委、縣政府十分重視太平池水庫的旅遊開發，已經完成了旅遊項目包裝和規劃設計，正積極進行招商引資。不久的將來，太平池將成為一個以水上觀光和休閒娛樂為主的生態旅遊區。

　　太平池水庫先後加固了四次。一九四五年大壩決口，工程廢棄。一九五八

▲ 太平池自然風光

年由水利局設計並復建了水庫的全部工程。一九五八年水庫工程設計為四級建築，二十年一遇洪水設計，五十年一遇洪水校核。一九六六年新開河流域規劃時，將水庫工程改為三級建築，百年一遇洪水設計，三百年一遇洪水校核。一九八五年水庫加固設計時將水庫工程改為二級建築，採用百年一遇洪水設計，千年一遇洪水校核，水庫設計洪水位為 185.50 米，校核洪水位為 186.50 米，興利水位為 183.73 米，死水位為 181 米，總庫容為 2.01 億立方米，其中調洪庫容為 1.47 億立方米，興利庫容為 0.53 億立方米，死庫容為 0.06 億立方米。

水面面積為十八平方公里，相當於長春淨月潭的四倍至五倍。而且這個水庫無須承擔市民的生活用水供應，水源可以得到有效控制。目前，太平池水庫的蓄水量為 6000 餘萬立方米，而最佳庫容應為一點二億立方米。

太平池水庫水域寬廣，景色優美。岸邊芳草萋萋，綠樹成蔭，水面波光粼粼，野鴨戲水，游魚騰躍。遊人可以漫步堤上，欣賞秀麗的風光；可以泛舟水上，垂釣岸邊；可以享受酒館飯莊和水庫漁村的綠色農家飯菜。每逢週末，攜家人、朋友到此，一定可以擺脫城市的喧囂與嘈雜，覓得一份怡然與愜意。

太平池水庫還是電影《南京！南京！》的拍攝基地。《南京！南京！》拍攝劇組耗資 1200 萬，在太平池南岸的林場附近的草原濕地搭建了一座「南京城」，這個影視城是仿照歷史「南京大屠殺」遺留下來的廢墟建設的，面積很大，有一定的旅遊開發價值。

▲ 電影《南京！南京！》拍攝基地

農安人民公園

時維辛卯，序交春夏，農安人民公園竣工。

黃龍古府，農安新城，攜扶餘之祚運，秉遼金之龍威。開黃龍人文先河，創農安園林首例。臨伊水，有千里流芳之雅韻；傍左家，含百代文明之輝煌。

其間濃蔭匝地，碧水涵天。多奇石古木，少俗氛塵煙。晨昏漫步，花如錦，綠如織，起伏濃淡色，次第淺深香。蹊徑縱橫，碧影茵茵穿蛺蝶；地勢跌宕，清流款款臥霓虹。登亭覽勝，可攝春夏秋冬景；撩雲霽月，能鑑古今往來風。閣幽恰有禪聲唱，樹靜偏多鳥語歡。

美景如斯，農安之幸，人民之幸。

人民公園坐落於縣城東北部，毗鄰金剛寺，總占地面積三十公頃。公園設計重點是以黃龍文化為依託，體現民族文化與自然的和諧統一，通過個性化的創意，融入藝術感染力，將遊客瀏覽、觀光、休閒及度假需求作為整體環境創

▲ 農安人民公園

作的切入點，以文化內涵作為公園的背景積澱。本著「粗放中見細微」的原則，因地制宜，通過營造各類不同環境氛圍來展現不同的空間形態。公園設施齊全，功能完備，人工湖、甬路、環形柏油路、路燈、健身器材、旱冰場、門球場、休閒椅、茶舍、護坡、溫室、風景牆、涼亭、藝術長廊、音響、噴灌泵房及排水溝等設施樣樣齊全。每到夏季，公園內樹木成蔭，百花爭豔，青草翠綠，湖面荷香陣陣，岸邊遊人不絕。

二〇一三年八月，第十四屆中國長春（農安）國際雕塑作品邀請展在農安舉行，十一位國外雕塑家和十三位國內雕塑家創作的二十一件雕塑作品落戶在人民公園內。

中國雕塑家李江和徐賢東聯合創作的作品《農安太平鼓》，雕塑了兩位專注的舞者，再現農安太平鼓的歷史神韻。

中國雕塑家白玉良獨立創作的作品《瓢舀魚》，根據「棒打狍子瓢舀魚，野雞飛到飯鍋裡」的東北民謠，表現了黃龍大地富饒廣闊、地肥水美的地域文化。

▲ 人民公園初夏

▲ 公園雕塑《新居》

俄羅斯雕塑家傑納迪·亞歷山德羅夫的作品《母愛》，塑造了一對相依的母子，表現了人類最崇高的母愛。

美國雕塑家巴圖的作品《稻田中玩耍》，用抽象藝術手法表達了對童真、快樂、自由的暢想。

哥斯達黎加雕塑家尤利西斯·吉梅內斯·奧夫雷貢的作品《甜蜜的旋律》，用抽象藝術手法通過醉情於中國傳統樂器竹笛的體態和神情，表現傳統地方藝術的無限魅力和張力。

格魯吉亞雕塑家伊凡·特斯卡德茲的作品《重新開始》，通過馬的雄壯力度和人的頑強韌勁，去詮釋黃龍府人鍥而不捨、頑強拚搏的精神。

古巴雕塑家胡安·昆塔尼拉·阿爾瓦雷斯的作品《祝福》，通過簡練的線條，以中國傳統的姿勢，表現文化間的輻射、融合和共鳴。

龍是中國人的精神圖騰，三人為眾。土耳其雕塑家梅瑟姆·薩姆松的作品《抽象之龍》，通過三隻攀援如龍爪之手，表現合眾為龍的意象。

西班牙雕塑家米格爾·伊斯拉的作品《未知領地》，試圖詮釋世界、思想、哲學的無極境界，表現一切的不確定性。作品本身就構建了一種藝術的未知境界。

越南雕塑家青黎的作品《美好和平》，通過抽象、象徵的手法，表現母愛及和平等主題。

保加利亞雕塑家斯妮佳娜·斯米奧諾娃的作品《音樂》，通過漢白玉的質感、線條的流暢、人物動作表情的靈動，表現音樂的藝術感染力。

中國雕塑家何細華的作品《耶律阿保機》，通過人和馬富有張力的動態組

合，塑造了與黃龍府淵源甚深的遼代開國皇帝耶律阿保機飛騎拉弓的英雄形象。

　　二〇一三年十月十六日又建成了人民公園百米文化長廊，用多種藝術形式高密度地展現農安從古至今的文化發展脈絡。長廊由標誌性假山、主體文化牆、大理石書法碑刻、活動版面及少兒暢想藝術空間五部分組成。其中主體文化牆是長廊的核心部分，主要反映的是從上古時期一直到現在二萬年間農安大地的興衰演變、人文歷史的發展和社會進步，以及與農安人文歷史相關的名人包括岳飛、孫中山、李大釗、李劫夫、劉義貞等。這些歷史及人物介紹都是用浮雕形式生動展現的。文化長廊為市民打造了一個休閒娛樂、文化鑑賞的空間，也給廣大文化藝術愛好者提供了一個作品展示交流的平台。

第五章

文化產品

黃龍戲，被收入國家非物質文化遺產名錄，榮獲過國家戲劇界多項大獎，被譽為「民族藝術瑰寶」；黃龍詩詞，二十世紀中葉就形成了聞名全國的巴吉壘詩鄉，農民詩人代表王振海在全國第二屆文代會上受到毛澤東主席接見；黃龍書畫，獲國家大獎、被人民大會堂收藏、到多地舉辦個人展覽……文脈悠悠，文藝人才群星閃爍，文藝精品百花爭豔，使農安文化呈現出頗為壯觀的氣象。

民族藝術瑰寶——農安文化龍頭黃龍戲

　　黃龍戲是農安文化藝術的「龍頭」，被譽為「民族藝術瑰寶」。黃龍戲自誕生以來，迭創輝煌，成為黃龍府文化的精美名片，二〇〇七年被收入第二批國家非物質文化遺產名錄。

黃龍戲的歷史源流

　　黃龍戲是以東北皮影戲中流傳於農安本地的「此地影」（藝人對本地皮影的稱謂）音樂為基調，以流傳於農安的民間小戲（俗稱「唱玩藝兒」）為基礎，並充分借鑑和吸收本地薩滿樂舞、民間音樂而形成的具有濃郁地方特色和悠久傳統、廣泛文化基礎的珍稀地方戲曲劇種。因農安古城在遼金時稱黃龍府，故稱黃龍戲。

　　黃龍戲的歷史淵源極為久遠。它的唱腔音樂源於中國獨有的皮影藝術。據史料記載，中國皮影藝術起源於西漢時期，唐、五代時期已趨成熟，宋代極為盛行，廣為傳播，清代達到了藝術發展高峰。東北皮影藝術是在兩宋時傳入的，並與當時契丹、女真、兀惹等東北民族文化相結合，交互作用，而產生了新的發展與嬗變，並最終形成了東北皮影的藝術風格特色。黃龍府是遼、金兩朝的軍事重鎮和文化商貿中心之一，皮影藝術傳入東北後，也在黃龍府廣為傳播，成為具有廣泛的群眾性和民族性、地方性的戲曲藝術，代代流傳下來。據解放初期調查，農安皮影早在清末農安建縣（1889 年）前後，就形成了自己的獨特藝術風格，並產生了新的藝術形式，即在皮影曲調、唱腔音樂、表演特徵的基礎上，改幕後操縱牛皮影人演出為演員直接上台演出的一種民間小戲（俗稱「唱玩藝兒」），既不失皮影藝術的韻味，又增強了藝術的表現力，成為廣大藝人走街串巷、田間地頭演出，廣大群眾喜聞樂見的農安民間主要戲曲藝術形式。農安著名的民間小戲傳人有張小手、王矬子、池兜子等。一九四七

▲ 黃龍戲劇團建團五十週年慶典

年，農安解放以後，民間小戲得到了進一步的發揚光大，藝術形式和題材內容都有了較大的發展變化。一九五九年，為深入貫徹周恩來總理關於東北要發展自己的戲曲劇種的指示精神，落實吉林省文化工作會議的相關要求，農安縣對全縣民間小戲、太平鼓、薩滿舞、民歌等民間藝術進行了挖掘整理，民間小戲經總結、完善、改革，命名為黃龍戲。並經吉林省文化局和農安縣委批准，正式組建了黃龍戲實驗劇團，是東北三省內較早組建，且唯一擁有獨立劇種的縣級戲劇藝術團。一九六〇年四月，第一個大型黃龍戲實驗劇目《樊梨花》與觀眾見面；七月，第二個黃龍戲實驗劇目《珍珠串》相繼上演，並分別赴省、市匯報演出，吉林省電台進行了實況轉播。兩個劇目公演後，受到省、市領導和戲曲專家、廣大觀眾的熱烈歡迎和高度評價，受到了省、市文化部門的表彰獎勵。為推動黃龍戲的深入發展，中共農安縣委發出了《關於普及提高黃龍戲的指示》，黃龍戲獲得了極大發展，成為吉林省特別是農安縣的文化名片之一。從建團到一九六二年十月，僅兩年時間，便創作、改編演出了《陳三兩》《喜榮歸》《打瓜園》等十三個劇目，引起了國內戲劇界的高度重視和關注。一九

六二年，中國戲曲研究院副院長晏甬以及著名作曲家馬可、胡沙、賀飛等同志，先後赴農安觀看了黃龍戲，並給予了充分肯定和高度評價。「文革」開始後，黃龍戲橫遭摧殘，劇團被迫解散，演職人員下放勞動。改革開放以來，黃龍戲進入了全面恢復時期。黃龍戲劇團得以重建，並舉辦小科班，先後培養出幾十名青年演員。尤其是在恢復排演原有劇目的同時，又創編了《改規矩》《黃魚仙子》等新劇目。特別是一九八〇年，創作排演了八場黃龍戲現代風俗喜劇《無事生非》，榮獲吉林省戲劇會演一等獎，各大媒體爭相報導，標誌著黃龍戲日趨成熟，進入了全面的改革和飛躍階段。為了進一步完善和提高，黃龍戲在主奏樂件（黃龍琴）、音樂板式、唱腔等方面進行了全面的改革與完善，更加強化地方特色和藝術個性，形成了黃龍戲獨特的藝術風格。一九八四年，大型黃龍戲《風雨菱花》在省、市會演中分獲一、二等獎，《風雨菱花》的舞美設計榮獲一九八六年布拉格聯合國教科文組織第六屆國際舞台美術展覽「傳統與現代結合」榮譽獎，黃龍戲進入了高潮期。一九八九年，由王福義編劇、趙貴君作曲、李學忠導演、馬忠芹、雷霆主演的黃龍戲大型歷史劇《魂繫黃龍

▲ 黃龍戲劇照

府》一舉囊括了吉林省首屆藝術節的各項大獎。同年九月,中國戲劇家協會在農安舉辦了有全國各地專家參加的全國地方劇種研討會,對黃龍戲給予了高度評價。時任中國戲劇家協會主席郭漢城認為:「黃龍戲在全國只此一家……黃龍戲不僅是農安的、長春的、吉林的,更是我們國家的、民族的。」還當場為黃龍戲題寫了「民族瑰寶」四字。一九九〇年十一月,《魂繫黃龍府》奉調進京,參加了第二屆全國戲劇節展演,震撼了國內戲劇界,與會領導、專家學者、廣大觀眾,都給予了極高評價。時任文化部常務副部長高占祥同志親筆題詞「喜看魂繫黃龍府,劇壇新花又一枝」。此後,黃龍戲大型遼金歷史題材劇《大漠鐘聲》《聖明樓》《鷹格夫人》接連獲得成功,在全國和省、市會演中獲獎。二〇〇五年,黃龍戲大型歷史劇《兀朮與鷹格》榮獲吉林省新劇目一等獎,首屆長春文化藝術節優秀獎。黃龍戲被收入《中國戲曲大辭典》,在劇本創作、作曲、舞美、表演等方面,均獲得過國內戲劇界的最高獎。主要劇目有《樊梨花》《珍珠串》《陳三兩》《生死牌》《女駙馬》《望江亭》《搬窯》《喜榮歸》《錢秀才》《哭劍》《庵堂會》《珠鳳緣》《挑女婿》《張飛審瓜》《打瓜園》《黃魚仙子》《改規矩》《一窩豬羔》《糧倉內外》《紅樓夜審》《無事生非》《巧設連環計》《風雨菱花》《魂繫黃龍府》《大漠鐘聲》《聖明樓》《鷹格夫人》《兀朮與鷹格》《恩怨長山屯》等一百餘部。

黃龍戲藝術的基本內容

黃龍戲在主奏樂件、唱腔音樂、表演形式上,與其他戲曲相比,都具有鮮明的藝術特色。其表演形式靈活多變,唱詞念白生動簡練,具有濃郁鄉土氣息和地方特色。

黃龍戲的音樂基調,是以本地皮影唱腔、音樂為基本素材,吸收民間音樂,加以創新變化,注入新的審美元素,形成了特色鮮明的戲曲劇種。其唱腔可分為正調、清調兩種,有女正調、女清調、男正調三套聲腔,都是上下兩句、結構嚴謹的方正樂段。音樂結構採用樂段體,可多次反覆。

▲ 黃龍戲劇照

黃龍戲的音樂板式，是根據皮影唱腔音樂的「一板、二板」原型，結合民間小戲、借鑑本地民歌形成的。其中有平板、快平板、平板三眼、行板、流水板、垛板、散板等。

黃龍戲的行當分腔，主要在唱法、旋律、音色上，而不在音區。行當分腔主要包括男女分腔、年齡分腔、唱法分腔和旋律分腔等，並根據劇中人物情緒，使用部分皮影小調來豐富處理。

黃龍戲的音樂及唱腔伴奏採用小型民族管絃樂隊。主奏樂件是本地四弦基礎上改造而成的黃龍琴和高胡。絃樂有二胡、中胡、大提琴和倍提琴；管樂有竹笛、嗩吶和笙；彈撥樂有揚琴、琵琶、中阮、三弦、大阮；打擊樂有板、單皮、小堂鼓、大堂鼓、鑼、鈸、木魚、碰鐘組成。演奏時，常由一人兼幾種樂器。整個樂調，似影非影，親切怡人。

黃龍戲的表演形式，充分借鑑了皮影戲中舞台上傀儡影人的動作特點，在舞蹈上，吸收了本地民間歌舞、薩滿舞等藝術手段，豐富多彩，具有濃郁地方文化特色。

黃龍戲題材選擇豐富，以歷代黃龍府社會歷史故事尤其是遼、金故事為主體，既可演歷史戲，亦可演現代戲，既可演大戲，又可演小戲，具有較強的藝術感染力和獨特藝術個性。

黃龍戲的文化藝術特徵和價值

黃龍戲是東北文化尤其是黃龍府文化的藝術凝結，具有獨特的文化與藝術性格和內涵，其基本特徵主要是：

1. 傳承性

黃龍戲的歷史淵源極為深遠，可以追溯到宋、遼、金時期。它形成於清朝末期（1889年）左右，發展於解放初期（1959年），改革開放後，即二十世紀八〇年代進入高潮期。它是在傳統民間藝術的土壤上

▲ 黃龍戲劇照

生成的地方戲曲劇種，是東北皮影、民間小戲、歌舞等民間藝術在新時代下的繼承與發展，是東北特別是農安地方文化藝術集成式的創新、傳承，反映和體現了中國東北人民特別是黃龍府人民的世界觀、人生觀和價值觀，反映和體現了他們的傳統人文精神和風土人情，具有極強的歷史文化傳承性。

2. 地域性

黃龍戲是對農安民間藝術的繼承和發展，是千百年來黃龍府的社會、歷史、文化積澱的基本反映，無論在藝術上還是在文化上，它都具有不可替代的地域色彩，鮮明的黃龍府印記。它是黃龍府一切人文現象的文藝化反映。特別是黃龍府作為「直抵黃龍府，與諸君痛飲耳」（岳飛）和「何當痛飲黃龍府，高築神州風雨樓」（李大釗）的民族精神像徵，它所反映的民族文化精神，更具有極為高遠的政治意義、文化價值和不可替代性。

3. 綜合性

黃龍戲是兼具唱、念、做、打於一體的戲劇藝術形式，更吸納和借鑑了東北皮影、民間戲曲、民間音樂、舞蹈等多種藝術，最終形成的具有多種藝術審美綜合性的地方藝術。

4. 民族性

黃龍戲是典型的東北地方戲曲藝術，它的藝術與文化本體具有比較突出的東北地域文化特徵。從歷史上看，東北作為與中原文化相對的文化區域，是扶

餘、契丹、女真、高句麗、党項、突厥等少數民族的融合區，是華夏民族的重要組成部分。東北文化也是中華民族文明的重要支脈。所以，黃龍戲也是中華民族文化藝術的區域性反映，具有重要的民族特徵。

黃龍戲作為民族文化的區域性載體，具有多樣性特徵和多種價值元素，主要是：

1. 歷史價值

黃龍戲是中華民族地域文化的具體表現形式，它充分反映了東北民族文化的歷史進程和文化發展中的分化與整合，是民族文化精神在一定歷史條件下的繼承與發揚，具有重要的歷史承繼與文化遺存價值。

2. 文化價值

黃龍府是歷史上東北各民族共同聚居的繁華都市，黃龍戲是從歷史到現在東北各民族文化藝術共同作用的產物，是各東北民族文化因子對立統一、交融互攝的結晶，在中華民族文化藝術中具有典型的文化個性和藝術特徵，反映了東北區域民族文化精神和黃龍府地方文化特色，其核心價值是中華民族傳統文化在特定區域、特定歷史條件下的個性化體現。

3. 學術價值

黃龍戲是東北黃龍府歷史、文化、藝術在新的條件下的生發。它所包含的薩滿文化、民間戲曲文化和民歌等文化藝術具體表現形式，都具有一定的原生態性質；同時，它所體現和反映的宋、遼、金等文化藝術因素，也都是民族文化藝術的存留，其間所蘊含的風俗、風情等，都是民俗的藝術表現和再現。所以，從學術上講，黃龍戲具有重要學術研究的參考和借鑑價值。

4. 藝術價值

黃龍戲是黃龍府社會歷史文化土壤上生長起來的獨特藝術之花，具有個性化審美特徵。黃龍戲是地方民間文藝的最高表現形式，具有和諧藝術、和諧文化的典型代表意義。黃龍戲是地方戲曲藝術中的典型代表，具有地方戲曲藝術的共性和個性，是民族地方戲曲最高藝術境界的具體展現。黃龍戲作為民族區

域文化藝術品牌，具有極大的藝術發展空間和產業發展前景。

黃龍戲的發展狀況

多年來，在農安縣委、縣政府的大力支持下，農安縣文體局、黃龍戲劇團為保護和發展好黃龍戲這一民族文化遺產，做了大量的艱苦努力。「搶救黃龍戲」作為挖掘和弘揚黃龍府文化的重要內容，列入了農安縣打造東北歷史文化名城工程，並納入到農安縣國民經濟和社會發展「十一五」規劃，納入到長春市《「十一五」文化發展綱要》；黃龍戲的保護問題引起了吉林省、長春市有關部門的高度重視，在二〇〇六年吉林省文化體制改革中，黃龍戲劇團作為長春地區唯一一個保護劇種團體，以國家事業單位形式保留下來，列為改革試點單位。二〇〇七年，黃龍戲被收入第二批國家非物質文化遺產名錄。

▲ 黃龍戲劇照

目前，為了保護發展黃龍戲，農安縣委、縣政府實施了三項改革創新舉措：一是人才興戲。藉助黃龍戲劇團改革之機，把富餘的非業務人員分流到其他文化單位，招聘一批急需業務人才，崗位涵蓋各個演出部門和各個行當。舉辦傳襲班，作為人才培養基地。復排經典劇目《魂繫黃龍府》，創排一批大戲、小戲和黃龍戲表演唱。二是管理興戲。擬定新的人員管理考核辦法，合同化、動態化管理，獎優罰劣。三是市場興戲。黃龍戲進課堂，在縣內中小學音樂課上教唱黃龍戲經典唱段，從娃娃抓起，培養黃龍戲人才和觀眾群體。進行商業化演出嘗試。努力形成人才濟濟、好戲連台、群眾喜聞樂見的局面，進一步激發黃龍戲活力。

筆墨奇崛各成峰——渾厚雋永的黃龍書畫

　　黃龍書畫作為藝術形式，很難用一種風格去定位。因為藝術家群體人數眾多，個人的藝術手法不同，藝術追求不同，表現的藝術語言也不同。相同的是藝術家們以厚重的黃龍府文化為根基，吸收地域文化元素，都走出了自己的藝術道路，創造了屬於自己的藝術語言。全縣有專業書畫家數十人，多數都進入過國展和在國家、省市獲獎。

　　農安在書畫方面，創作陣容非常可觀，其中不乏國手。

　　國畫有朱玉鐸、王煥富、韓秀平、裴龍、朱洪波、焦慧勇、洪楓、鮑景余、劉福生、鐘海峰、張士偉、楊明、王曉俠、石志林等，多數是山水花鳥加書法兼習，但又各有差別、各有專長。朱玉鐸、裴龍、焦慧勇、朱洪波、鐘海峰、張士偉、楊明等是以山水畫為主，王煥富是以工筆東北虎為主，韓秀平是以人物畫為主，洪楓、鮑景余、劉福生、王曉俠是以花鳥為主，鮑景余、王曉俠又以工筆見長。朱玉鐸山水畫取材廣泛、嚴謹自然、筆墨恣意、精拙相濟。

▲ 裴龍國畫作品

▲ 焦慧勇國畫作品

春山讀書圖

▲ 鐘海峰國畫作品

▲ 張士偉國畫作品

▲ 朱洪波國畫作品

▲ 王曉俠國畫作品 　　　　　　　▲ 洪楓國畫作品

奇巒平野、茅籬精舍，但抒胸中情，皆可入畫，為之筆底雲煙、胸中日月，得心而應手；王煥富被譽為「東北虎王」，所畫東北虎不僅形肖，更具虎的神威，觀其畫總有松濤溪澗間虎嘯風生之感。他運用獨創的工筆疊壓層積法畫出的虎毛具有蓬鬆質感；韓秀平善畫偉人，質樸的筆墨間，總有千古精魂縈繞，百世英雄岸立；裴龍山水畫布局嚴整，根基紮實，運筆率意，險中藏拙，深諳傳統山水精奧；焦慧勇山水秉黃賓虹一脈，筆墨意趣，意走筆先，鐵鉤銀畫，率意揮灑，酣暢淋漓；洪楓的寫意花卉，講究筆墨趣韻，畫風豪放灑脫，喜寫

空靈靜謐、深邃雄渾之境；朱洪波、劉福生、鮑景余、鐘海峰、張士偉、楊明、王曉俠等作品亦大有可觀，或宏闊大氣，或精微明媚，或筆底生情，或墨中有味，不一而同，各存其妙。

　　書法名家有劉福生、趙延輝、齊秉金、金平、徐進、宋迎春、王小利、李尊武、楊明、翟洪濤、鄧豔龍、杜磊等，或碑或帖，或行草或隸楷，都是功力深厚、個性鮮明。劉福生書法氣格宏大，恣意、天真、古拙，自成一家；趙延輝以小楷和硬筆書法見長，行草楷隸兼修，其書取法古、立意深，平中見奇，

▲ 鮑景余國畫作品

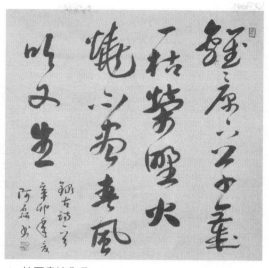

▲ 杜磊書法作品

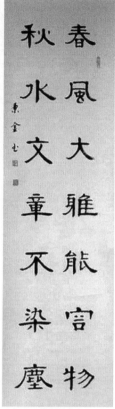

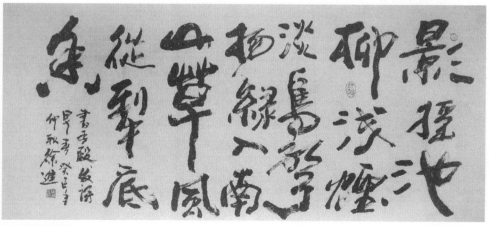

▲ 金平書法作品

▲ 齊秉金書法作品

▲ 徐進書法作品

窗竹影搖書案上

墊泉聲入硯池中

歲在辛卯年春　鄧彥龍於硯濱居

▲ 鄧彥龍書法作品

▲ 張繼會油畫作品

▲ 王自罡油畫作品

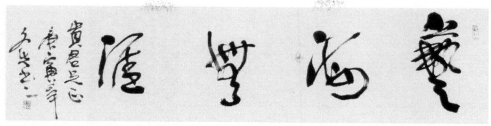

▲ 張文先書法作品

雅俗共賞，令人靜心滌目；宋迎春、王小利都是國家書協會員，以楷書見長，書法自成體系；李尊武、楊明、翟洪濤、鄧豔龍、杜磊等亦各有專擅，得書道精髓。

　　油畫、水彩方面有金銳、孫玉明、劉向久、侯占發、王自罡、張繼會、劉楠楠等。金銳的作品構圖嚴謹，用筆凝重，筆觸變化豐富，畫面立意深遠，用色考究，追求筆觸塑造，有極強的藝術感染力；孫玉明作品以其神祕性、象徵性和寓言性的特質，隱喻內心世界，藝術語言獨立，畫風前衛荒誕，自成風格；劉向久作品個性鮮明，大氣奔放，技法嫻熟，色調飽滿而不失沉靜與典雅；侯占發、王自罡、張繼會、劉楠楠等老中青相濟，各有專長，在油畫方面為農安攢足了後勁兒。

　　這些藝術家或師法造化匠心獨運，或深研傳統博采眾家，都在藝術之路上走得很遠。他們很多人受聘於國家、省、市藝術創作室或在國內適合自己藝術發展的地域打造自己的畫室，並走名山大川、訪深山古剎，任山水滋潤，受碑石蒙養，在北京、河北、浙江、新疆等地舉辦個人展覽。

▲ 費運興油畫作品

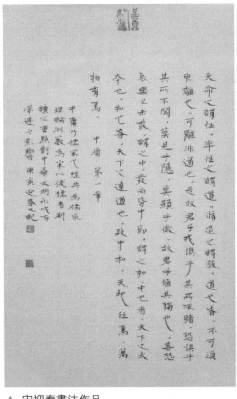

▲ 宋迎春書法作品　　　　　　　▲ 夏光江書法作品

　　優秀的文藝家是地域的靈魂，優秀的文藝作品是人類的財富。

　　目前，還有很多在域外發展的藝術家：徐善循，上海理工大學教授，藝術設計學院院長，作品多次在國外巡迴展覽和在上海舉辦個人展；金銳，著名油畫家，上海理工大學等五所大學客座教授，二〇一三年中國軍事博物館舉辦的「走進崇高實現中國夢」首屆中國書畫大展組委會副主任；夏光江，吉林省書法家協會副主席，延邊州書法家協會主席，作品在國家體育場「鳥巢」展出；劉天琪，美術學博士，中國書法家協會會員，海南印社副社長；費運興，吉林省教育學院藝術系副主任、副教授；張文先，鄭州市文聯原秘書長、書法家協會常務理事；劉向久，油畫技法碩士，吉林藝術學院講師，作品曾入選全國美

展，並在省、市多次獲獎；孫玉明，油畫家，吉林工程技術師範學院藝術學院講師，多幅作品被俄羅斯、法國、美國等畫廊收藏，自創鋼筆繪畫藝術⋯⋯

書畫藝術的主要成就

縣內書畫方面，除朱玉鐸、王煥富、劉福生、韓秀平、趙延輝等在全國取得驕人成績外，還有很多書畫家也有不俗的成績：

焦慧勇作品在慶祝中國共產黨成立八十週年吉林省美術作品展中獲二等獎，作品入選「偉大豐碑全國書畫藝術展」，在中國革命博物館展出。先後在河北霸州益津書院、新疆烏魯木齊舉辦個人國畫作品展。

宋迎春作品入選全國第三屆扇面書法展，入選第二屆「平復帖杯」全國書法篆刻大展，入選首屆大愛媽祖——中華媽祖文化書法篆刻大展，入選中華龍文化全國書法大展。

王曉利作品入選全國第二屆隸書大展，全國第二屆扇面書法展。

洪楓作品入選全國梅蘭竹菊中國畫作品展，偉大豐碑全國書畫藝術展；先後在河北霸州益津書院、新疆烏魯木齊舉辦個人國畫作品展。

朱洪波作品入選瀋陽軍區全國書畫作品邀請展，入選吉林省美術作品展等。

裴龍作品刊登在《吉林日報》等多家報刊，入選「中國，有座城市叫長春」全國書畫展，編著《農民學書畫》在遼寧大學出版社出版。

王曉俠獲吳道子藝術館中國書畫名家大展精品獎，第四屆全國青少年書法銀河大獎賽青年組三等獎，中國（山西芮城）永樂宮第四屆國際書畫藝術節百家獎，中國（山西芮城）永樂宮第五屆國際書畫藝術節優秀獎。

李尊武作品入選第二屆中馬書法交流展，入選第二屆中國書法蘭亭獎安美杯書法展；專業論文《文化的積澱和人格的昇華》獲「全國第五屆書法教育學術研討會」優秀論文獎。

楊明作品在慶祝改革開放三十週年吉林省書法大展中獲銅獎，硬筆書法作

▲ 李尊武書法作品

▲ 王曉利書法作品

▲ 楊明書法作品

品獲全國第一屆硬筆書法作品展探索獎。

　　鮑景余獲全國第十二屆「廬山杯」書畫大賽銀獎，作品入選第三屆中央數字電視書畫頻道迎新春美術作品展播。

　　還有金平、徐進、王自罡、金成、鐘海峰、石志林、韓曉光、翟洪濤、杜磊、馬忠坡、姜芳菲、鄧彥龍、張士偉、張鳳和、單淑珍、王小波、劉楠楠、盧曉黎、于志滿、張福臣、楊義文、鄒瑞琴等書畫家和書畫愛好者在國家省市展賽獲獎、入展，總計在藝術類書刊發表、入展、獲獎上千人次。

鄉情催綠滿園春──蔚為大觀的黃龍詩歌

　　詩歌離我們很遙遠，也很切近。

　　當今這個甚囂塵上的時代，有幾個人能夠平靜下來去品味生活中的詩情呢？但是，當農民把犁插進春天的土地，翻出第一犁黑土，當大街上噼噼啪啪的大雨點落下來，砸在一朵朵傘上，砸在人們的頭上、臉上，慌亂的、沒帶傘的你卻放緩了腳步，是不是有一滴雨砸到你的心裡去了呢？詩與生命同在。

　　詩歌是黃龍府大地的寵兒。黃龍詩歌受厚重地域文化熏染，在各個歷史時期都有其突出特點，尤其新中國成立後，詩歌浪潮更是一浪高過一浪。從二十世紀中葉爆發的巴吉壘農民詩歌熱潮，到二十一世紀初興起的「舊體新詩」理

▲《黃龍詩萃》

念，直到當下的詩歌理性回歸思潮。農安大地每個時期都不乏詩性追尋和詩歌探索，而且產生了豐富的優秀詩歌作品。

二十世紀五〇年代，農安巴吉壘鄉農民受火熱生活的鼓舞，爆發了農民寫詩熱潮，產生了很多帶著泥土芬芳的草根詩歌：「口唱山歌手搖鞭，心甜如蜜耙地歡。鞭兒掃落天邊月，耙走切平萬座山」，「今年糧食堆成山，站在山頭入雲端。撕塊雲彩擦擦汗，湊近太陽抽袋煙」。這些詩歌是普通百姓心中的情感流露，是濃濃的鄉情體現，雖然帶著很濃的時代特點，但其中不乏藝術元素和浪漫主義色彩。這一時期農民詩人創作了大量詩歌，出版了十幾本詩集、詩選。詩人代表還參加了全國第二屆文代會，受到毛澤東主席的接見。巴吉壘鄉獲得了國家級「詩鄉」的稱號。時任省委宣傳部長宋振庭到詩鄉視察，也為詩鄉群眾的詩歌運動所感染，提筆賦詩：「農民自古有詩章，萬顆明珠土下藏。一經東風春雨後，滿園草綠百花香。」

二十世紀末到二十一世紀初，農安縣城眾多詩歌愛好者自發成立了黃龍詩社，十幾年間出版社刊《黃龍詩萃》十輯，提出了「舊體新詩」（用舊詩的形式創作新詩，用新詩的理唸經營舊詩）的創作理念。創作了一大批獨具特色的詩詞。曾在全國紅豆大賽、華夏詩詞大賽上獲獎，初步統計在國內各類賽事獲獎的有上百人次，產生了許多優秀的詩詞作品，如：

手握金鞭立晚風，一聲號令動山容。

如今我是石天子，統御湘中百萬峰。

——《題張家界天子山》

犁壟青青漲鳥音，夕陽一點半山心。

林梢那抹霞如帶，繫向荷鋤老父親。

——《田野印象》

下崗衣食憂日斜，每披風雪覓生涯。

匆匆兩腳蹬星月，小小三輪托個家。

——《人力車伕》

▲ 詩歌大賽現場

覓食尋常風雨歸，棲身簷下繫安危。

柳鶯捎信南陽好，怕惹鄉愁不遠飛。

——《麻雀》

相相形形曉是空，一聞噩耗也心驚。

我非書道夜行客，卻以先生字作燈。

——《緬懷啟功》

　　這一時期詩人的視角更開闊，反映情感更豐富，雖利用傳統詩詞框架，但內容卻有豐富的時代感。

　　近十幾年中，黃龍府詩歌從形式到內容又產生了很大變化，出現新體詩歌和傳統詩詞並行的發展態勢。詩詞增加了注重生活本身，謳歌時代、謳歌生活、謳歌山川風物，發揮正能量、充滿陽光的作品。出現了結合新舊體，極富真性情的表達。如：

曲徑穿林瘦，蜿蜒似皺紋。

遙思堂上雪，凝望正紛紛。

——《父母額上的皺紋，是我回家的路》

樹老炊煙直，長撐夢裡天。

兒時那場雨，猶自掛簷前。

——《古榆下的老屋，日夜生長我永遠青翠的夢》

紅燭風中淚，慈嚴掌上擎。

此生寒夜裡，溫暖一心燈。

——《大紅燈籠高高掛，如暗夜裡給我光明的父母之心》

世路雲煙渺，家山幾許長？

回看風雪裡，枯手挽斜陽。

——《離別時雙親的手，永遠揮舞著放飛我的風箏之線》

詩歌出現了衝破形式和技藝的柵欄，直面人性、思考人本、富於情感表現的作品，如：

所有苦痛的酒

我已一飲而盡

杯底浮現笑意

留給這個夜晚

回家的路，不需要攙扶

推開門

還原一個赤裸的靈魂

像月亮，坐在天空

——《在靈魂的背簍裡豪飲》

你一定很累

就在街角

席地而睡

匆匆的腳步

隆隆的車輪

為你唱眠

你睡得很甜美

工裝上的汗漬

印著勞作的艱辛

嘴角上的微笑

卻在說無所謂

微風掀了掀你的衣角

又撫了撫你的亂髮

告訴你

正午的陽光

有些足

你卻毫不在意

抹了一把額上的汗珠

繼續酣睡

均勻的鼾聲

好像思夢正濃

夢裡是不是回家

見到了妻兒

……

親愛的兄弟

你就是我的同鄉吧

我住的那幢樓

可能灑了你的汗水

此刻

望著幸福的你

我有些心碎

真想叫醒你

到酒館裡乾兩杯

聽一聽鄉音

問一問家事兒

可我又不忍心

因為

你真的是太累

——《民工兄弟》

這些作品在向情感和思想深度掘進，體現一種現實和理性的光輝。

農民詩歌也有很大發展，充盈著淳樸的生活氣息，洋溢著發自內心的喜悅，如：

家鄉的山水，家鄉的林

腳下的黑土，頭上的雲

品不夠的家鄉味兒

責任田勾住咱農民的魂

捧把黑土不放手

聞了一遍還想聞

黑油油的泥土打鼻子香

火辣辣的日子熏醉了人

壟溝裡的腳印摞成摞

祖宗的汗水腳下洇

爺爺的奔頭爸爸的盼

幾代人的期望變成了真

多少個春秋辭日月

多少滴汗水洗星辰

扳著指頭數冬夏

對著鏡子查皺紋

門前的小樹成古柳

當年的娃娃抱曾孫

三百六的口糧保住了命

二斤白麵解饞根兒

玉米皮用手捻了又捻

磨縫裡留下了惋惜的心

今天的日子圓了昨天的夢

趕上了今天是福人

大姑娘變著法兒的美

小夥子賽伴兒抖精神

年輕人搞對象不學都會

村子裡閒壞了介紹人

老太太趕時髦穿紅又想綠

八十歲的老頑童跑進了秧歌群

老兩口嘰嘰咯咯直幹仗

你看他，他看你，都怕偷情人

農民晃起了搖錢樹

黨給拉開了富裕門

致富路上比著幹

放開兩腿攆財神

黨在前面扯著幹

坡坡坎坎不擔心

走出田園看天大

跳進商海試水深

黃牛南山吃閒草

鋤頭當作文物存

新居棟棟飛笑語

鄉路平平跑商群

綠水招來天外客

青山壓破汽車輪

憨厚的莊稼人咧著嘴笑

黨給的實惠誰能不動心

讓美好的時光充滿記憶

把件件喜事說給四鄉

我愛家鄉一方土

就像兒子愛母親

——《我愛家鄉一方土》

　　近幾年，為了促進詩歌藝術發展，加強了活動交流與陣地建設。黃龍詩社聯合相關部門，以活動為載體，促進詩人的創作活力。先後舉辦了首屆原創詩歌朗誦大賽、創城賽詩會、基層組織建設年賽詩會、「新村杯」詩鄉賽詩會等大量活動，活動中也產生了許多優秀詩歌。

詩歌詩詞創作的主要成就

　　多年來，在劉慶霖、田成明兩任詩社社長帶領下，詩歌創作取得了可喜的成績：王士信在「勿忘九一八，紀念白乙化」宏偉杯全國詩詞大賽獲二等獎，入圍第三屆華夏詩詞獎；張景芳詩詞作品在「勿忘九一八，紀念白乙化」宏偉杯全國詩詞大賽中獲一等獎；姜春山詩詞作品在「勿忘九一八，紀念白乙化」宏偉杯全國詩詞大賽中獲二等獎；薛啟春在江門「中華白海豚杯」全國詩詞邀請賽中獲三等獎，在「勿忘九一八，紀念白乙化」宏偉杯全國詩詞大賽獲三等

獎，入圍首屆華夏詩詞獎……二十一世紀以來，縣內詩人在全國詩賽獲獎四十餘人次。《2008 中國當代詩庫》收入黃龍詩社八人十七首詩詞作品；二〇一一年出版的《中華詩詞文庫·吉林詩詞卷》收入黃龍詩社四十八人二七五首詩詞。巴吉壘詩鄉出版《滿園草綠百花香》《巴吉壘詩選》《田園放歌》等十一本詩集；縣文聯、黃龍詩社出版《午睡的池塘》《晚霞織錦》和《黃龍詩萃》等十幾本詩集。還先後出版四十餘部個人詩集：劉慶霖《劉慶霖詩詞》《掌上春光》《古韻新風》，于小小《溫暖的來處有個名字——祖國》《扛著青春去戀愛》《紅嘴唇的夢》，王海娜《春在手中》，于柏秋《仰望記憶的天空》，葉寶林《大漠紅柳》《回頭明月》，楊卿文《黃龍吟》，郭勝君《賞月齋詩詞選》，孫茂棟《孫茂棟詩詞》，張景芳《心琴集》，于海心《海心集》《淨野齋吟草》，許立國《籬落新歌》，孫顯軍《兩忘集》，王英洲《晴心集》《彩霞歌賦》，姜春山《春山吟草》，王本臣《吟風錄》《吟風錄續篇》，薛啟春《融雪齋詩詞》，

▲ 賽詩會現場

▲ 賽詩會現場

孫憲武《花溪集》，汪孔臣《南華齋格律詩詞選》，潘仲騫《泥塵集》《泥塵續集》，孫恆笑《清吟集》，王福臣《天天絮語》，劉元柏《田園新曲》，王士信《右誠吟草》，姜興昌《陽剛之氣應開放》《拾真衛悅步步高》，萬志富《寂寞的風景》，李樹德《歲月流痕》，田德魁《暮歌》，任德輝《望西山詩集》，修殿武《韶園留韻》等。

總有繁花遍地開 —— 其他藝術門類的成就

音樂

　　作曲家趙貴君被授予吉林省「最具影響力戲劇音樂藝術家」，獲中國戲曲音樂孔三傳音樂獎，獲第七屆中國戲曲音樂論著、論文一等獎，創作數十部大型「黃龍戲」戲曲音樂作品和歌曲音樂作品；秦亞麗創作的公益歌詞被譜曲數量創世界紀錄，獲吉林省第十二屆精神文明建設「五個一工程」獎，《扶起你》《婆婆也是媽》等數十首原創歌詞被廣為傳唱；王穎獲吉林省第十二屆編曲優秀音樂獎，第八屆「中國濱州・博興小戲藝術節」作曲獎，吉林省第五屆二人轉・戲劇小品藝術節編曲一等獎；王清泉獲第四屆「激情夢想・草原之夜」中老年藝術大賽最佳指揮獎；李文學獲全國第二屆華夏藝術風采國際交流選拔賽聲樂美聲專業中年組一等獎；高方德、欒興、徐長軍、陳立峰、劉瑛、王忠耀、李春偉、岳山英、楊澍等音樂人在國家省市會演比賽中獲獎數十次。

影視劇

　　劇作家杜今學創作的二十二集電視連續劇《我們都是好朋友》獲第二十五屆「飛天獎」，創作的二十二集電視連續劇《守望》在央視播出，三十三集電視連續劇《勸架的女人》獲全國優秀電視劇獎；作家劉春華創作的電影《冬去春來》作為二〇一四兩會獻禮影片在央視電影頻道播出，並出版影視劇作品集《面對權力》《村中紀委》；作家孫豔平創作的電影《馬村來了位朱警官》作為十八大獻禮影片在中央電影頻道播出，電影《火車一響》獲第十屆吉林省長白山文藝獎作品獎。

戲劇

　　戲劇作家王福義創作的《鐵血女真》獲第三屆文華獎劇作獎、第三屆全國

▲ 電影《火車一響》劇照

▲ 電影《馬村來了位朱警官》劇照

少數民族題材戲劇劇本創作金獎、九十二至九十三曹禺戲劇文學獎，《魂繫黃龍府》獲第三屆全國少數民族題材戲劇劇本創作特別獎、戲劇文學飛虎獎，《聖明樓》獲第四屆少數民族題材戲劇劇本孔雀獎，《通問使臣》獲第十二屆少數民族題材戲劇劇本孔雀獎，《歪梨娘娘》獲第十八屆田漢戲劇獎一等獎，

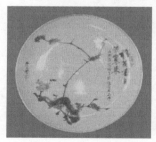

▲ 戲劇部分獲獎證書、獎盃

並出版《王福義作品選》《王福義劇作選》；孫豔平創作的《不該出事兒》獲首屆全國戲劇文化獎‧小型劇本二等獎，《告還是不告》獲第六屆中國戲劇文學獎‧小型劇本二等獎；潘太玲創作的《孔雀東南飛》獲首屆全國戲劇文化獎‧小型劇本一等獎，《有事兒說事兒》在「天穆杯」改革開放三十年、新中國成立六十週年農村題材小戲小品創作大賽中獲一等獎。

文學創作

作家杜今學小說《來晚了罰冰棍兒》獲《小小說選刊》徵文三等獎、被選入北京語言學院大學課本，小說《山青青海藍藍》獲新中國成立三十五週年大連市文學徵文一等獎；謝華良中篇小說集《下雪了，天晴了》獲吉林省第十屆長白山文藝獎、第三屆吉林文學獎一等獎，小說《麥子，麥子》獲第七屆冰心兒童圖書新作獎，小說《和你一起奔跑》獲第三屆長春文學獎銅獎，小說《我很純樸》獲新世紀兒童文學中短篇小說獎；未決獲一九九六至一九九七年度吉林省文學鼓勵獎，短篇小說《逝將去汝》入選《小說選刊》；孫曉瑋小說《坦蕩的秋天》獲東北三省四市文學徵文一等獎；吳永學的中篇小說《玉泉山》在上海文學發表。

文聯出版了文學藝術綜合選本《農安文學作品選》《何當痛飲黃龍府》和「黃龍府文學藝術典藏系列」五卷本（小說集《八月的羊草甸》、散文集《心靈原野的牧歌》、民間故事集《老柳罐和地蹦影》、戲劇集《孔雀東南飛》、詩歌集《午睡的池塘》）等；個人出版作品集：劉春華的小說集《直擊腐敗》、散文集《親親動物寶貝》，孫書深的短篇小說集《雁過留聲》、長篇小說《瀚海孤煙直》、

▲ 文學創作系列叢書

散文集《悠悠夢痕》，謝華良的小說集《下雪了，天晴了》《小麻雀的春天》《告訴你沒啥》《一鳴驚人》《我有一匹馬》，王景剛作品集《沃野鄉風》，葛德春長篇小說《松闊羅傳奇》，王濟民散文集《往事回眸》，劉夢琦散文集《大道之行》，王繼濤散文集《感悟》，孫文濤散文、詩論《風雪黃昏》《大地談詩》《浪漫與溫馨》《京華遇詩人》，李鐵力散文集《遠帆的故事》，冷延崑《歷經塗記》，鄒兆臣《獄內》，張帆長篇小說《馬蓮花開》，張國恩散文集《往事蒼茫》，周敏散文集《杏花園裡的故事》《囡囡团团》，王永論著《金代散文研究》《四型人格》，修成國散文、小說集《麥黃杏紅》《山青水綠》《鄉情賦》《蕎麥花開》《風雪之夜》《三峽放歌》《迷途》《田園戀歌》《歲月如歌》，孫永超《天火》，高翔《星文遙寫漢》《幽殊未極》，馬占昕報告文學集《潮起黃龍府》，葉寶林報告文學集《歲月不老》等四十多部。

其他藝術類

王玉國根雕作品，採集原料極為嚴謹，創作時依自然形狀，構思精巧，多有滄桑古韻；王景學根雕作品，因形取勢，刀沉力猛，大膽求真，形肖神具；崔占勝根雕外兼刻葫蘆，講求奇巧，多自然意趣，精緻小品很多；劉世術刻葫蘆，題材廣泛，大氣與精微兼具，意趣豐富。

石志林刀畫有油畫風格，多取材山水田園，潤色於刀，更添質感。其書法更是無物不可做筆，杯盤碗碟，火柴竹籤，手指掌腕，任其御使，或滿紙雲煙，或行雲流水，或樸拙，或奇絕，各存其妙。

毛士忠的彩鉛筆畫，脫胎於傳統裝飾畫，精細素雅，多田園山水的恬淡意趣。

▲ 王玉國根雕作品

十年耕耘一樹花——文學藝術陣地《黃龍府》

《黃龍府》文學期刊是農安文化的一張名片，創刊於二〇〇二年十月，至今出刊五十九期，發表文學作品八百二十多萬字，文藝作品四千多篇（幅）。在培養文藝人才，提供創作交流陣地的同時，依託《黃龍府》期刊與全國各

▲ 《黃龍府》期刊

地文聯先後建立連繫，互贈刊物二百餘家，吸引了包括北京、安徽、廣東、上海、海南、陝西、遼寧、河北、黑龍江、湖北、江蘇、江西、山東、山西、四川、雲南等十六個省、直轄市的六十多位作者投稿。歐洲著名僑領，現僑居意大利羅馬的潘仲騫先生得到《黃龍府》後，加入黃龍詩社，為《黃龍府》撰稿。

同時在《黃龍府》特設欄目，先後舉辦了「全縣首屆黃龍府杯原創詩歌朗誦大賽」「奧運中國・文化黃龍」主題文學作品大賽、「全縣小學生才藝大賽」「美麗古府・人文農安」攝影作品大賽、「幸福農安・文明家園」徵文大賽等賽事活動，為繁榮農安文藝創作，推進黃龍府先進文化建設提供了堅強陣地。目前《黃龍府》期刊已經成為當代農安的一塊品牌、一種形象、一個窗口。

樸素的願望——推陳出新的太平鼓

「太平鼓」過去叫「單鼓」，是舊社會流傳於農安一帶的民間文藝形式，寄寓著人們祛病免災、祈求平安的一種願望，有很濃的迷信色彩。新中國成立後經過改造，取其精華，去其糟粕，成為一種群眾喜聞樂見的文娛形式。

打單鼓藝人，為某某家「打祖宗」，就是祭祖，俗名「燒香」。燒香的由來，據說在西元六五八年唐王征東時，在遼寧鳳凰山，請外號叫「小當子」的一夥人，用「燒香」的形式，為戰死的將士超度亡魂，後來這種形式在民間流傳開，農安一帶較為普遍。單鼓雖然帶有濃厚的迷信色彩，但其中也有一些民俗性的內容，如動聽的音調，優美的舞蹈，可傳可誦的說唱故事，都在民間廣泛流傳，很受人們歡迎。

過去單鼓活動的領頭人叫掌壇的，農安有知名的遲殿清、王喜珠、李青山等三十六名掌壇的。每名掌壇者帶四至七人，其中分一、二、三鼓等級，全縣約一八〇多人。他們以為香主燒「定香」為主，有時走鄉串屯「攔香」，到各香主家去活動。

舊社會燒香的人家有兩種情況，一個是家裡有了病人或生活上遇到苦難，請巫醫大神看完後，而燒許願香；一個是為年景好，一切如意，而燒太平香。一些老財和官吏，看到燒香有利可圖，常燒太平香，大收香禮。香主家到燒香時殺牲擺宴，接待親友。親友以香禮（錢）前來道賀。燒香唱的內容多是宣揚封建迷信，甚為荒誕離奇，但也有時唱一些民間故事，如：排張郎（水龍轉）、馬潛龍走國、唐王東征鳳凰山、黃巢造反、王小放牛、孟姜女哭長城等內容，頗受群眾歡迎。

單鼓的腔調有四句詩、對口詞、大香菸、慢四棒、緊四棒、賢良富、海南雨、小還魂、小影幫、武咳咳、發配調、河南調、鍋台調、大佛調、樂和調、寒山垛、寡婦調、大悲調、求佛調、跑龍套、小翻車、胡胡腔、咳咳腔、蛤蟆

韻等四十多個腔調。這些腔調，少數是傳下來的，多數是以民間蹦蹦、民歌、大鼓、大秧歌的曲調為基礎，經過多年的創造、演變形成的。根據各鋪子鼓內容情節及喜怒哀樂的不同，充分運用這些腔調，做到有快有慢，生動感人。

單鼓的舞蹈姿勢有蒜瓣舞、剪子股舞、大小翻身舞、錯步舞、游圈舞等。鼓舞分為天鼓、舔鼓、掛鼓、推鼓、片鼓等。在燒香的過程中，跑天門圈子的時候，場面最為熱鬧。有的持鼓進行天鼓、舔鼓、地鼓、掛鼓、推鼓、片鼓表演；有的手持雙鼓在頭頂、身前、身後、身左、身右，把鼓耍得上下翻飛，滴溜亂轉，又有二人拿大鼓，一人拿小鼓，大鼓打單點，小鼓打雙點，有節奏地用舔、推、片等各種舞蹈姿勢，使單、雙鼓點先慢後緊，打到高潮時，就像放鞭炮那樣，震人心弦，令人眼花繚亂。舊社會由於文化落後，農閒時人們往往以看燒香為樂事，在某種意義上說，打單鼓也是當時農村的一種娛樂形式。

新中國成立後，摒棄了原來的封建迷信內容，繼承發展了打單鼓的藝術形式，並改名為太平鼓。由於過去單鼓的唱腔舞蹈等藝術形式，在群眾中深有影響，所以各地利用太平鼓的舊調填新詞，進行宣傳演出，很受群眾歡迎。一九五〇年至一九五四年合隆鎮業餘劇團，走鄉串屯，以舊調填新詞的方式編唱了《土地還家》《男女平等》《多賣餘糧》《勸子參軍》《光榮匾》等內容的太平鼓，有力地配合了當時的革命工作。縣文化館和縣歌舞劇團的創編人員，看到太平鼓這種藝術形式深受群眾喜愛，就深入農村，走訪太平鼓老藝人，蒐集了大量資料，去其糟粕，取其精華，以大鼓的說唱音樂結構，以太平鼓的旋律

▲ 農安大鼓

▲ 農安太平鼓

為基調，創造了一個新曲藝——黃龍曲（後改為農安大鼓）。創造和改編的農安大鼓有《李逵奪魚》《隊長進城》《紅纓鞭》《雪夜冬梅》《智斬欒平》《一封書信》等詞曲。還創造了有歌有舞的太平鼓《王老漢參觀農業展覽館》和歌舞劇《水庫風光》等曲目。這些曲目，宣傳的都是抑惡揚善，尊老愛幼，家庭和睦，鄰里相幫，助人為樂的主題思想，鄉土氣息十分濃厚，深受群眾喜愛。經過太平鼓新老藝人的研究改造和縣專業劇團的演繹，這些農安大鼓和太平鼓曲目，多次參加省、市、縣文藝會演，受到多次表彰獎勵。文化館創編的農安大鼓《隊長進城》的詞曲，還刊登在《吉林優秀歌曲選》裡。這一古老的民間演唱藝術經過不斷地加工創新，已經並正在為豐富農安人民的文化生活，繁榮農安的曲藝事業發揮著重要作用。

第六章

文化風俗

黃龍府民俗文化，是黃龍府人在對大自然的認知、改造和攫取中產生的，是生命和生活的質感存在，是對人性和精神的深度掘進。雄渾粗獷的山水，莽莽蒼蒼的大平原，還有風沙蔽日的蒼涼和冰雪塞天的冷冽，鑄就了黃龍府溫暖樸實的人文風情。

農安一帶的風俗，既有東北三省的共性，又有地域特點。農安百姓在長期的生產、生活中，練就了簡明扼要、善於歸納、原汁原味地提煉生活的本領，把與人們生產生活密切相關的事物用簡單的語言進行記述和傳播。

特色鄉俗

農安三乏

農安歷史悠久，人們世代在這裡生息繁衍，便逐漸形成了很多方言，頗有地方特色。而外地來的人聽起來不習慣，便給農安編個順口溜：「農安縣，三大乏，嗯哪、夜個兒、不遠遐兒」。「嗯哪」，意為是；「夜個兒」意為昨天；「不遠遐兒」意為距離很近。這三個方言被外地人譏為「農安縣三大乏」。現在，隨著文化教育的普及提高，在青年一代中很少聽到這樣的方言了，而某些上年紀的人還保留這樣的方言，他們倘若到外地去，一聽其說話，便知是農安人了。

農安三奇

過去，農安一帶流行這樣一句民謠：「棒打狍子瓢舀魚，野雞飛到飯鍋裡」。當時農安這裡是一大片荒地，沒有幾戶人家，那時黃羊、狍子成群。二十世紀五六十年代時，布穀鳥和黃鸝鳥在樹上叫個不停；犁杖下地後，成群的山雀在犁杖前後飛起飛落。夏天，小河溝裡，從柳墩子下邊，伸手就可以捉到一筷子長的鯰魚；冬天，在楊樹林雪地上，踩滿了野兔的腳印。如果頭一天晚上，下幾個用鐵絲做的兔套，次日清早，便可揀回兩三隻被套住的野兔；每年春節期間，常常見到人們提著一對對野雞，作為禮物，到親朋家去串門。現在，這些野生動物，在農安已經很難見到了。過去農安有句民謠：「東跑西顛，別離老龍灣」，這話的來由，就是因為農安這地方，在清代放荒以後，土地廣闊，水草豐盛，人煙稀少，生物資源豐富，真有「棒打狍子瓢舀魚，野雞飛到飯鍋裡」的情景，來此開荒落戶的人們，誰都不願意離開這個好地方。

老樹成神

　　農安最適合生長的樹木就是楊樹、柳樹、榆樹，楊樹長得快，樹齡短，又不成材，沒人在意；柳樹枝條細弱，樹齡適中，多點綴景觀，老樹也很少能派上大用場；可榆樹就不同了，木質細密堅實，生命力極強，越老越滄桑，結了榆錢，逢災年可果腹度饑荒，所以人們把老榆樹看成神樹。在村屯中偶有老榆樹，樹幹和枝杈上常常掛著、綁著許多紅帶子，這就形成一種地域風俗了。不少人家的孩子都認大榆樹作乾媽，以求長命百歲，消災解難。每到年節，大榆樹下就會擺著不少饅頭、水果等供品。樹身上，纏掛著的長長的紅布帶子一茬接一茬。

▲ 老樹

日常服飾

帽

八角葦簾帽　此帽是指用葦子刮糜子編成的，這是農安農村較為早期的一種草帽。邊緣分為八個角，編成各種花紋，清末農村中較為盛行，以後漸少了。

細糜草帽　農安農民戴的草帽，有一種用秫秸梢節刮成糜子編製而成。二十世紀四〇年代較為流行，樣式多種，精緻新穎。從形狀上可分為：蘑菇形的、尖頂形的、醬帽形的、尖頂翹沿式的。從編製可以看出婦女們手工技藝十分精巧。如套環、萬字、山水、花鳥、各種花邊以及諸種「福」「祿」「禎」「祥」吉祥字樣等。總之，這種草帽大致分為兩類：一是細糜，一是粗糜，簡便、實用，價格較為便宜。

學生帽　又叫制服帽，也有叫操帽的，顏色多為青色、藍色、黃色。其帽與制服色彩相同。這種「制帽」樣式和軍警的大蓋帽相似。其帽帶用有光澤的漆布條製成，圍在帽遮的根處。

鴨舌帽　年輕人很愛戴這種帽子，尤其是農安城裡的中青年戴之更多，學生中戴此種鴨舌帽者間或有之。這種帽形，上圓而扁，帽前沿有硬遮。其帽是軟胎，戴在頭上呈現出稍有圓角的漫圓形態，戴時可將挨帽遮軟帽布向前拉齊，就是成鴨嘴形狀，摘帽時張開，戴帽合上，能張能合，故稱鴨舌帽。

帽頭兒　其形狀為硬殼盔，頂端中央綴一帽疙瘩。有的用紅絡線辮成的絲辮繫成，有的綴圓形珠石，如瑪瑙、琥珀、色石、玻璃之類。多為紅色，大小和大一點兒的「紅菇娘兒」粒相似。帽頭兒在清代最為盛行，商人和士紳常常戴它，與所穿長袍馬褂配套。不過，一般的農民、工人是不喜歡戴帽頭兒的。春秋兩季，農民一般不戴帽子，光頭較多。到了深秋接近初冬時天氣漸漸冷

了，才需要戴上帽子。

▲ 氈帽

沙鍋帽　沙鍋帽是俗稱，也叫氈帽盔或氈帽頭兒。城內賣的多是氈匠用羊毛、牛毛搟成的，專門賣給農民，社會中上層人士不戴此帽。這種帽子從顏色上可分為褐、白、黑三種，都是牛毛、羊毛的本色。從樣式上看其形狀像一個圓球，只有疊成半圓形時，成為雙層，才成為氈帽盔。因係純毛搟成，天涼能防寒，所以在東北地區非常流行，農安縣的農民戴這種帽子的也很多。

四耳皮帽　四耳指腦門一小耳，腦後一小耳，左右為大耳，均縫上毛皮。這種四耳冬帽就是將牛毛、羊毛搟製的「沙鍋帽」球形的一半剪成四耳縫上毛皮。農民管它叫「帽扇子」。這種帽扇子多用狗皮、兔皮或羊皮等縫製。富裕農民和拉腳、趕大車出遠門的則用貉皮。狗皮價格低廉，也有農民自家熟的狗皮，長毛黃色最好，類似狐狸皮。這種帽子戴著很方便，在屋中稍暖和時，可把毛皮折合在帽裡中，藏在頭上就像春秋戴的「沙鍋帽」了。四耳帽中也有全用狐狸皮的，這種帽子叫四喜帽子，多是城裡中上層的青年或士紳戴它。買賣商人也戴四喜帽子。新中國成立後，戴四耳皮帽的逐漸少，被兩個長耳皮帽代替。

▲ 棉帽

一把撸帽 此帽用毛線編製而成，多為青色或灰色。這種帽子在室內可將四周捲起來，捲到耳上，就稱卷沿帽。冬季外出時，就放下來，撸到脖子，只露出眼睛，也較為暖和。

風帽 風帽也屬於冬季棉帽。農村婦女一般不戴帽子，冬季出門時，除圍圍脖就是戴風帽。年輕姑娘沒有戴風帽的。風帽多係自製，戴它保溫避風，故名。風帽多用青大布或青花旗作面，內絮棉花，腦後垂長舌形披至肩部，釘上長帶繫在脖子上，寒風難以侵入，戴它十分暖和。

鞋

男傻鞋 它是最早民間自製的頗為流行的一種鞋。為什麼叫「傻鞋」呢？就是做得結實、硬，多是灰帆布作面。其樣式從鞋口前臉分為三角形，縫在鞋底上，有棱角，堅固耐穿。此鞋由民間漸漸傳到城市，有些收入較微薄的小知識分子也穿家做的硬幫傻鞋。農民穿這種鞋的很多，主要因為結實抗磨。有的為了堅固，在鞋臉捏縫突出的三角部位塗上車滯子（是大鐵車車軸抹油後磨成的黑油滯子）初抹時呈油膩狀，在烈日下曬後，凝固在鞋上，十分堅固，一雙鞋能頂兩雙鞋穿。最主要是看婦女做鞋的質量如何。

▲ 氈鞋

▲ 草鞋

▲ 圓口夾鞋

圓口夾鞋 這是民間另一種夾鞋樣式。圓口夾鞋，有大底傘沿兒的，有小底和鞋幫相齊的，中間放上「袼褙」（為了做鞋用多層碎布抹上漿子，曬乾，有的兩層，有的三層，專為做鞋用），貼上鞋裡，掛上鞋面，然後納實，再納到鞋底上，就是硬幫夾鞋。

軟幫鞋 軟幫鞋就是中間不夾「袼褙」，不納

鞋幫，掛上裡子就行了。這種鞋穿起來非常輕便。專講樣式，專講適腳。軟幫鞋都用細平紋布做。

木底鞋　木底最長不超過四寸，因為當時婦女纏足的腳不過四寸。女人做成鞋幫，釘在木底上。木底鞋的鞋面幅度不大，除了鞋口褶條子，鞋面上全是繡花。

平足繡花鞋　從鞋裡到鞋幫均用各色絲線繡成各種花樣。

圓口梁鞋　亦叫涼鞋，此鞋平底無高跟，腳背繫一橫條，釘上卡子，穿它秀麗、輕快、大方。此種女涼鞋在城鄉都很流行。

農安冬季氣候寒冷故而冬鞋樣式很多，農村多是自製棉鞋。

自製棉鞋　自製棉鞋有三皮臉和單皮臉棉鞋。是用皮條相疊夾縫在前鞋臉正縫上。疊成一條的叫單皮臉，疊成三條的叫三皮臉。鞋幫內絮棉花，鞋面多用趟子絨，也有用大絨的。更精緻的用舊氈帽裁成鞋面，做成的單皮臉棉鞋，最周正，美觀，輕便，穿之非常暖和。為了更暖和還有一種高勒的棉花簍，還有駱駝鞍式的元寶棉鞋及婦女穿的長舌平跟棉鞋，穿著也很舒服，還有帶五眼的棉鞋等。

氈鞋　用羊毛揙製而成。底子厚度有一寸五左右，鞋口周圍多用青大絨沿邊。這種氈鞋因是純毛又加厚底，冬季穿著十分暖和。缺點主要是墜腳、蠢笨，走路不靈活。只有站櫃檯的夥計或室內掌櫃的愛穿，也有的不出屋的「富翁」穿它。勞動者是不穿這種氈鞋的。

氈疙瘩　也是用牛毛揙製而成。鞋底和鞋幫揙製在一起，穿時要吊上一層底，類似氈襪。鞋勒超過腳脖。工農勞動者不穿這種高勒氈疙瘩，十三四歲兒童穿它較多，吊上皮底，一雙就能穿上幾年。

堂堂馬　堂堂馬是半高勒，有的鞋勒全是皮製，有的腳脖以上是青大絨的。裡子絮上一層薄棉花，穿上氈襪就更暖和了。堂堂馬是青色皮子，底是黃色皮子，在幫和底的相接處前臉抽上細褶、底稍上翹，顯得壯實。農村「財主」出遠門騎馬穿它，坐車、步行也有穿的。

堂堂牛 也有叫固固牛的。全是皮製，有的是翻毛前臉抽褶。牛皮最好，也有用馬皮、羊皮的，皮子熟得很薄，多為紫色，以其作面。堂堂牛鞋底和靿縫合一起，和堂堂馬樣式差不多，只是顏色不同，面的皮子很薄，內套氈襪。

氈窩 氈窩是用牛毛擀製而成，它的靿不超過腳脖，形似鳥窩故得名。穿時吊上皮底，不然毛底擦地，不能耐久，城鄉的兒童穿氈窩的較多，因為較結實，價格也便宜。

草鞋 草鞋是用蒲草或稻草編製而成的，農安城西北有個放牛溝就出產蒲草。草鞋編製紋路均勻緊密，編成兩層，鞋幫、鞋底編在一起，滾圓鞋口，類似編製的橢圓簍形。草鞋從南方傳入東北，我縣的巧手農婦也能編製出售。草鞋價廉、輕便，農安青年和兒童多穿此鞋，穿時掌底掛面，才能耐久。

烏拉 烏拉是東北特產之一。冬季穿它既暖和又輕便，勞動、走路、趕大車時穿它都能迎風雪，戰嚴寒。起初農民穿它時絮烏拉草。此草是東北特產。東北民謠中有「東三省三種寶，人參、貂皮、烏拉草。」穿烏拉草鞋，在冰天雪地勞動或走路都不凍腳。

烏拉草砸得柔軟，均勻地絮入烏拉中，像鳥窩一樣，用布製的烏拉靿子圍上，然後用穿入烏拉耳中的細繩綁在腳脖上。後來，經濟稍寬裕的農民用羊毛擀製成的氈襪放入烏拉中，吊上藍色或青色布面，用皮條穿入烏拉耳中，綁在腳脖上，穿時減去不少麻煩，而且也美觀。

▲ 烏拉

烏拉全是獸皮縫製的，上等烏拉應是上等牛皮。其樣子像小船，底寬幫深。烏拉前臉捏縫一些均等的褶子向腳尖散開，烏拉底面上翹，像個小船頭。夏季也可作水鞋防雨。還有一個用處，春耕踩格子最為適宜。

關於烏拉的來歷本地流傳著這

樣一個傳說：以前，在松花江岸邊的紅石砬子附近住著一戶人家，家裡有個沒娘的孩子叫五郎。五郎的爸爸常年在外邊做生意，他跟著後娘在家過日子。後娘是個母老虎，心眼都長在肋巴上了。她給自己的孩子穿得暖暖的，給五郎穿得破破爛爛，把自己的孩子送去唸書，讓五郎在家放牛。五郎天天三根腸子閒著兩根半，一條破褲子前後露著肉，滿肚子委屈無處訴，淌不盡的眼淚只能偷偷地流。五郎每天把老牛牽到甸子上，一邊放牛吃草，一邊向老牛訴說自己的委屈。

冬天來了，五郎沒有鞋穿，只好把兩塊牛皮綁在腳上。那牛皮又硬又涼，把五郎的腳都磨破了，都長凍瘡了。五郎寧可自己吃苦受罪，也不讓老牛挨餓。他每天一瘸一拐地頂著風雪把牛趕到牧草豐茂的地方放牧，回來的時候，還要割一背簍草留著老牛晚上吃。

在一個下著冒煙雪的天氣裡，五郎牽著老牛到甸子上去找草，可是近處甸子的草都讓牛羊吃光了。五郎忍著寒冷和雙腳的疼痛，把老牛牽過了滾馬嶺，穿過了紅石砬子，在一片彎彎曲曲的山谷裡，他發現了一片茂密的牧草。那草又細又軟，不大工夫，老牛就吃得肚子滾圓。

在老牛吃草的時候，由於太冷了，五郎便薅了些草，用腰帶子捆在身上，又把草塞在腳上的牛皮裡禦寒。說來也怪，雖然風雪刮到臉上像刀子刮似的疼痛，可是五郎因為身上圍著這種草，腳上綁的牛皮裡塞滿了這種草，一點兒也不冷了。

從那以後，他每天偷偷地去割這種草，除了喂老牛以外，把剩下的草留著往腳下的牛皮裡塞，不管多冷的天氣，再也不怕凍腳了。

有一天，屯子裡唱野檯子戲，五郎的後娘明知道五郎腳上沒鞋，站在外面看戲非得凍腳，還假惺惺地說：「今兒個也歇一頭晌，和你兄弟一起看戲去吧。」五郎就高高興興地看戲去了。

戲台底下滴水成冰，看戲的人腳都凍得貓咬似的，不斷地在地上跺腳，只有五郎一動不動地站在那兒看戲。大夥兒都很奇怪，這個小孩咋不凍腳呢？走

到他跟前一看，五郎的腳上嚴嚴實實地綁著一塊牛皮，牛皮裡塞滿了又軟又細的草。有好事的人把自己的鞋讓給五郎穿，自己把腳塞到那草窩裡一試，果然是又鬆軟又暖和，那草裡還一個勁兒地冒熱氣呢。

大家向五郎問明了原因，都爭先恐後地到山那邊去割這種草，回來學五郎的辦法，用牛皮把草圍在腳的周圍，幹活走路又輕快又暖和。天長日久，人們越來越巧，就把牛皮縫成現在烏拉的模樣。

管這種物件叫什麼呢？說它是鞋吧，又分不清哪是幫哪是底；說它是靴子呢，又沒有靿兒。因為這個辦法是五郎想出來的，所以就把它叫五郎。那種不知名的草因為是五郎發現的，就叫五郎草。時間久了，越傳越遠，就傳為烏拉和烏拉草了。

人們說的東北三寶，有一說是人參、貂皮、鹿茸角，可在此之前，逃荒到東北的人難耐冰天雪地的寒冷，全靠烏拉草取暖。所以，又一說東北三寶為人參、貂皮、烏拉草。

衣

小褂　農安叫小褂，有的地方叫小布衫。農民穿的小褂多為青藍粗布。是上身短衫。老年人或農村婦女穿的是帶大襟的小褂。右大襟，腋下繫釦子，壓在底大襟上。紐扣是用布縫製的圓條，再結成圓球狀的結，俗稱「蒜頭」疙瘩。也有買現成的銅釦、青玻璃扣。老年人多係銅釦，青年男子穿的是對襟布衫，有五扣和七扣之分，公母扣合，平列左右，擺得均勻整齊。立領，剪裁時剪出袖子，不是後上袖子，因布幅所限，臂肘處接上袖筒。

單褲　農民穿的單褲也為青藍粗布，按叉襠、褲腿剪成，然後縫上褲腰。褲腰較肥，因為是免襠褲，穿時繫上褲腰帶。此種單褲不分反正，穿時前後可以互換。多是散腿，穿時較為舒服、涼爽。除青、藍色外，男人不穿雜色單褲。年輕女子可穿紅、綠、藍等雜色褲子。褲腿較肥，縫上五色或金色條子。老年人不喜歡穿散腿褲，紮上腿帶子，一般也不穿雜色單褲。富裕家的婦女就

穿絲綢了。

大衫　農安習慣將大衫叫大褂，就是長衫。過膝蓋的叫半大褂；接觸腳面的是長大褂。老頭兒和老太太均穿半大褂，青年女子則穿長大褂。大褂的布料一般是青、藍花旗布，有海藍、毛藍、淺藍等顏色。農村婦女穿的長衫袖口肥大，稱為喇叭筒袖。這種長衫多為大開襟。新中國成立前，知識分子穿長衫，戴禮帽。學生均穿士林布長衫。

各種裙子　新中國成立前，穿裙子也很時興。農安城裡的教師、女學生和青年婦女穿裙子的很多。它的樣式有疊褶肥筒裙子、裹腳瘦裙子、挎籃兒裙子、連衣裙子等，做裙子的布料、顏色不一，多為麻絲之類。

坎肩　農安人穿坎肩一般有兩種：一種是普通無袖的上衣，是平紋布做的坎肩，對開繫扣，從事勞動的人穿它較為方便，古時稱它為半臂，今人叫汗褟。另一種是青紗做成的坎肩，士紳穿它為了輕便，套在長衫外面，表示闊氣、不凡，多是青色。

旗袍　原為清代滿族人穿的一種服裝，後逐漸普及到漢族婦女中，後來普遍推廣開來。在旗袍基礎上，樣式不斷改變，風行一時，城市婦女穿之較多，總的樣式是高領、右大襟，隨身體剪成曲線形。緊腰旗袍，是「時興」的女人裝。

馬褂　馬褂是清代旗人穿的一種服裝，是男人套在長袍外面的對襟短褂，對襟左右排列扣絆。馬褂均是青色，衣料為呢緞等做成，士紳和農村的地主都愛穿長袍馬褂。馬褂本來是滿族人騎馬時所穿。在逐漸推廣之後，套在長袍上成為參加盛大場面如結婚、赴宴、朝拜、祭祀、朝祖等的「禮服」了。馬褂袖子要長些，垂手能看到伸出的五指即可。舊時跪拜撲地袖口掩手，成為馬蹄袖表示虔誠。城鄉的平民不穿套馬褂的長袍。

棉襖　棉襖是農民和一般市民不可缺少的過冬上衣，有裡、有面，中間絮上棉花。清代多穿帶大襟的棉襖，右側繫扣，後來逐漸改為對襟棉襖了。顏色多為青、藍兩色。家庭富裕的男青年穿的對襟棉襖，很注意棉襖的顏色。如紫

線綈、翠藍色禮服呢、天藍色的大河縐等色彩鮮豔，相對釘上骨製和玻璃扣，表現出富家「公子」氣。至於婦女穿的棉襖，除一般貧民外，色彩更為鮮豔了，多為帶大襟瘦身緊袖棉襖。

棉褲　棉褲是一般農民和市民過冬的下衣。裡面中間絮上棉花，也是免襠、無前後之分。冬季老年男女多紮青色寬腿帶，青年多紮窄腿帶，年輕女人愛紮帶顏色的腿帶。

棉袍　棉袍就是裡面絮上棉花的長袍。多為寬身大袖。根據身高有的做半大棉袍，有的做長棉袍。老年人穿半大棉袍的多，青年人和知識分子穿長棉袍的多。農村和一般市民棉袍面多為青花旗，上層人士則穿虎銅色、天藍色、深灰色的綢緞，特別講究穿藍色素緞。也有的為了美觀，雖然叫棉袍卻不絮棉花，活裡子中間夾上栽絨毯子就行了。

白茬皮襖　白茬皮襖多是熟好的長毛羊皮，不吊面，不掛裡，就將羊皮縫成皮襖，經濟稍微充裕的農民穿它，長毛皮可御風防寒。

皮套褲　皮套褲也是羊皮製成的，也是白茬。為了省料，做成套褲。皮套褲只做成兩條腿，釘上帶子，繫在腰間。前面與腰相齊，後面不能遮掩臀部，冬季穿它既暖雙腿，又防磨衣，農民穿它幹起活來較為輕便。

皮馬褂子　皮馬褂子就是短衣對襟皮襖，有羊皮、狐狸皮、臊絨（黃鼠狼皮）等材料。襖面都是較為昂貴的衣料，多為富人穿著。

皮袍　皮袍指各種獸皮的長身皮袍，為士紳們專用。每個官宦、士紳有多種皮袍，可按氣候季節調換穿著。

▊ 地名由來

黃魚圈

　　農安縣松花江邊有個鄉叫黃魚圈，關於「黃魚圈」的來歷在當地流傳著一個美麗的故事。

　　從前，在靠近江邊的村子裡，有個漁霸，叫馬二。他跟官府串通，欺壓漁民，給漁民定「鰉魚捐」。每年到捕鰉魚的季節，他都催逼漁民捕捉鰉魚，卻一分錢不給，把漁民捕到的鰉魚都圈在他的大水塘裡，等到冬天進京獻給皇上。如果誰家打到鰉魚膽敢不交，或自己吃，馬上招來禍端。馬二說那鰉魚是

▲ 黃魚圈風光

皇上吃的，平民百姓膽敢吃貢品，是欺君大罪。

這一年夏天大旱，江水退回河道老槽，根本沒有鰉魚。馬二可急壞了，天天領著爪牙，挨家挨戶催逼漁民出船捕鰉魚。

最後，限令三天，如交不上鰉魚，便把漁民們全抓起來問成重罪。

有個小夥子叫漁郎，他不忍心看大夥兒受官府和漁霸欺壓，便挺身而出，對馬二說：「你別逼大家了，江流這麼窄，哪兒有鰉魚呀。」「沒有鰉魚，拿豬羊頂，拿人頭頂。」馬二大吼著。漁郎說：「這樣吧，你把大家的魚捐免了，我去下流老龍灘給你捕一條千斤的鰉魚來，沒有捕到，決不生還。」

「真的假的？」馬二有些不信，他只聽說過有那麼大的鰉魚，還從沒見過。不過他知道漁郎的江上本領，但他還是不相信漁郎敢去闖老龍灘，那可是有去無回的鬼門關呀！那裡水深浪急，暗礁如犬牙藏在水裡，船一到那裡，迴旋的激流捲著小船撞向暗礁和岩石，把小船撞成碎片，人捲入江底……頭幾年也是魚捐緊，幾個漁民合夥駕著一艘大船下老龍灘，一去就再也沒回來。

馬二上下看了漁郎幾眼，「你真要下老龍灘？」漁郎點點頭。

「咱可先說好，我給你三天時間，你打回大鰉魚，咱魚捐全免，如打不回，或是你一去不回，大夥兒的魚捐照舊。」

漁郎咬著牙點了點頭。

第二天漁郎辭別了眾鄉親，下老龍灘了。一過鴨嘴哨，江面上的浪頭像小山似的湧來。漁郎的小船一會兒被拋到浪尖兒上，一會兒被扔進波谷裡。忽然一個大浪打來，小船打上了轉轉，越轉越快，突然，小船像撞上了什麼，「呼啦」一下就碎了，把漁郎拋入了江心。幸虧漁郎水性好，他一會兒浮出水面，一會兒鑽進水底，奮力往岸上游去。游著游著，忽然眼前一道金光閃過，他定睛一看，一條金鱗玉翅的大鰉魚呀！足有兩摟多粗，頭至尾有五六米長。漁郎可樂壞了，悄悄地拔出漁刀，向鰉魚游去。

說也奇怪，那鰉魚見了漁郎不躲不逃，反倒圍著他打轉。漁郎正納悶，忽然看見不遠的地方有一條大黑魚，緊盯鰉魚不放。聰明的漁郎頓時明白了，原

來是兩條大魚在打架。這時，黑魚已追了過來，張開大口，向著鰉魚就咬，那鰉魚左躲右閃，可憐巴巴地看著漁郎，像是在向他求援。漁郎見此情景，握緊漁刀向黑魚刺去，眨眼間黑魚帶著重傷逃走了。漁郎也被漩渦捲進激流，向水底沉去……

　　不知過了多久，他睜開眼睛一看，自己躺在岸邊的沙灘上，那條鰉魚在近岸的水裡游來游去，不肯離開。漁郎心想：「一定是它把我推上沙灘的，它這麼善良，我怎麼能把它送到漁霸手裡呢？」想到這，他便對鰉魚說：「快走吧，走得遠遠的，越遠越好。」那鰉魚似乎聽懂了，尾巴一擺，潛入水裡不見了。

▲ 松花江邊

漁郎回到家，轉眼三天到了，漁霸馬二串通官府，治漁郎個抗魚捐、欺騙朝廷的罪名，要把他沉江，殺一儆百。

　　這天早晨，狠毒的馬二和官府的爪牙，把漁郎五花大綁，押到江邊，準備祭江，並召開所有漁民大會，進行訓誡，重新定下魚捐。漁民們知道漁郎是為了大家，怎忍心看他被處死。齊刷刷跪了一江岸，一致要求放了漁郎。馬二為了震懾眾人，怎肯放了漁郎，他眼珠一轉，陰險地說：「你們不要跪了，明天開始都給我下江打魚，漁郎咎由自取，他耽誤時間，拖延魚捐，誰也救不了他了，除非，他說的千斤鰉魚能自己蹦到岸上，我才能放了他……」馬二話音剛落，只見江水起了一條大浪，翻捲起幾米高的水柱，一眨眼一條五六米長的大鰉魚躍到了岸上。

　　馬二眼睛都快鼓出來了，趕緊讓眾漁民把大鰉魚抬到魚圈裡，並放了漁郎。

　　轉眼到了進京納貢的時候，馬二組織人從魚圈裡往出捕鰉魚，可是費了幾天工夫，怎麼也捕不出來。馬二眼珠子直轉，又想出了詭計，他讓人找來漁郎，說：「你下去，不管用什麼辦法把鰉魚給我捕出來，不然我要把你送到京裡去領罪。」

　　漁郎答應了。馬二怕漁郎下水跑了，便在他腰上繫了根大長繩，另一頭拴在自己腰上。漁郎對馬二說：「把魚圈通江的水閘打開，我用網堵上好捕鰉魚。」馬二打開了水閘，漁郎下了水。不想他剛一下水，鰉魚就浮出水面，漁郎騎在魚背上，從水閘竄了出去，直入江心，順流游去，再也沒回來。

　　馬二呢？拖在後面淹死了。

　　從此，這裡再也沒有了鰉魚捐，可鰉魚圈的地名卻保存了下來，大家叫長了，便叫成了「黃魚圈」。

老龍灣

　　原來呀，農安不叫農安，叫龍灣。老龍灣，老龍灣，流傳多少年了。

龍灣是一座古城，縣城的西南街有一座高大雄偉的寶塔，這塔是咋來的呢？有不少人都不知道，說啥的都有，其實，這裡邊可有一段故事呢，到底是咋回事兒呀，那我就慢慢說給你們大夥兒聽聽。

　　在早前兒的老人說呀，唐二主李世民坐江山的時候，他手下有兩個大臣，一個叫袁天罡，一個叫李淳風，這兩個人可都是上知天文、下知地理的能人，聽說他倆是一個師傅教出來的，也沒比量過，就是不知道到底誰更能耐。

　　話說這麼一天，下了早朝，一幫大臣閒著沒啥事，湊到一塊兒閒聊，有一個好事兒的大臣就問袁天罡和李淳風：「你們倆到底誰厲害呢？」兩人搖搖頭，那個大臣就說了：「今兒個沒啥事兒，你們倆比比唄，看看到底是誰高誰低。」起先倆人都挺謙虛，不想嘚瑟，但好人架不住三攛掇，大夥兒一架攏，他倆就上道兒了，心尋思話兒，比就比唄，誰怕誰，也省得誰也不服誰，可是比啥呢？大夥兒犯了嘀咕。後來，提頭兒的那個人說：「這麼地吧，你們倆不是都會看天像嗎？今天你們倆就看看明天刮啥風，誰說對了就算誰贏！」

▲　老龍灣城街景

倆人一聽，說行啊，就都仔細地看起了天象，一幫人圍在旁邊看熱鬧。

　　看了一會兒，袁天罡說話了：「我看哪，明天得刮西北風！」李淳風半天沒言語，大夥兒都等著聽他的，他又看了半天，說：「我看，明天得刮東南風。」兩人爭執了半天，誰也不聽誰的，大臣們就說了：「別爭了，明天不就知道了嘛！」

　　第二天，文武大臣們惦記著袁天罡和李淳風賭風這個事，一大早的就都來到了午朝門外。可是這老天爺就好像和大夥兒做對似的，沒有風絲兒。大夥兒著急呀，七嘴八舌地嗆嗆，有人就出招兒了：「地上沒風，天上有風，立起個旗杆子，看看旗往哪邊飄不就知道了！」這幫人說幹就幹，不一會兒就立起了旗杆子，大夥兒抬頭一看，旗還真的飄起來了，正是向著東南方。

　　袁天罡一看樂了：「咋樣兒，我說得沒錯吧！」大夥兒也都誇他有能耐。

　　李淳風看了看袁天罡，看了看大夥兒，說：「你錯了，今天刮的是東南風！」

　　袁天罡一聽不樂意了：「那不眼瞅著是西北風嗎？」

　　李淳風說：「你看的是下層天，我看的是上層天，不信你們立起根百尺高桿，旗就得向西北刮。」

　　袁天罡不服，大臣們也想看熱鬧，起鬨似的，不大工夫，真的立起了一根百尺高桿。怪了，旗還真的向西北飄起來了。袁天罡當時臊得老臉跟個紫茄子似的，說聲：「服了！」向李淳風和文武百官施了個禮就灰頭土臉地走了。

▲ 老龍灣城南門外

　　這袁天罡雖說嘴上服了，可心裡這個窩囊啊，要說也是，同朝為官，一師之徒，一下子讓人給比下去了，是挺沒臉兒的。而且他還知道天上天，小樣兒，嘚瑟啥呀？不就是

比我研究得透點兒嗎？於是他就跟皇上辭了官，李世民看他真不如李淳風厲害，也就沒實心留，還假惺惺地說要給漲工資啥的，袁天罡不忿那個勁兒，「埋骨何須桑梓地，人生無處不青山」，我老袁四處雲遊照樣活得挺好，於是他就四處雲遊去了。

可是呀，他越尋思越窩囊，越尋思越不服氣。心裡想，李世民你這小子也不夠意思呀，管咋說我跟你一回，沒功勞還有苦勞呢，沒苦勞還有疲勞呢，鞍前馬後地為你打江山，那麼易？我走的時候，你看你那假惺惺的勁兒，一點不知道重用人才，他越想越氣。於是，壞道兒就來了，那真是「怒從心頭起，惡向膽邊生」，他就四處種上了龍脈。這可了不得，龍脈種在哪兒，哪兒就會出一個王和皇上爭天下，一爭就是十八年。他尋思，你李淳風不是能耐嗎，這回我看你咋整？

話說，這天李淳風陪著皇上夜觀天象，看著看著，大叫一聲：「不好！」李世民問他：「愛卿咋的了？大驚小怪的，幹啥呀，有啥不對勁兒的啦？」李淳風說：「皇上啊，我觀天象，發現有人在種龍脈，龍脈長成，就會出王和您爭天下呀！」

李世民一聽當時就嚇傻了，這還了得，有人要和我爭天下，這不就是要造反嗎？他趕緊問李淳風：「淳風啊，你得想招兒幫幫大哥呀！」

李淳風說：「皇上放心，這事找到袁天罡就好辦！」原來李淳風早就看出了袁開罡不服他，算出了這是袁天罡在搗亂，就命人在午朝門外掛上了一條金魚，在旁邊貼上了皇

▲ 老龍灣城古塔

榜，尋訪袁天罡，誰知道袁天罡下落，報告了朝廷，這金魚就歸誰。這皇榜一掛好幾個月，也沒人來揭，李世民這個著急呀。

再說袁天罡，他一口氣種了十八處龍脈，這才覺得消了點兒氣，靜下心來細一琢磨，有點後悔了，萬一這些龍脈都長成了，那不是要天下大亂嗎？有心回朝和皇上及李淳風商量這事兒吧，又覺得個人回朝，有點兒沒臉兒。這咋整呢？他正犯愁呢，就聽說了皇榜的事兒，他來了主意。

這天，他在城外看見一個揀糞的老頭兒，他就問了：「老人家，你這麼大歲數了，不在家享清福，這死冷寒天的，咋還出來揀糞呢？」老頭兒愁眉苦臉地說：「咳！家裡窮得叮噹響，哪兒來的福享啊？」袁天罡說：「那午朝門外掛著的大金魚，夠你吃香喝辣好幾輩子了，你咋不要呢？」老頭兒說：「誰敢要啊，隨便揭皇榜那可是掉腦袋的事兒啊！」袁天罡說：「沒事兒，你放心地去拿，要是有人敢問你罪，你就說我讓你揭的，出啥事兒我擔著！」

老頭兒一看這人挺有風度，也有氣質，也不像從精神病院跑出來的呀，肯定是有點來頭，就大著膽子來到了午朝門外，還沒等他走到皇榜跟前兒呢，守榜的人就過來了：「去，揀糞上一邊揀去！」老頭兒說：「我是來揭皇榜的！」守榜的一聽樂了：「你這老頭兒呀，想發財想瘋了吧，這是誰都能揭的嗎？快點兒走，要不別說我砍了你腦袋！」老頭兒一聽害怕了，說：「不是我要來的，是剛才我們家來了個人，非要我來揭這皇榜，說出了啥事兒他擔著，你們要砍砍他去吧！」這時候李淳風過來巡查，正好聽著老頭兒這一番話，他當時就明白了，忙把老頭兒喊了回來，把他帶到了唐世民面前，讓老頭兒把咋回事兒一說，李淳風說：「皇上啊，這個讓老頭兒來的人就是袁天罡啊！」皇上一聽，太好了，封了老頭兒一個「引路侯」，讓他帶著找到了袁天罡，許了不少錢，親自把袁天罡請回了朝，老袁一看皇上態度挺好，就坡下驢跟著皇上回朝了。於是，李世民大擺宴席款待，席間求袁天罡招安天下。

都說「解鈴還須繫鈴人」，這話一點兒不假，袁天罡和李淳風研究了半宿，終於想起了一招兒，啥招兒呢？那就是建塔，用塔把龍脈壓住，王就出不

了世了。稟明皇上之後，袁天罡領著一幫人，在他種龍脈的地方建塔壓龍。其中一個龍脈種在了關東一條大河的河灣處，他們就在那裡修起了一座十三層的寶塔，壓住了這條龍脈。後來人們就管這裡叫龍灣。

龍灣，龍灣，也就是這麼來的。

巴吉壘

位於農安縣巴吉壘鎮偏東南方四公里處，有個從東到西約兩公里半的大屯子，生產隊的時候，劃分為五個小隊，統稱叫前巴吉壘。

這巴吉壘怎麼還分前後呢？關於「巴吉壘」的來歷還有一段故事。

說起巴吉壘，人們自然就會想到這是個蒙古族名字，是的，他就是一位蒙古族老人的名字，也正是因為這位蒙古族老人，才帶來了後世幾百年的人丁興旺，才有了今天的安逸幸福、平穩和諧的社會風貌。

幾百年來，人們一遍一遍地呼喚著他的名字，用他的名字表明我們的家鄉住址，用他的名字炫耀家鄉的風采。可是，這位蒙古族老人究竟是怎麼回事呢，這可就很少有人能說得清、道得明了。

在前巴吉壘屯的西頭有個叫果木園子的地方，在它的前面一公里處，至今還存留著古塹壕的痕跡，塹壕的西部，絕大部分早已開墾耕作了。唯有東邊一小部分仍然依稀可辨。在塹壕附近，是老郭家的祖塋地，郭文舉老先生就長眠在這塊風水寶地上。

剛說到巴吉壘老人，又提起了郭文舉老先生，這又是怎麼回事呢？這就涉及巴吉壘的來歷了——老郭家一代一代傳下這樣一個故事：

老郭家在早是山東登州府，即墨縣人，搬到關外有好幾百年了，當時往關外搬家，不是朝廷遷民，也不是逃荒，是一個叫巴吉的蒙古王爺給請過來的。

這位郭文舉，可有能耐了，是做皮張生意的，在關裡的時候，經常到關外收購皮張，把關裡的一些生活用品運到關外，進行交換，和關外養牲口的人家老有交往，尤其是和巴吉最要好。每次來關東，總得到老朋友那裡住些日子，

一來二去，兩個人就拜了磕頭兄弟，結成了生死之交。

有一次分別的時候，巴吉老爺子拉著郭老先生的手說：「賢弟，到我家來吧，我這裡天是藍的，水是綠的，太陽是為我發光、發熱的，月亮是為我照看牛羊的，我的草原無邊無際，我的羊群如同白雲，我給你土地，任你跑馬指荒，你看如何？」郭文舉當時非常高興，就點頭應允了，回去後馬上摺賣家產，第二年一開春，就把家搬到了關外。也就是現在這個地方，據說臨來的時候，郭文舉的親弟弟郭老五也跟過來了，郭老五是在少林寺學過武藝的人，因為怕哥哥到關外有啥閃失，所以跟過來做保鏢的，一輩子也沒娶妻生子，死後與郭文舉並列而葬。

再說郭文舉老先生，把家安頓好以後，除了耕種之外，總是想著做點兒什麼生意。他把自己的想法說給巴吉老人，巴吉老人非常支持，並答應把自己所有的房屋全送給他，原來圈牲口的場所，一狠心也都送給了郭老先。建造圈牲口用的地方要比建造房屋更加費工費力，四周要挖八尺寬八尺深的塹壕，壕裡釘上木釬板、釘板，以防圈內牲畜受到野獸傷害。把堆到裡面的土再打成高牆，形成一座堅固的堡壘，只留一個缺口，作為牲畜進出的門，這樣夜間就可以高枕無憂地睡個安穩覺了。

巴吉老人把一切設備底墊給了郭文舉後，自己就在離原址向北兩公里半的地方，也就是現在的巴吉壘鎮政府所在地，重新建造房屋，另築圈壘，從此，便有了後巴吉壘之稱。

郭文舉老先生自從來到關外安家落戶，又辦起一家商鋪，每天迎來送往，遠近客商不斷，那名聲都趕上當官的了。不長時間，就有四五家生意人來到他這裡投資辦店。當時的貨源很少，商品種類也比較單調，郭文舉老先生不得不多次往返老家山東購貨。一些新穎少見的日用品像寶貝一樣被遠近的顧客買回家裡，一個新興的雜貨店，一下子就成了當地的熱鬧場所，買東西的也去，不買啥的也想去逛逛，還有的把家裡養的雞鴨和獵物帶到這裡進行交易，時間久了這裡自然而然就形成了一個小集市，近到幾里，遠到幾十里的人都到這裡趕

集下店，遠道兒回不去的，還有大車店、單人客房。

郭文舉老先生自從來到關外，真的發了大財，買賣越做越大，生意越來越火，眼紅的人也越來越多。

一天夜裡，陰雲密布，狂風大作，天黑得伸手不見五指，店鋪的所有人早都關了門窗進入了夢鄉。

突然，院內的狗一陣狂咬，緊接著大門被木頭撞開，數十名馬匪一擁而入，搶錢砸鋪，在與馬匪的抗爭中，幾家店鋪的人被馬匪砍死、砍傷了十幾個，老郭家在這天晚上死了五口人，是男是女無法考證。興盛一時的郭家小鋪就這樣葬送在強盜馬匪之手。

後來其他幾個生意人在郭文舉老先生的幫助下，來到了巴吉的住地，依靠他的勢力又繼續做起了生意，但郭文舉老先生再也沒有做什麼買賣，從此安享晚年了。

巴吉老人的住地買賣再也沒有間斷過。這就是前、後巴吉壘的來歷。

哈拉海

農安縣北三十公里有個大鎮，叫哈拉海。提起「哈拉海」這個地名的由來，還有一個傳說故事呢。

相傳很早以前，在老龍灣城北，有一個村莊叫大坨子屯，在屯的中間，住著一戶老於家，家中開燒鍋，日子過得挺紅火。老掌櫃的是關里人，有三個兒子，大兒子娶了媳婦。這媳婦特別古怪，挺長脖子刺摟腿，三角眼睛，尖尖嘴，一天要尖賣快的，好裡挑外撅，搬弄是非。老二也娶了媳婦，她可不像老大媳婦，未曾說話先帶笑，老實厚道，對家裡的人總是有尊有讓，對家裡的事兒從來不多言多語的，對外也有個熱乎勁兒。老三也十六歲了，還沒說媳婦。

一天，老掌櫃的到北界外去賣酒，看見一個貧家閨女長得俊俏，又很勤快。就託人介紹，給老三做了童養媳。

這一年大旱，糧食歉收。第二年五六月，很多人家沒有糧吃，再加上天氣

炎熱，雨多潮濕，大坨子痢疾流行，死了不少人。童養媳總受大嫂的欺負，成天吃不飽飯，身體虛弱，也得了痢疾。一天不停地去茅房，四肢無力，鼻子尖直冒汗。俗話說：好漢架不住三泡稀屎，何況是個半大孩子。不到三天工夫，童養媳婦就起不來炕了，炕上屙炕上尿，看樣子十有八九要見閻王爺。這時，大嫂怕把自己招上，就在婆婆耳邊吹風，挑唆婆婆把童養媳攆出去。婆婆一聽是招兒，就讓夥計把童養媳抬到南場院的菜窖裡，也不讓人給她送吃的。夏天的菜窖又潮又濕，又悶又熱，根本不是人待的地方。童養媳的淚水就像斷線的珠子，一串串地落下來。邊哭邊說：「我的命苦啊！爹呀！媽呀！快把我接回去吧，可別讓我在這兒遭罪了！」老三痛哭流涕，但也無可奈何。

老二媳婦和童養媳處得挺對勁兒，就像親姐妹一樣。心裡總是想著童養媳，不知她的病情如何。第二天晚上，老二媳婦偷偷地給童養媳送去一碗稀飯，讓她吃了。童養媳有氣無力地說：「你快回去吧，可別讓婆婆看見，我就是到了陰曹地府，也忘不了你的恩情啊！」

人若不吃香，事事不順當。老二媳婦給童養媳送稀飯，被老大媳婦發現了。她到婆婆屋裡和婆婆交頭接耳地嘀咕一陣子。不一會兒，婆婆氣呼呼地出來對老二媳婦說：「老二媳婦，你真會裝好人，聽說你給童養媳婦送飯去了，我告訴你，別不知好歹，再要去給那個死鬼送飯，我就打折你的腿。」老二媳婦一聽也害怕了，不敢再去了。可是，總也放心不下。

又過了三四天的一個晌午，老二媳婦假裝找小雞，偷偷跑到菜窖去看童養媳。一看童養媳在菜窖裡坐著呢，比前幾天有些精神頭了。老二媳婦很納悶：「老妹子，這幾天沒吃東西，怎麼看你的病好多了？」童養媳說：「二嫂，這幾天，你沒來送飯，把我餓急了，我就吃這里長的哈拉海菜。說起來也奇怪，不但解渴解餓，痢疾也好了。」

第二天下晌，童養媳從菜窖裡出來回到家中。剛一進院，就看見未婚夫披麻戴孝，哭哭啼啼。他說：「咱大嫂得痢疾死了，大哥、二哥、二嫂也得了痢疾了。」

童養媳聽了，心裡琢磨：「莫非我的病就是吃哈拉海菜治好的？」於是她對未婚夫說：「你趕快到路旁、溝邊兒去割哈拉海菜給他們吃。」果然，吃了以後不幾天，大夥兒的痢疾就都好了。

　　哈拉海菜不但好吃，還能治病的事兒，一傳倆、倆傳仨，老五傳老七，老七傳老八，屯子人聽說後，都來打聽哈拉海菜怎麼個吃法兒，童養媳如實地告訴了鄉親們。這玩意兒可真靈，吃後不幾天得痢疾的人也都好利索了。從此以後，當地人得了痢疾，根本不用看大夫，採點兒哈拉海菜一吃就好了。

　　慢慢地，人們就把大垞子屯的地名也改叫哈拉海了。

吉林文庫 A0703A08

文化吉林：農安卷

主　　編	莊　嚴
版權策畫	李　鋒
責任編輯	林以邠

發 行 人	陳滿銘
總 經 理	梁錦興
總 編 輯	陳滿銘
副總編輯	張晏瑞
編 輯 所	萬卷樓圖書股份有限公司
排　　版	菩薩蠻數位文化有限公司
印　　刷	維中科技有限公司
封面設計	菩薩蠻數位文化有限公司

出　　版　昌明文化有限公司

桃園市龜山區中原街 32 號

電話 (02)23216565

發　　行　萬卷樓圖書股份有限公司

臺北市羅斯福路二段 41 號 6 樓之 3

電話 (02)23216565

傳真 (02)23218698

電郵 SERVICE@WANJUAN.COM.TW

大陸經銷　廈門外圖臺灣書店有限公司

　　電郵 JKB188@188.COM

ISBN 978-986-496-251-8

2018 年 1 月初版

定價：新臺幣 400 元

如何購買本書：

1. 轉帳購書，請透過以下帳戶

　　合作金庫銀行　古亭分行

　　戶名：萬卷樓圖書股份有限公司

　　帳號：0877717092596

2. 網路購書，請透過萬卷樓網站

　　網址 WWW.WANJUAN.COM.TW

大量購書，請直接聯繫我們，將有專人為您

服務。客服：(02)23216565 分機 610

如有缺頁、破損或裝訂錯誤，請寄回更換

國家圖書館出版品預行編目資料

文化吉林. 農安卷 / 莊嚴主編.-- 初版.-- 桃
園市：昌明文化出版；臺北市：萬卷樓發
行, 2018.01

　冊；　　公分

ISBN 978-986-496-251-8(平裝). --

1.文化史　2.人文地理　3.吉林省

674.2408　　　　　　　　　　107002025